Louise Richard

GW00802508

C'est Parti !

C'est Parti !

Janet Brooks
BA MA GDED

educate.ie

educate.ie

PUBLISHED BY:
Educate.ie
Walsh Educational Books Ltd
Castleisland, Co. Kerry, Ireland
www.educate.ie

EDITOR:
Fiona McPolin

PRINTED AND BOUND BY:
Walsh Colour Print, Castleisland

Copyright © Janet Brooks 2012

Without limiting the rights under copyright, this book is sold subject to the condition that it shall not, by way of trade or otherwise, be lent, resold, hired out, reproduced, stored in or introduced into a retrieval system, or transmitted, in any form or by any means (electronic, mechanical, photocopying, recording or otherwise), or otherwise circulated, without the publisher's prior consent, in any form other than that in which it is published and without a similar condition, including this condition, being imposed on the subsequent publisher.

Page marked 'Photocopiable' may be reproduced for classroom use only.

The publishers have made every effort to trace all copyright holders. For those we have been unable to contact, Educate.ie would be happy to make the necessary arrangements at the first opportunity.

Photos reproduced by kind permission of Bigstock, Getty Images and Glow Images

ISBN: 978-1-908507-42-6

Acknowledgements

I wish to extend a big thank you to everyone at Educate.ie and in particular to Fiona McPolin for her diligence, hard work and advice in bringing this book to fruition. I also wish to acknowledge Lee Coveney and Daphne Kauffmann for their input throughout and Dominique Giovannangeli for her contributions. I would also like to thank Principal John Condon for his consistent support and encouragement throughout the years, and former colleague and friend Tom Woods for his reassurance and guidance while writing this book.

Bonne chance à tous !
J. Brooks

Table des matières

Grammar

Learning outcomes

Revision of the main tenses used in French:

- Present tense (Le présent)
- Imperative (Impératif)
- Imperfect tense (L'imparfait)
- Perfect tense (Le passé composé)
- Near future tense (Le futur proche)
- Simple future tense (Le futur simple)
- Present Conditional mode (Le conditionnel présent)
- Subjunctive (Le subjonctif)

Grammaire

Mastering the basics of French grammar:

- Nouns and articles
- Adjectives
- Possessive adjectives
- Pronouns

Tenses

Knowledge of the tenses is essential for all aspects of the French examination. Before students are introduced to new material specific to the Leaving Certificate examination, a revision of the main tenses is important.
In this section students will be reminded of the:
- present tense
- imperfect tense
- perfect tense
- near future tense
- simple future tense
- conditional mode

Le présent: the present tense

The present tense is used when describing what is happening at the moment or what happens every day.
- Nous **travaillons** beaucoup pour nos examens cette semaine.
  *We **are studying** hard for our exams this week.*
- Ils **prennent** l'autobus pour aller à l'école tous les matins.
  *They **take** the bus to school every morning.*

There is only one present tense and the verb endings change according to who is doing the action. Keep in mind that any verb in the present tense can be translated in two ways into English. For example, *je donne* can mean *I give* or *I am giving.*

Rule
Remove the *-er*, *-ir* or *-re* ending from the infinitive to leave the stem of the verb. Add the correct endings.

-er verbs: donner	
je donn**e**	*I give / I am giving*
tu donn**es**	*you give / you are giving*
il donn**e**	*he gives / he is giving*
elle donn**e**	*she gives / she is giving*
on donn**e**	*one gives / one is giving*
nous donn**ons**	*we give / we are giving*
vous donn**ez**	*you (pl) give / you are giving*
ils donn**ent**	*they (m) give / they are giving*
elles donn**ent**	*they (f) give / they are giving*

-ir verbs: finir	
je fin**is**	*I finish / I am finishing*
tu fin**is**	*you finish / you are finishing*
il fin**it**	*he finishes / he is finishing*
elle fin**it**	*she finishes / she is finishing*
on fin**it**	*one finishes / one is finishing*
nous fin**issons**	*we finish / we are finishing*
vous fin**issez**	*you (pl) finish / you are finishing*
ils fin**issent**	*they (m) finish / they are finishing*
elles fin**issent**	*they (f) finish / they are finishing*

-re verbs: vendre	
je vend**s**	*I sell / I am selling*
tu vend**s**	*you sell / you are selling*
il vend	*he sells / he is selling*
elle vend	*she sells / she is selling*
on vend	*one sells / one is selling*
nous vend**ons**	*we sell / we are selling*
vous vend**ez**	*you (pl) sell / you are selling*
ils vend**ent**	*they (m) sell / they are selling*
elles vend**ent**	*they (f) sell / they are selling*

Irregular verbs

Irregular verbs do not follow any set pattern. These verbs must be memorised since they are commonly used for forming sentences in the written section of the exam. Some of the commonly used irregular verbs include: *aller, avoir, devoir, être, faire* and *voir*. You can find more examples of irregular verbs in the table of verbs on page 349.

Reflexive verbs

When using reflexive verbs (the verbs with *se* before the infinitive), you must use a reflexive pronoun:

me / m'	*myself*
te / t'	*yourself*
se / s'	*himself, herself, itself, oneself*
nous	*ourselves*
vous	*yourselves*
se / s'	*themselves*

se laver	
je **me** lave	*I wash myself / I am washing myself*
tu **te** lav**es**	*you wash yourself / you are washing yourself*
il **se** lave	*he washes himself / he is washing himself*
elle **se** lave	*she washes herself / she is washing herself*
on **se** lave	*one washes oneself / one is washing oneself*
nous **nous** lav**ons**	*we wash ourselves / we are washing ourselves*
vous **vous** lav**ez**	*you wash yourself (formal) / yourselves (pl) / you are washing yourselves*
ils **se** lav**ent**	*they wash themselves (m) / they are washing themselves*
elles **se** lav**ent**	*they wash themselves (f) / they are washing themselves*

Question Forms

There are several simple ways to form questions in French and they can be used with any tense.

Rule

1	Use a rising intonation in your voice. This is generally used in oral language.	Statement: Tu aimes le chocolat. Question: *Tu aimes le chocolat ?*
2	Take the statement and place *Est-ce que* in front of it.	Statement: Tu aimes le chocolat. Question: ***Est-ce que** tu aimes le chocolat ?*
3	Reverse the order of the verb and the pronoun.	Statement: Tu aimes le chocolat. Question: ***Aimes-tu** le chocolat ?*
4	Add an extra pronoun to emphasise the noun.	Statement: Paul est français. Question: *Paul est-**il** français ?*

Où, Pourquoi, Quand

We can also form questions by using question words, **Où** (Where), **Quand** (When) or **Pourquoi** (Why).

- **Où** habitez-vous actuellement ?
  Où est-ce que vous habitez actuellement ?

- **Pourquoi** habitez-vous en centre-ville ?
  Pourquoi est-ce que vous habitez en centre-ville ?

- **Quand** est-ce que vos copains viendront ?
  Quand vos copains viendront-ils ? (formal language)

Rule

In the third person singular, if the verb ends in a vowel we always add a -*t* to liaise:

Statement : Il va au cinéma.
Question : *Va-**t**-il au cinéma ?*

Qui or Que

Qui allows you to ask about a **person**.
- **Qui** demandez-vous ? **Qui** est-ce que vous demandez ?

Que allows you to ask about a **thing**.
- **Que** cherchez-vous ? **Qu**'est-ce que vous cherchez ?

Quel(s)Quelle(s) agree with the noun they refer to.

Quel est votre nom ? (m sing.)

Quelle est votre couleur préférée ? (f sing.)

Quels sont vos horaires de travail ? (m pl)

Quelles sont vos friandises préférées ? (f pl)

Practice

1 Complete with the correct endings.

1 Vous fum ....
2 Elles pass ....
3 Ils vend ....
4 Nous fin ....
5 Je roug ....
6 Tu descend ....
7 Vous vous lev ....
8 Elles s'habill ....

2 Complete the sentences with the correct form of the present tense.

1 Au lycée nous .... (travailler) beaucoup en terminale car nous devons passer le bac au mois de juin.
2 Je .... (rester) à Nantes deux semaines.
3 Je .... (aller) à la piscine une fois par semaine.
4 Ma mère .... (choisir) un nouveau portable pour l'anniversaire de mon frère.
5 J' .... (attendre) le retour de mon meilleur ami avec impatience.
6 Tu .... (se promener) chaque jour sur la plage.
7 Mon frère et mon père .... (dormir) jamais quand ils prennent le bateau de Rosslare à Roscoff.
8 Mon père .... (répondre) toujours « non » quand je veux partir en vacances avec mes amis.
9 Vous .... (rester) dans un grand hôtel au centre-ville à Barcelone.
10 Je .... (finir) mes devoirs à onze heures le soir.

3 Use the correct pronouns for the following reflexive verbs.

1 je .... appelle John.
2 Nous .... levons tôt.
3 Elle .... trompe souvent.
4 Tu .... habilles seul.
5 Vous .... lavez à l'eau froide !
6 Ils .... entendent bien.

Checklist for the present tense
You must know:
- the rule for the present tense.
- the present tense endings.
- the commonly used irregular verbs.
- the reflexive pronouns for reflexive verbs.

4 Rewrite each statement as a question.

1 Tu te lèves à sept heures. ....

2 Tu finis les cours à seize heures. ....

3 Elles habitent en banlieue parisienne. ....

4 Vous commencez très tôt le matin. ....

5 Nous allons voir un film ce soir. ....

6 En France les gens déjeunent tous à midi. ....

7 Elle va à la piscine le week-end. ....

8 Ils s'habillent toujours en noir. ....

5 Answer the questions as in the examples.

e.g. : Vous travaillez le dimanche, Paul ? Oui je travaille le dimanche.
Vous travaillez le dimanche, les enfants ? Oui nous travaillons le dimanche.

1 Vous étudiez le français, Paul ?

....

2 Vous faites du judo le soir, les garçons ?

....

3 Vous jouez aux échecs dans un club le soir, Sophie ?

....

4 Vous cherchez du travail pour cet été Annie ?

....

5 Vous écrivez souvent a votre correspondant, Henry ?

....

6 Vous partez parfois en vacances à l'étranger, les filles ?

....

6 Translate the sentences into French.

1 I go to the library for two hours every Saturday.

....

2 My mother does the shopping on Fridays.

....

3 She takes a shower every morning.

....

4 They always go to bed too late.

....

5 My sister has a part-time job. She works in the shop near our house.

....

The Imperative

The imperative is used to give an order, to give advice or to request something in a direct way. We use the second person singular and plural (*tu/vous*) and the first person plural to form the imperative. We do not use pronouns.

- Attends ! = *Wait!* (talking to one person whom you know)
- Attendez ! (talking to more than one person or someone you don't know)
- Attendons ! = *Let's wait!*

If using an –er verb, be careful to drop the -*s* in the singular.

- Donne ! = *Give!*

Use of *for* with the present tense in French

Depuis indicates the origin of the action with a date or length of time.

- La fille attend **depuis** quarante-cinq minutes.
  The girl has been waiting for forty-five minutes.

Pour indicates a planned length of time.

- Je suis en stage **pour** deux mois.
  I am on a work placement for two months.

Pendant indicates the length of the action.

- Je fais du jogging **pendant** une heure le matin.
  In the morning, I go jogging for an hour.

Note
En indicates how long it takes to complete an action.

- Je déjeune **en** vingt minutes.
  It takes me twenty minutes to have lunch.

Practice

1 Give orders or advice as in the example.

	A mother to her child	A mother to her children
Manger	Mange !	Mangez !
Aller		
Faire		
Prendre		
Finir		
Vendre		

2 Put the verb into the correct form.

1 .... un verbe à l'infinitif dans la troisième section. (trouver)
2 .... une phrase qui indique que la nourriture n'était pas bonne. (relever)
3 .... au cinéma ce soir ! (aller as in Let's go!)
4 Paul, ... tes devoirs ! (finir)
5 Sophie, ... ici. (venir)
6 Paul et Sophie, ... de là !

3 Complete the sentences with *depuis*, *pour*, *pendant* or *en*.

1 Ma fille travaille comme monitrice .... une semaine et elle est déjà fatiguée !
2 Je suis à Londres .... trois jours et j'ai déjà visité tous les musées.
3 Je viens d'arriver en France, je suis à Lyon .... six mois.
4 Je viens d'arriver en Irlande, je suis a Dublin .... ce matin.
5 Je me prépare .... dix minutes tous les matins.
6 Je fais du sport .... deux heures tous les dimanches.

4 Translate the sentences into French.

1 She has been working in France for three years.

....

2 I am in Rome for twelve days.

....

3 She brushes her hair for ten minutes every morning.

....

4 They finish their homework in forty five minutes.

....

5 I have been playing the violin since the age of four.

....

L'imparfait: the imperfect tense

The imperfect tense is a past tense. It is used to describe what used to happen regularly in the past or how things used to be over a period of time in the past. This continued action over a period of time differs from a one-off occurrence at a specific time in the past.

- Je **jouais** de la guitare chaque jour après l'école.
  *I **used to play** the guitar every day after school.*
- Nous **allions** en vacances en France chaque été.
  *We **used to go** on holiday to France every summer.*

It is also used to describe things in the past (including the weather), to give an opinion in the past and for describing what was happening when something else happened.

- Il **faisait** froid lorsque nous **étions** en Allemagne.
  *The weather **was** cold while we **were** in Germany.*
- Nous **habitions** dans une maison près de la plage. C'**était** merveilleux.
  *We **stayed** in a house near the beach. It **was** wonderful.*
- Mon père **travaillait** dehors quand le téléphone a sonné.
  *My father **was working** outside when the phone rang.*

Rule

Remove the *-ons* ending from the *nous* form of the verb in the present tense and then add the following endings: *ais, ais, ait, ions, iez, aient*
e.g. finir - nous finiss**ons** - je finiss**ais**

faire	
je fais**ais**	nous fais**ions**
tu fais**ais**	vous fais**iez**
il fais**ait**	ils fais**aient**
elle fais**ait**	elles fais**aient**
on fais**ait**	

The verb *être* does not follow the rule above for the formation of the imperfect tense. Add the correct endings to the stem *ét*.

être	
j'étais	nous étions
tu étais	vous étiez
il était	ils étaient
elle était	elles étaient
on était	

Other exceptions

Verbs that have an extra *e* in the *nous* form of the present tense like *manger* keep the *e* in the imperfect tense (except for *nous* and *vous*).

manger	
je mang**eais**	nous mang**ions**
tu mang**eais**	vous mang**iez**
il mang**eait**	ils mang**eaient**
elle mang**eait**	elles mang**eaient**
on mang**eait**	

Practice

1 Complete the sentences with the correct form of the imperfect tense.

1 Ma sœur .... (travailler) comme hôtesse de l'air quand elle habitait à Londres.
2 Vous .... (aller) à l'école primaire en Angleterre parce que votre père travaillait là-bas.
3 Quand j'étais petit, ma famille .... (habiter) dans une petite maison en pleine campagne.
4 Ma grand-mère .... (venir) chaque été chez nous pour trois semaines.
5 Nous .... (passer) les vacances en famille dans un camping en Bretagne. C'était formidable.
6 Je .... (sortir) tous les soirs avec mes amis quand j'étais en Espagne.
7 J' .... (aller) à la bibliothèque tous les jours après l'école avec mes amis.
8 Anne et moi .... (faire) partie de l'équipe de basket à l'école car nous aimions bien ce sport.
9 Mes grands-parents .... (danser) deux fois par semaine à Dublin.
10 Il .... (jouer) au foot à 15h tous les samedis avec son petit frère quand il avait huit ans.

2 Translate the sentences into French.

1 I used to play hockey every Tuesday after school.

....

2 My mother used to work in the supermarket in town.

....

3 My pen-pal used to live in Paris but his family now have a large house in Perpignan.

....

4 My sisters used to travel to Australia every summer. They had a great time.

....

5 We used to do wind surfing when we went on holidays. Now we prefer sailing.

....

Checklist for the imperfect tense

You must know:

- the rule for the imperfect tense.
- the imperfect tense endings.
- the spelling for some verbs which don't conform to the rule.

3 Choose the correct form of the verbs in brackets.

1 Il .... la télévision quand le téléphone a sonné. (regardait / a regardé)
2 Hier, il .... très froid. (fait / faisait)
3 Il y a deux jours elles .... très fatiguées et malades. (sont / étaient)
4 La chambre .... froide et sombre la semaine dernière. (est / était)
5 Il .... peur du noir quand il était petit. (a / avait)
6 Elle .... depuis trois heures quand elle s'est endormie. (a étudié / étudiait)

4 Put the following sentences into the imperfect.

1 J'aime beaucoup me promener sur la plage.

....

2 Elle passe son temps à lire des romans policiers.

....

3 Nous allons souvent au cinéma.

....

4 Il fait très froid en hiver.

....

5 Il est triste de la voir partir.

....

6 Il y a beaucoup de monde sur les plages méditerranéennes.

....

Le passé composé: the perfect tense

The perfect tense is the usual past tense in French. It is used to describe an action that took place in the past. The perfect tense differs from the imperfect tense in that it describes an action that is completed and is very definitely over. (The imperfect tense describes a continuous action in the past or one that is incomplete.)

- J'**ai fermé** la porte.
  *I **closed** the door.*
- Tu **as regardé** le film.
  *You **watched** the film.*

Rule

To form the perfect tense, we use an auxiliary verb in the present tense and the past participle of the main verb. The two auxiliary verbs used to form the perfect tense are *avoir* and *être*.

avoir	**être**
j'ai	je suis
tu as	tu es
il a	Il est
elle a	elle est
nous avons	nous sommes
vous avez	vous êtes
ils ont	ils sont
elles ont	elles sont

Using *être*

- Je **suis parti** de l'école à quatre heures et quart hier.
  *I **left** school at 4.15 yesterday.*
- Nous **sommes allés** en Angleterre au mois de mai.
  *We **went** to England in May.*

There are around fifteen verbs which take *être* and you should learn these by heart. As a general rule of thumb however, remember that verbs using *être* in the perfect are all connected in some way with movement. Here is a list of verbs which take *être*:

aller	*allé*	*to go*
arriver	*arrivé*	*to arrive*
descendre	*descendu*	*to go down*
entrer	*entré*	*to enter*
monter	*monté*	*to climb*
mourir	*mort*	*to die*
naître	*né*	*to be born*
partir	*parti*	*to leave*
rentrer	*rentré*	*to go/come back*
rester	*resté*	*to stay*
sortir	*sorti*	*to go out*
tomber	*tombé*	*to fall*
venir	*venu*	*to come*

Some people also find it helpful to use some kind of a mnemonic to remember the verbs which take *être* in the perfect tense. For example: **MRDAMPSTAVERN** where each letter represents the first letter of a verb.
Monter, **R**ester, **D**escendre, **A**ller, **M**ourir, **P**artir, **S**ortir, **T**omber, **A**rriver, **V**enir, **E**ntrer, **R**entrer, **N**aître

Note that any verbs which are formed using the verbs listed above also take *être*. For example, *venir / revenir*, *tomber / retomber* or *partir / repartir*.

- Il **est reparti**.
  *He **left** again.*

Reflexive verbs also take *être*.

- Je **me suis levé** tôt ce matin.
  *I **got up** early this morning.*

All the non-reflexive verbs which use *être* as an auxiliary verb must agree with their subject.

Verb agreement

add nothing for the masculine singular	***Il*** *est arrivé*
add -*e* for the feminine singular	***Elle*** *est arrivé**e***
add -*s* for the masculine plural	***Ils*** *sont arrivé**s***
add -*es* for the feminine plural	***Elles*** *sont arrivé**es***

Although reflexive verbs take *être*, they follow the rules of agreement for *avoir* verbs!

Using *avoir*

If a verb is not on the list of the verbs that take *être*, use the auxiliary verb *avoir* to form the perfect tense.

- J'**ai perdu** mon portefeuille à la plage la semaine dernière.
  *I **lost** my wallet at the beach last week.*
- Nous **avons regardé** un film hier soir.
  *We **watched** a film yesterday evening.*

Some verbs can be conjugated with both *avoir* and *être*. However, these verbs have a different meaning depending on whether you use *être* or *avoir*, e.g.

- Je **suis sorti** avec mes amis.
  *I **went out** with my friends.*
- J'**ai sorti** les poubelles.
  *I **took out** the dustbins.*

Perfect tense with *avoir*.

Rule

- If a verb takes *avoir*, there is never agreement between the subject and the past participle. The ending of the part participle does not change, whether the subject is masculine singular (he), feminine singular (she) or plural (we).
  e.g.; Il a fini. / Elle a fini. / Nous avons fini.

In a normal sentence the word order is

Subject	+	Verb	+	Object
1		2		3
Il		a reçu		une lettre.
He		*received*		*a letter.*

In this case, there is no agreement between the subject and the object.

- If a verb takes *avoir*, there will be agreement between the preceding direct object and the past participle.

Now look at the following sentence. There is an -*e* on *reçue* because the object (*La lettre*) is now in front of the verb. This is called a preceding direct object.

La lettre	qu'il a	reçu**e**…
3	1	2
The letter	*he*	*received…*

NB: there are only three possible agreements on a past participle.
-*e* when the direct object in feminine singular
-*es* when the direct object in feminine plural
-*s* when the direct object in masculine plural

Les lettres qu'il a reçu**es**…
Les cadeaux que j'ai reçu**s**…
Le cadeau et la lettre que j'ai reçu**s**…

This structure can also occur when the direct object is a pronoun.

- Est-ce qu'il a reçu la lettre ?
  Oui, Il **l**'a reçue.
  Did he receive the letter? Yes, he received it.
  (It = the letter = la lettre)

Use of the perfect tense and the imperfect tense.

Narration
When narrating a story in the past, the perfect tense tells us what happened. The action is considered completed.

- Une nuit on a sonné. J'ai descendu l'escalier en courant et je suis tombé.
  One night the doorbell rang. I ran down the stairs and I fell.

Description
The imperfect tense is used to describe how things were at the time the events took place.

- La lumière était éteinte. J'étais très fatigué et je n'avais pas mes lunettes.
  The light was out. I was very tired and I wasn't wearing my glasses.

When telling a story in the past, both tenses can be used.

- Une nuit on a sonné. J'étais très fatigué et je n'avais pas mes lunettes. La lumière était éteinte. J'ai descendu l'escalier en courant et je suis tombé.
  One night the doorbell rang. I was very tired and I wasn't wearing my glasses. The light was out. I ran down the stairs and I fell.

Forming the past participle

Rule

To form the past participle of the main verb, remove the *-er*, *-ir* or *-re* ending from the main verb and add the correct endings according to the verb type:

Past participles		
-er verbs end in *é*	manger	mangé
-ir verbs end in *i*	dormir	dormi
-re verbs end in *u*	vendre	vendu

There are a number of verbs which have irregular endings so watch out for these. They include:

avoir	eu
boire	bu
devoir	dû
écrire	écrit
être	été
faire	fait
lire	lu
offrir	offert
pouvoir	pu
prendre	pris
recevoir	reçu
savoir	su
voir	vu
vouloir	voulu

Practice

1 Complete the sentences with the correct form of the perfect tense.

1 J' .... (envoyer) une lettre à mon correspondant en France hier.
2 Hier soir, je .... (sortir) avec mes amis. Nous .... (se retrouver) au cinéma.
3 À sept heures du matin, ma petite sœur .... (quitter) la maison pour prendre le bus.
4 La semaine dernière, mon ami Charles et moi .... (voyager) en Eurostar du centre de Londres au centre de Paris.
5 Après avoir fait tes devoirs hier soir, tu .... (regarder) un DVD intéressant.
6 Dimanche matin, ils ont fait la grasse matinée et ils .... (se lever) à 11h30.
7 Vendredi dernier j' .... (passer) cinq heures chez ma grand-mère parce qu'elle avait la grippe.
8 Ma sœur et moi .... (aller) en voiture à Roscoff.
9 Pendant les vacances de Pâques, vous .... (réviser) vos examens qui commencent au mois de juin.
10 Après avoir fêté mon anniversaire vendredi soir, Lucie et Marie .... (dormir) jusqu'au samedi midi.

2 Translate the sentences into French.

1 Last year I spent two weeks in Germany with my friend.

....

2 My parents gave me a new guitar for my birthday. I was delighted.

....

3 My brother arrived in France at 8:15 yesterday.

....

4 The girls played basketball for two hours after school last Tuesday.

....

5 I sent a letter to my pen-pal who lives in Lille last week.

....

Checklist for the perfect tense

You must know:

- the rule for the perfect tense.
- the verbs *avoir* and *être*.
- that all reflexive verbs also take *être* in the perfect.
- the past participles (regular and irregular).
- the agreement between subject and past participle for non reflexive verbs that take *être*.
- The rules of agreement for verbs that take *avoir*.

3 Write sentences as in the example.

visiter des musées	acheter des croissants	aller en discothèque
lire un livre	recevoir une lettre	se couper le doigt
se laver	finir ses devoirs	vendre des glaces

Hier, j'ai visité la Tour Eiffel avec Sophie.
La semaine dernière, elle est allée au cinéma.

4 Put the following sentences into the perfect tense.

1 Paul se lève tôt et prends le bus à huit heures.

2 Je me lave, je m'habille et je prends mon petit-déjeuner avant mes parents.

3 Elle ouvre la porte à des étrangers !

4 Tu mets ton uniforme le dimanche !

5 Je fais du parapente dans les Alpes.

6 Nous finissons nos devoirs avant le week-end.

7 A cause de son travail en cuisine, elle se coupe souvent la main.

8 Elle se coupe par manque d'attention.

5 Choose the correct form of the past participle(s).

1 Elle m'a .... mon argent de poche hier. (donné / donnée / donnés)

2 Nous avons .... la maison l'an dernier. (vendu / vendue)

3 Vous avez .... la clé de la maison. (perdue / perdu / perdus)

4 Elles ont .... leurs devoirs. (fini / finis)

5 La maison que nous avons .... était en Bretagne. (visité / visitée)

6 Les fleurs que tu as .... sont belles. (envoyé / envoyées / envoyés)

6 Put the verbs in brackets into the correct form and tense. Choose either the perfect tense or the imperfect tense.

Hier, je .... (aller) en ville avec mes copains. Il .... (faire) très beau. Le soleil .... (briller) et tout le monde .... (être) content. Nous nous .... (sentir) bien. D'abord nous .... (entrer) dans un centre commercial pour chercher un cadeau pour ma copine. Nous .... (voir) une bijouterie et nous .... (regarder) les boucles d'oreilles. Je .... (choisir) une paire de boucles en or, elles .... (être) en solde ! C'est son anniversaire samedi. Apres cela, nous (boire) un verre dans un café sur la place. Puis nous .... (prendre) le bus pour rentrer chacun de notre côté.

Le futur proche: the near future tense

We use this tense to describe an action that will take place in the not too distant future, for example, tomorrow, next week or the following weekend. We use it to talk about something we are going to do.

- Je vais rendre **visite** à ma tante au Danemark.
  *I **am going to visit** my aunt in Denmark.*
- Il **va organiser** une fête demain.
  *He **is going to organise** a party tomorrow.*

Rule

To form the near future tense, we use the verb *aller* in the present tense as an auxiliary verb plus the infinitive of the main verb.

chanter	
je **vais** chanter	*I'm going to sing*
tu **vas** chanter	*you're going to sing*
il **va** chanter	*he's going to sing*
elle **va** chanter	*she's going to sing*
on **va** chanter	*one's going to sing*
nous **allons** chanter	*we're going to sing*
vous **allez** chanter	*you're going to sing*
ils **vont** chanter	*they're (m) going to sing*
elles **vont** chanter	*they're (f) going to sing*

If the main verb is *aller* itself, it is perfectly acceptable to use the infinitive after the present form of the same verb.

- Je **vais** aller en Angleterre.
  *I **am going to go** to England.*

We can use these time words and phrases with the near future tense.

demain	tomorrow
demain matin	tomorrow morning
le lendemain	the following day
plus tard	later
vendredi prochain	next Friday

Practice

1 Complete the sentences with the correct form of the near future tense.

1 Mon père .... (acheter) un nouveau vélo pour garder la forme.
2 Mes camarades de classe et moi .... (faire) du ski pendant deux semaines en Suisse.
3 Nous .... (voir) un match de rugby au stade samedi.
4 Stéphane et Sandrine .... (faire) une promenade parce qu'il fait beau cet après-midi.
5 Cédric .... (commencer) un nouveau roman chez lui.
6 Nous .... (arriver) à l'hôtel à 19h.
7 Je .... (se rendre) à la bibliothèque pour emprunter deux livres.
8 Marie .... (garder) des enfants pour gagner de l'argent.
9 Ma sœur Anne .... (faire) de l'équitation pour la première fois demain.
10 Je .... (aller) en Allemagne avec mes camarades de classe dans deux jours.

2 Translate the sentences into French.

1 I am going to spend two weeks at my brother's house in Spain at the start of the summer.

....

2 My parents are going to buy me a new bicycle for my birthday in January.

....

3 I'm going to go to Rome on a school tour next week.

....

4 My best friend is going to celebrate her birthday in July.

....

5 We are going to stay in a nice hotel in the centre of London.

....

Checklist for the near future tense

You must know:
- the rule for the near future tense.
- the present tense form of the verb *aller*.
- some suitable time phrases.

Le futur simple: the simple future tense

We use this tense when the time is not entirely clear or for a general reference to the future.

- Nous **irons** en France l'année prochaine.
  *We **will go** to France next year.*
- Ils **seront** contents après les examens.
  *They **will be** happy after the exams.*

Rule

To form the simple future tense, add the following endings to the infinitive of the main verb: *ai, as, a, ons, ez, ont*.

rester	
je rester**ai**	*I will stay*
tu rester**as**	*you will stay*
il rester**a**	*he will stay*
elle rester**a**	*she will stay*
on rester**a**	*one will stay*
nous rester**ons**	*we will stay*
vous rester**ez**	*you (pl) will stay*
ils rester**ont**	*they (m) will stay*
elles rester**ont**	*they (f) will stay*

If the main verb ends in *-re* we drop the *-e* before adding the future tense endings.

vendre	
je vendr**ai**	nous vendr**ons**
tu vendr**as**	vous vendr**ez**
il vendr**a**	ils vendr**ont**
elle vendr**a**	elles vendr**ont**
on vendr**a**	

Irregular verbs

Many verbs have an irregular simple future stem, but take the regular future tense endings.

avoir	
j'aur**ai**	nous aur**ons**
tu aur**as**	vous aur**ez**
il aur**a**	ils aur**ont**
elle aur**a**	elles aur**ont**
on aur**a**	

Here is a list of irregular simple future stems.

acheter	achèter-	pouvoir	pourr-
aller	ir-	recevoir	recevr-
avoir	aur-	savoir	saur-
courir	courr-	se lever	se lèver-
devoir	devr-	venir	viendr-
envoyer	enverr-	voir	verr-
être	ser-	vouloir	voudr-
faire	fer-		

Practice

1 Complete the sentences with the correct form of the simple future tense.

1 Je .... (rendre) visite à mes amis en Angleterre.
2 Ils .... (se coucher) tard ce soir.
3 Vous .... (écrire) de longues lettres à vos cousins qui habitent en Australie.
4 Nous .... (faire) de la voile et nous .... (nager) dans la mer en France.
5 Lucie et sa meilleure amie .... (passer) du temps à la bibliothèque avant de passer leurs examens.
6 Tu .... (avoir) ta voiture la semaine prochaine.
7 Paul .... (aller) cette année en Italie pour trois semaines.
8 J' .... (apprendre) un peu d'espagnol pendant mon séjour à Madrid cet été.
9 Je t' .... (envoyer) une carte postale dès mon arrivée au Portugal.
10 Ma sœur .... (pouvoir) trouver du travail en Allemagne.

2 Translate the sentences into French.

1 I will visit my sister in Glasgow next year.

....

2 We will organise a big party for my brother who has just finished his exams.

....

3 They will win the match without a doubt.

....

4 I will study every evening during my Easter holidays.

....

5 My English teacher will return from America next month.

....

Checklist for the simple future tense

You must know:

- the rule for the simple future tense.
- the simple future endings.
- the irregular future verb stems.

3 Put the following text into the future tense.

En France les gens habitent tous dans des appartements. Les banlieues sont pleines. Il n'y a pas de maisons individuelles disponibles dans les villes. Les jeunes restent dans leurs cités. Ils ne sortent plus et restent devant la télévision toute la journée ou sur leurs ordinateurs. Cela devient très malsain.

Time

Il y a
Il y a indicates a point in the past:

- J'ai rencontré Paul **il y a** dix ans.
  I met Paul ten years ago.
- Je suis arrivé **il y a** deux mois.
  I arrived two months ago.

Dans
Dans indicates a point in the future

- Je partirai **dans** trois ans.
  I will leave in three years time.
- Je vous appellerai **dans** une semaine.
  I will call you in a week.

Pour
Pour indicates a planned length of time. It could be used with the past tense and the future as well as the present.

- Je suis en France **pour** deux mois.
  I am in France for two months.
- Je partirai aux Etats-Unis **pour** un an.
  I will go to the United States for a year.
- J'ai loué un studio **pour** six mois.
  I rented a studio apartment for six months.

Depuis
Depuis is used with the imperfect tense.

- La fille jouait au football **depuis** quarante-cinq minutes quand elle s'est cassé la cheville.
  The girl had been playing soccer for forty-five minutes when she broke her ankle.

The action of playing was not completed in the past, so in order to stress the continuity in French, we use the imperfect tense with *depuis.*

Pendant
Pendant indicates the length of time the action was happening. It can be used with the imperfect or the perfect tense and it indicates during.

- J'étais à Dublin **pendant** quatre semaines.
  I was in Dublin for four weeks.
- Il a plu **pendant** quatre heures.
  It rained for four hours.

En
En indicates how long it takes to complete an action. It can also be used with the future tense or the perfect tense

- Je déjeunerai **en** vingt minutes.
  I will have lunch in twenty minutes.
- J'ai déjeuné **en** vingt minutes.
  I had lunch in twenty minutes.

Practice

1 Complete the sentences with *depuis* or *il y a*.

1 Nous nous sommes rencontrés .... une semaine.
2 Il fait froid .... hier matin.
3 Vous apprenez le français .... cinq ans.
4 Vous êtes allées en France .... cinq ans.
5 Je suis arrivé .... trois jours.
6 Je suis en France .... trois jours.

2 Complete the sentences with *dans*, *depuis*, *pour* or *pendant*.

1 Il pleuvait .... des semaines quand l'arbre a cassé.
2 Il a plu .... deux jours.
3 Nous avons loué une maison en Bretagne .... trois jours.
4 J'ai grossi de quatre kilos .... trois semaines à cause des pâtisseries.
5 Je t'écrirai encore .... une semaine.
6 J'ai étudié le français .... cinq ans.

3 Translate the sentences into French.

1 I went to France two years ago.

....

2 She had been working in France for three years.

....

3 I stayed in Rome for twelve days.

....

4 She took the plane a year ago.

....

5 They will finish their homework in forty-five minutes.

....

6 I had been playing outdoors for an hour when I fell.

....

Le conditionnel présent: the present conditional mode

The conditional is used to describe something that would or might happen and usually contains the word *si* (if). It shows that an action would be carried out if something else happened. For example, *If I had enough money, I would go on holiday.*

- Si j'**étais** Président de la République, je **me déplacerais** tout le temps en avion.
  *If I **were** President of the Republic, I **would** always **travel** by plane.*
- S'il **ne pleuvait pas**, nous **irions** à la plage.
  *If it **wasn't raining**, we **would go** to the beach.*

Rule
The conditional is formed by adding the correct imperfect endings to the infinitive or to the irregular future stem.

regarder	
je regarder**ais**	*I would look*
tu regarder**ais**	*you would look*
il regarder**ait**	*he would look*
elle regarder**ait**	*she would look*
on regarder**ait**	*one would look*
nous regarder**ions**	*we would look*
vous regarder**iez**	*you (pl) would look*
ils regarder**aient**	*they (m) would look*
elles regarder**aient**	*they (f) would look*

We form a conditional sentence by using the conditional in the main clause, and *si* plus the imperfect tense in the second clause. The conditional clause can be placed at the beginning or at the end of the sentence.

- Si Paul **avait** les bons outils, il **réparerait** facilement la fuite d'eau.
  *If Paul **had** the right tools, he **would** easily **repair** the leak.*

Remember to drop the -*e* from -*re* verbs as we do with the simple future tense.

Use of *if* plus tenses (Si in French)

a) If/Si + Present + Future

Si	j'**ai** le temps	je **ferai** un gâteau.
If	*I **have** time*	*I **will bake** a cake.*

The sequence is the same in English and in French.

b) If/Si + Imperfect + Present conditional

Si	j'**avais** le temps	je **ferais** un gâteau.
If	*I **had** time*	*I **would bake** a cake.*

c) Si + il or ils = S'il(s)
But
Si + elle or elles = Si elle(s)

Practice

1 Complete the sentences with the correct form of the conditional.

1 J' .... (aimer) aller en France après mes examens en juin.
2 Il .... (écrire) une lettre s'il n'avait pas un bras cassé.
3 Si nos parents étaient d'accord, nous .... (partir) en Allemagne cette année avec nos camarades de classe.
4 Si je gagnais de l'argent je ne .... (travailler) plus au marché le weekend.
5 Si tu faisais tes devoirs sérieusement, tu .... (avoir) de bons résultats.
6 Si Paul voulait se marier, Marie .... (accepter) tout de suite!
7 Ils .... (prendre) le train s'ils n'avaient pas de voiture.
8 Je .... (porter) tout le temps des lunettes noires si j'étais actrice de cinéma.
9 Si vous regardiez ce film d'horreur, vous .... (faire) certainement des cauchemars !
10 Si tu ne faisais pas autant de bruit, je .... (pouvoir) me concentrer.

2 Translate the sentences into French.

1 If I knew the answer, I would tell you.

....

2 She would tell him the truth if he asked her.

....

3 They would catch the bus if they hurried.

....

4 If I needed some money, I would ask my mum.

....

5 If I had some friends, I would be happier.

....

3 Put the verb into brackets into the correct tense.

1 Si je .... (finir) mes devoirs a temps, je viendrai te voir.
2 Si nous sommes prêts vers 20h nous .... (pouvoir) aller a la séance de 20h30.
3 S'il fait beau, nous .... (aller) à la plage.
4 Si je savais cuisiner je .... (préparer) un repas complet.
5 Si les élèves .... (travailler) plus ils réussiraient mieux.
6 Si j'étais professeur, je ne .... (donner) pas de devoirs supplémentaires.

Checklist for the conditional

You must know:

- the rule for the formation of conditional sentences.
- the correct conditional endings.
- the irregular future verb stems.

The subjunctive

Ordinary level students do not have to necessarily write using the subjunctive in the written part of the French examination. However, it may be useful for students to be able to recognise the subjunctive should it appear in reading or listening comprehensions or should they feel comfortable enough to use it in diary entries or other questions.

➪ The subjunctive may be used in a number of circumstances and is normally dependent on *que*. For example, the subjunctive is used after the following conjunctions:

• pour que • afin que	so that
• quoi que • bien que	even though / although
• jusqu'à	until
• avant que	before.

➪ The subjunctive is often used in French with actions expressing states of emotion like fear, regret, relief and desire.

Verbs of emotion	
être content que	*to be happy that*
être triste que	*to be sad that*
être désolé que	*to be sorry that*
préférer que	*to prefer that*
être surpris que	*to be surprised that*
regretter que	*to regret that*
désirer que	*to desire that*
vouloir que	*to want that*
souhaiter que	*to wish that*

- *Je* ***regrette*** *qu'il* ***soit*** *malade.*
  I'm sorry he is sick.

Rule

The subjunctive tense in French is formed by dropping the *-ent* ending from the *ils* form of the verb in the present tense and then add the following endings: *e, es, e, ions, iez, ent*
e.g. finir - ils finissent - je finisse etc.

Regular verb patterns appear as below in the subjunctive:

jouer	**vendre**	**finir**
je jou**e**	je vend**e**	je finiss**e**
tu jou**es**	tu vend**es**	tu finiss**es**
il jou**e**	il vend**e**	il finiss**e**
nous jou**ions**	nous vend**ions**	nous finiss**ions**
vous jou**iez**	vous vend**iez**	vous finiss**iez**
ils jou**ent**	ils vend**ent**	ils finiss**ent**

As expected, there are a number of verbs that do not follow the normal rule. Below are examples of some of the most commonly used irregular verbs:

être	**faire**
je sois	je fasse
tu sois	tu fasses
il soit	il fasse
nous soyons	nous fassions
vous soyez	vous fassiez
ils soient	ils fassent

Nouns and Articles

All nouns are masculine or feminine. No specific rule can replace the habit of learning each word with its definite article.

e.g. **le** livre **la** maison

Definite article: The

Masculine singular: le or **l'**
(in front of vowel or silent h).
e.g. **Le** bus
L'hôtel

Feminine singular: la or **l'**
(in front of vowel or silent h).
e.g. **La** piscine
L'amie

Masculine and feminine plural: les
e.g. **Les** hôtels
Les amies

You use the definite article to talk about:

- Parts of the body
- To denote a price or a rate
- Statement of general truth or fact
- Abstract nouns
- Countries
- Sports
- School subjects

Contractions

You need to form contractions between **à** / **de** and **le** / **les.**

e.g. **à + le = au** **à + les = aux**
Une glace (à le) chocolat ➪
Une glace **au** chocolat
Un croissant (à les) amandes ➪
Un croissant **aux** amandes
e.g. **de + le = du** **de + les = des**
La voiture (de le) professeur ➪
La voiture **du** professeur
La salle (de les) professeurs ➪
La salle **des** professeurs

Indefinite article: a / an

Masculine singular = **un**
Feminine singular = **une**
Masculine/Feminine plural = **des**

Be careful when translating.

- Il y a **des** installations.
There are facilities here.

If a noun in the plural is preceded by an adjective, use *de*.

- Il y a **de** belles installations.
There are beautiful facilities here.

Partitive article = *de* + definite article

➪When we want to talk about an indeterminate part of a whole group we use **de + definite article**.

- Je mange **de la** confiture.
I eat jam.
- Je mange **du** pain. (de + le = du)
I eat bread.
- Je bois **de l'**eau.
I drink water.
- Je mange **des** légume.s (de + les = des)
I eat vegetables.

➪The partitive article is used in front of nouns that indicate an non-quantifiable amount of something.

- Le 21 juin en France pour la fête de la musique il y a **des** gens, **du** bruit et **de la** musique dans les villes.
On 21st June in France, during the music festival, there are people, there is noise and there is music in the towns.

➪**De** replace the partitives with phrases of quantity.

- Je mange **beaucoup de** confiture.
*I eat **a lot of** jam.*
- J'achète **trop de** pain.
*I buy **too much** bread.*
- Je bois **un peu d'**eau.
*I drink **a little** water.*
- Je mange **tant de** légumes.
*I eat **so many** vegetables.*
- Je mange **assez de** fruits.
*I eat **enough** fruit.*
- J'achète **un kilo de** carottes.
*I buy **a kilo of** carrots.*
- J'achète **un bouquet de** fleurs.
*I buy **a bunch of** flowers.*

➪**De** replaces the partitive article after a negative.

- Je ne mange **pas de** confiture.
I do not eat jam.
- Je ne bois **jamais de** lait.
I never drink milk.
- Il n'y a **plus de** légumes.
There aren't any more vegetables.

Practice

1 Complete the following sentences with a definite or an indefinite article.

1 Nous adorons .... sport.
2 Elle a .... yeux bleus.
3 .... mathématiques sont ma matière préférée.
4 .... Allemagne est un grand pays.
5 Ce soir, il y a .... concours pour les jeunes à .... télévision.
6 .... été est .... saison très agréable en France.
7 Les roses sont .... fleurs délicates.
8 Je vais à .... plage.
9 Tu es arrivée à .... hôtel hier soir.
10 Nous irons .... cinéma demain.

2 Complete the text with the missing partitive.

Le matin, je mange .... pain avec .... beurre et .... confiture. Mon père mange .... céréales. Je bois .... chocolat chaud mais mes parents boivent .... café. Pour le goûter je prends souvent .... crêpes avec .... chantilly et .... chocolat fondu. Mon plat préféré est la pizza « reine », dedans il y a .... jambon, ... sauce tomate, ... des champignons et .... fromage. Il n'y a pas .... crème fraîche. Je peux en manger pour le déjeuner et le dîner ! Je mange aussi beaucoup .... sucreries.

The negative

The main way to form the negative in French is to use **ne pas**.

Present, Future, Imperfect and Present tenses

In verb tenses with one verb (present, future, imperfect and present conditional), **ne** goes directly before the verb and **pas** goes directly after it.

- Il **ne** donne **pas**
  He does not give / He is not giving
- Il **ne** donnera **pas**
  He will not give
- Il **ne** donnait **pas**
  He was not giving
- Il **ne** donnerait **pas**
  He would not give

Perfect tense (passé composé)

In verbs tenses with two verbs (perfect - passé composé), **ne** goes before the auxiliary verb (*avoir* or *être*) and **pas**
goes after it.

- Il **n**'a **pas** donné
  He did not give
- Nous **ne** sommes **pas** allés
  We did not go

Reflexive verbs

In reflexive verbs with one verb, **ne** goes before the **se** and **pas** goes after the verb.

- Il **ne** se lave **pas**.
  He does not wash himself.

In reflexive verbs with two verbs, **ne** goes before the **se** and **pas** goes between the auxiliary verb and the past participle.

- Il **ne** s'est **pas** lavé.
  He did not wash himself.

Other forms of the negative

- Ne jamais = *never*
- Ne pas encore = *not yet*
- Ne personne = *nobody*
- Ne plus = *no more / no longer*
- Ne rien = *nothing*
- Ne… ni… ni = *neither… nor… nor*

Practice

1 Rewrite the following sentences in the negative.

1 Paul parle toujours irlandais en famille.

2 J'aurai beaucoup d'argent de poche à la fin de la semaine.

3 Nous avons pris le train pour venir ici.

4 Elles sont allées au cinéma la semaine dernière.

5 Il devrait réviser la veille de l'examen.

2 Translate into French

1 I never go to the swimming pool.

2 He bought nothing for his birthday.

3 She will not go to Spain on holidays.

4 I have not been to Paris yet.

5 They will meet nobody in this village!

Adjectives

Adjectives agree with nouns and therefore can change depending on whether the noun is masculine, feminine, singular or plural.

Regular form

To form a feminine adjective, simply add an *-e* to the end of the word.

e.g. vert - vert**e**

If the adjective already ends in *-e* in the masculine singular, there is no change to the word.

e.g. simple - simple

Irregular forms

eux	euse	eur	euse
on	onne	teur	trice
er	ère	el	elle
f	ve	en	enne

Plural adjectives

To form a masculine plural adjective, add *-s* to the end of a masculine singular adjective.

e.g. vert - vert**s**

To form a feminine plural adjective, add *-es* to the end of the feminine singular adjective.

e.g. verte - vert**es**

If the adjective already ends in *-s* or *-x* in the masculine singular, then no change is necessary.

If the adjective ends in *-al*, the plural will end in *-aux*.

e.g. un dessert régional - des dessert**s** région**aux**

If the adjective ends in *-eau*, the plural will end in *-eaux*.

e.g. un nouveau professeur - de nouv**eaux** professeur**s**

Exceptions

blanc	blanche
gros	grosse
public	publique
fatal	fatals
banal	banals

Some adjectives have two forms in the masculine singular.

Masculine singular	Masculine plural
beau *e.g.* un beau tableau	beaux
bel (in front of vowel or silent h) *e.g.* un bel arbre	
vieux *e.g.* un vieux chapeau	vieux
vieil (in front of a vowel or silent h) *e.g.* un vieil homme	
nouveau *e.g.* un nouveau magasin	nouveaux
nouvel (in front of a vowel or silent h) *e.g.* un nouvel ami	

Position of adjectives

Most adjectives follow the noun in French.

e.g. une pomme rouge

But some common ones come before the noun:

e.g. beau, bon, gros, joli, petit, grand, vieux

Some adjectives can change meaning according to position.

- un ancien élève
  a former pupil
- un livre ancien
  an ancient book

- Mon cher ami
  my dear friend
- Un repas cher
  an expensive meal

Possessive adjectives

Agreement
The possessive adjective always agrees with the object of the sentence and not with the person that owns the object.

Singular
mon, ton, son
If the object is a masculine singular noun, we use **mon**, **ton**, **son**.
e.g. mon père, ton frère, son neveu
We also use **mon**, **ton** and **son** if the object following it is a feminine noun starting with a vowel.
e.g. mon école, ton amie, son entreprise

ma, ta, sa
If the object of the sentence is a feminine singular noun, we use **ma**, **ta**, **sa**.
e.g. ma mère, ta soeur, sa fille

notre, votre, leur
If the object of the sentence is either a masculine or feminine singular noun, we use **notre**, **votre** or **leur**.
e.g. notre grand-mère
votre mère
leur père

Plural
mes, tes, ses
e.g. mes amis, tes amies, ses parents.

nos, vos, leurs
e.g. nos amis, vos amies, leurs parents.

Adverbs

Adjectives are used to describe nouns and adverbs are used to describe verbs and adjectives.

Regular adverbs
➪ Add **-ment** to the feminine form of adjectives that end in a consonant.
e.g. doux - douce - doucement

➪ Adjectives which end in *-e* in masculine singular add **–ment**.
simple - simplement
sage - sagement

➪ The masculine form of adjectives that end in *-a*, *-i*, *-o*, *-u* add **-ment**.
joli - joliment
absolu - absolument

Irregular

gentil	gentiment
bon	bien
mauvais	mal

Adverbs of time and place

toujours (always)	**souvent** (often)
quelquefois (sometimes)	**rarement** (rarely)
dedans (inside)	**dehors** (outside)
ici (here)	**là** (there)

Position of the adverbs
For one-verb tenses, place the adverb **after the verb.**
- Il roule **vite**.
  He drives fast.
- Elle jouera **bien**.
  She will play well.
- Nous marchions **lentement**.
  We were walking slowly.
- Ils se rencontreraient **beaucoup** s'ils habitaient dans la même ville.
  They would meet a lot if they lived in the same city.

For the two-verb tenses, place the adverb **between the auxiliary verb and the past participle** unless the adverb is long.
- Il a **bien** mangé.
  He ate well.
- Il a mangé **copieusement**.
  He ate a lot.
- Nous sommes **vite** parties.
  We left quickly.
- Nous sommes parties **lentement**.
  We left slowly.

Practice

1 Change the adjectives to adverbs.

1 Riche ....
2 Sincère ....
3 Absolu ....
4 Pauvre ....
5 Régulier ....
6 Serieux ....

2 Answer these questions using the following adverbs: *tôt, tard, souvent, rarement, quelquefois* and *de temps en temps*.

1 Vous couchez-vous tôt le soir ?

....

2 Avez-vous de temps en temps regardé la télé en France ?

....

3 Est-ce que tu te levais tard en vacances ?

....

4 Iras-tu souvent au cinéma ?

....

3 Put the adverbs in the correct position.

1 Je travaille pour réussir mon bac. (beaucoup)

....

2 Nous étudions à la bibliothèque du lycée. (souvent)

....

3 Je suis allé au cinéma en semaine. (rarement)

....

4 J'ai rencontré ma copine tous les soirs. (secrètement)

....

Pronouns

Subject pronouns

Subject pronouns come before the verb.

je / j'	I
tu	you
il	he / it
elle	she
on	one
nous	we
vous	you (plural)
ils	they (masculine)
elles	they (feminine)

Direct and indirect object pronouns

Direct object pronouns	
me	me
te	you
le / l'	him / it
la / l'	her
nous	us
vous	you (plural)
les	them

Indirect object pronouns	
me	to me
te	to you
lui	to him / her
nous	to us
vous	to you (plural)
leur	to them

- Il donne les fleurs (direct object) à Sophie (indirect object).
  He gives the flowers to Sophie.

The flowers is the direct object (what is given).
Sophie is the indirect object (the person to whom they are given).
Les fleurs - them = **les** (direct object)
à Sophie = to her = **lui** (indirect object)

The word order of pronouns in French is different to English.
English:
He gives **them to her**.
French: the pronouns go **in front of the verb**.
Il **les lui** donne.

y and en

y is a pronoun of place and is often translated as *there* and replaces *à* + noun.

- Il est allé à **Paris**.
  He went to Paris.
- Il **y** est allé.
  He went there.

en is a pronoun which means *some, some of it, some of them* and replaces *de* + noun.

- Il a mangé **du pain**.
  He ate some bread.
- Il **en** a mangé.
  He ate some.

Rule

Word order

Subject +	**Ne +**	**(me) +**	**(le) +**	**(lui) +**	**(y) +**	**(en) +**	**Verb +**	**Pas +**	**Past participle**
		te	**la**	**leur**					
		se	**les**						
		nous							
		vous							
Nous				leur			donnons		des bonbons.
Elle	n'				y		va	pas.	
Il	ne			leur		en	donne	pas.	
Elle	n'				y		est	pas	allée.

Agreement

The past participle of the verb used in the sentence must agree with the preceding direct object when verbs are conjugated with *avoir* and reflexive verbs.

- Il a donné la lettre à Sophie. Il **la lui** a donné**e**.
  He gave it to her.
  la - In the feminine singular add *-e* to the past participle.
  lui = to her

- Il a donné les fleurs à Sophie. Il **les lui** a donné**es**.
  He gave them to her.
  les - In the feminine plural add *-es* to the past participle.
  lui = to her

- Il a donné les paquets à Sophie. Il **les lui** a donné**s**.
  He gave them to her.
  les - In the masculine plural add *-s* to the past participle.
  lui = to her

Practice

1 Replace the underlined words with the correct pronoun. Then rewrite the sentences.

1 Aimez-vous les mathématiques ? Oui j'aime les mathématiques.

2 Est-ce que tu as reçu ma lettre ? Oui j'ai reçu ta lettre hier.

3 Aimez-vous le pain complet ? Oui j'aime le pain complet.

4 Elle lit le livre aux enfants.

5 Elle lit le livre aux enfants.

6 Elle lit le livre aux enfants.

7 Nous avons rendu nos devoirs aux professeurs.

8 Nous avons rendu nos devoirs aux professeurs.

9 Nous avons rendu nos devoirs aux professeurs.

10 Ils ont acheté des CDs à leurs parents pour leur anniversaire de mariage.

11 Ils ont acheté des CDs à leurs parents pour leur anniversaire de mariage.

12 Ils ont acheté des CDs à leurs parents pour leur anniversaire de mariage.

2 Replace *Sophie* with the appropriate pronoun where possible.

Sophie est ma meilleure amie. J'ai rencontré Sophie dans un cours de danse. Sophie était seule ce jour-là. J'ai invité Sophie à venir chez moi. J'ai beaucoup parlé à Sophie. Nous avons beaucoup de points en commun.

3 Replace *copains* with the appropriate pronoun where possible.

Paul et Pierre sont mes meilleurs copains. J'ai rencontré mes copains à la piscine. J'ai demandé à mes copains de m'aider à plonger car je ne suis pas un très bon nageur. Ils ont été très sympas ce jour-là.

4 Answer the questions as in the example.

Vous avez *une petite amie* ?
Non je n'en ai pas. / Oui j'en ai une.

1 Vous avez *des frères* ?

2 Avez-vous *des CDs* ?

3 Est-ce que vous parlez souvent *de vos problèmes* ?

4 Est-ce que vos parents ont *une maison de campagne* ?

5 Answer the questions as in the example.

Vous allez *en France* cet été ?
Non je n'y vais pas. / Oui j'y vais.

1 Vont-ils *au cinéma* tous les samedis?

2 Est-ce que Kevin est *sur le terrain de foot* depuis ce matin ?

3 Vous resterez *en France* pour combien de temps ?

4 Allez-vous *au lycée* tous les jours ?

Reading comprehension

Learning outcomes

- Familiarising yourself with the exam layout
- How to approach the reading comprehension texts with questions in English
- How to approach the reading comprehension texts with questions in French
- Quoting from the text
- Reformulating
- Identifying parts of speech

Compréhension écrite

Leaving Certificate Examination Ordinary Level

Overview of the exam

Paper	Section	Time	Marks	Percentage
Reading comprehension	Section 1	2 hrs 30 mins	160	40%
Written expression	Section 2		60	15%
Speaking		12 mins	80	20%
Listening		40 mins	100	25%
		TOTAL	400	100%

Overview of the reading and writing paper

Section		Marks	Percentage
Section 1	Two English comprehension questions	80	20%
	Two French comprehension questions	80	20%
Section 2A	Cloze	30	
	Form filling	30	
Section 2B	Writing a message	30	30%
	Writing a postcard	30	
Section 2C	Writing a diary entry	30	
	Writing a formal letter	30	

Section 1:
You must complete two reading comprehension tasks in English.
You must complete two reading comprehension tasks in French.
Section 2:
You must choose two of the options A, B or C. In each option (A, B or C) you must answer ONE question.

Section 1

Reading comprehension with questions in English

Text types

The kinds of texts in this section may include extracts from newspapers or magazines, book reviews, entertainment features, narrative extracts and so on.

Types of question

The questions in this part of the examination vary in nature, so you may be asked a:

- multiple choice question
- reformulation question
- quote question
- grammar question
- basic English comprehension question

Timing

Students should allow between fifteen and twenty minutes for Question 1 and the same amount of time for Question 2.

Method

- Read the article heading or any information provided at the start of the extract.
- Look for clues regarding the nature of the content in any pictures provided.
- Read the questions carefully.
- Underline key words in the questions and search for the French equivalent of these words in the extract.
- Remember that your task is not to translate the extract but simply to find the answers to the questions provided so there is no need to panic if there are several words that you do not understand.
- The exact wording of the answers on any given marking scheme may not always be required for full marks. Alternative wording can receive full marks if it conveys the same meaning or correct answer in each case.
- Any answer which communicates the answer will be accepted but don't take any unnecessary risks. If asked for one answer, just give one. (If two are given and one is incorrect, the incorrect answer cancels out the correct answer.)
- The last question examines your overall comprehension of the extract. You will be asked for two points and you must refer to the extract in your answer.

1 This article refers to a selection of movies and books.

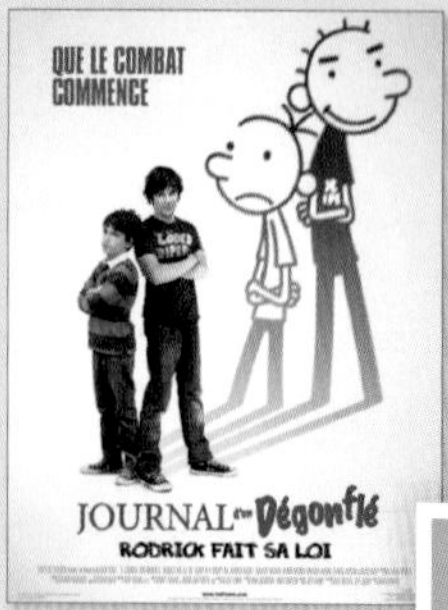

Le Journal d'un dégonflé 2 : Rodrick fait sa loi

Greg Heffley est un ado qui déteste le collège et qui a des copains bizarres : Rowley le rondouillard roi de la cour, Fregley le rouquin un peu spécial, et Chirag qui vit sur une autre planète. Mais il le sait, et comme il le dit lui-même : « Un jour je serai célèbre, et j'aurai mieux à faire que de répondre à des questions stupides toute la journée ! »

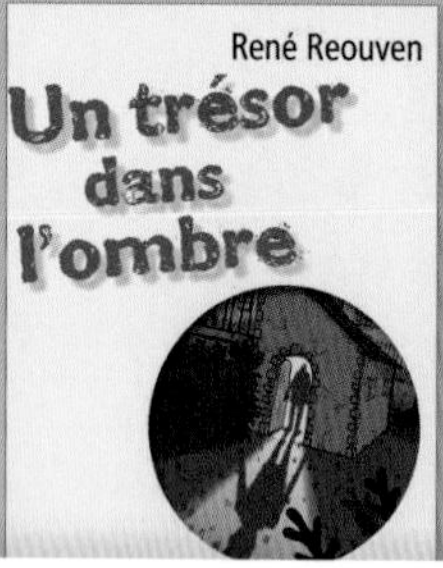

Un trésor dans l'ombre

Valentine est une lycéenne maigre et cultivée qui n'a pas la langue dans sa poche, ce qui lui vaut souvent des moqueries à la sortie des cours, notamment de la part de Machaut, un garçon populaire mais plutôt idiot. Valentine a des parents qui travaillent beaucoup. Elle a également beaucoup d'imagination et le cœur sur la main. Un jour Malcom, un jeune Écossais, vole à sa rescousse.

Instinct 1

Tim mène une vie normale et a plein de projets. Mais un jour, alors qu'il est en voiture avec sa famille, un violent accident tue son frère et ses parents. Lui ne garde qu'un souvenir troublant de ce moment : lorsqu'il reprend conscience, il a l'impression d'être un grizzly avide de sang, penché sur le corps sans vie de son frère. Cauchemar ou réalité ? Inquiété par la police qui le prend pour un drogué, il est pris en charge par le Pr McIntyre, un psychiatre, qui l'emmène dans un institut de recherche.

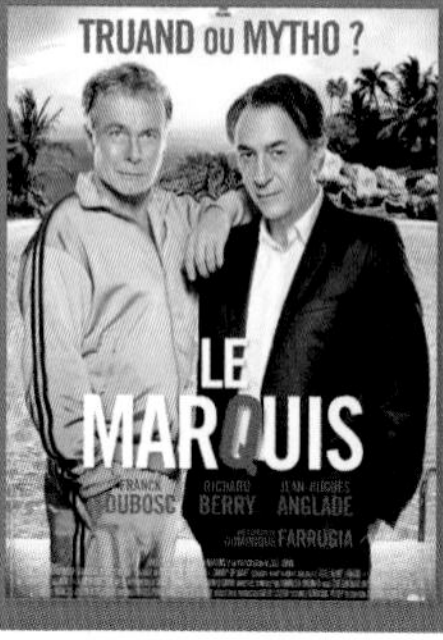

Le Marquis

Pour gagner le respect des autres détenus de la prison où il est enfermé, Thomas Gardesse se fait passer pour Le Marquis, un génie du casse, un truand dont personne ne connaît le visage mais qui est une véritable légende dans le monde du vol organisé. Mais quinze jours avant sa sortie de prison, un braqueur du nom de Quentin Tasseau a besoin des talents du Marquis... Thomas « Le Marquis » Gardesse, vrai bras cassé, devra donc se faire passer « dans la vraie vie » pour un pro des braquages.

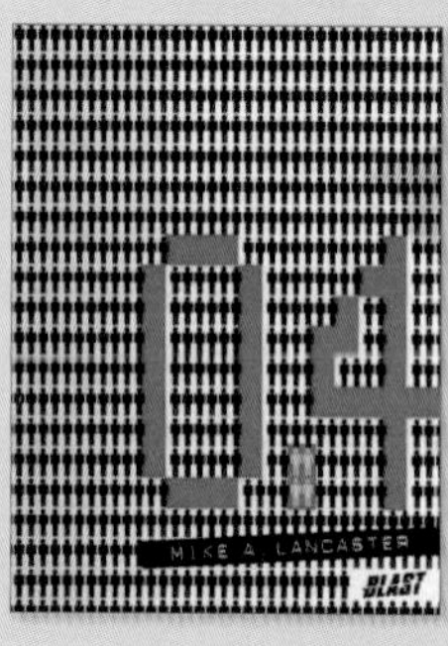

0.4

Lors du traditionnel spectacle de sa petite ville, Kyle se soumet avec son amie Lilly, Mme O'Donnell et M. Peterson, à une séance d'hypnose présentée par Danny. Après avoir plongé dans un état de paix profonde, le réveil est brutal : le public est pétrifié et le phénomène a gagné toute la ville. Il n'y a plus ni téléphone, ni Internet... Puis, étrangement, les habitants se remettent en mouvement comme si de rien n'était. Et si l'humanité était régulièrement remise à jour comme un vulgaire logiciel ?

Answer all questions in English.

1 Name the film/book in which a young Scotsman comes to a character's rescue.

....

2 Name the film/book in which a young person loses his family in a terrible accident.

....

3 Name the film/book in which the main character assumes that one day he will be famous.

....

4 Which **character** is often teased in school?

....

5 For what reason is the real 'Marquis' well known?

....

6 What do the people in *0.4* find themselves without? Name **two**.

(i) ....

(ii) ....

7 What do the police in *Instinct 1* mistake Tim, the main character, for?

....

8 In which film/book are some characters hypnotised?

....

9 Why did Thomas Gardesse pretend to be someone else?

....

2 This article provides information on New Zealand.

1. ***La France est aux antipodes de la Nouvelle-Zélande. C'est là que se déroulera la Coupe du Monde de rugby, du 9 septembre au 23 octobre 2011.***

2. Avec ses 1,3 million d'habitants, Auckland abrite 1 Néo-Zélandais sur 4. La ville est construite autour d'une cinquantaine de volcans (heureusement inactifs) comme le Mont Eden. Les autres forment des lacs, des îles, des lagons etc. La capitale de la Nouvelle-Zélande n'est pas Auckland mais Wellington qui compte seulement 180 000 habitants.

3. En Nouvelle-Zélande, il y a 4,4 millions d'habitants et 15 fois plus de moutons. Élevés en extérieur toute l'année dans des prairies immenses, ils se nourrissent d'herbe et de trèfles.

4. Sur l'île du Sud, Queensland s'est autoproclamée capitale du sport extrême. Tous les amateurs de sensations fortes finissent par s'y arrêter pour pratiquer le rafting, le parapente ou le ski.

5. Le Kiwi : le nom de cet oiseau, qui désigne aussi l'habitant de la Nouvelle-Zélande, vient du cri émis par le mâle qui siffle un « ki-oui » puissant. Le kiwi a une très mauvaise vue mais un odorat très développé. En plus du kiwi, il existe près de 350 autres espèces d'oiseaux qu'on ne rencontre qu'en Nouvelle-Zélande.

6. La Nouvelle-Zélande est l'un des derniers pays découverts par l'homme. Les Maoris, venus des îles polynésiennes, sont arrivés les premiers entre 1050 et 1300 alors que les Européens n'y ont posé le pied qu'en 1642. En 1840, le traité de Waitangi en a fait un territoire britannique et ce n'est qu'en 1947 que la Nouvelle-Zélande est devenue un pays indépendant.

7. Le Moko est le nom que les Maoris donnent au tatouage qu'ils portent sur le visage. C'est pour eux un acte sacré chargé de sens. Le Moko est similaire à une carte d'identité. Selon l'emplacement du tatouage et ses motifs, il est possible de connaître d'un seul coup d'œil la place qu'occupe un individu au sein de sa communauté. Par exemple, le front indique le rang social. S'il n'est pas tatoué le Maori n'a pas un rang élevé.

Answer all questions in English.

1 When was the rugby World Cup due to begin? **(Section 1)**

2 What is the town of Auckland built around? **(Section 2)**

3 What point is made about sheep in **Section 3**?

4 According to **Section 4**, of what is Queensland the capital?

5 Name **two** of the activities mentioned in **Section 4**.

(i)

(ii)

6 According to **Section 5**, what is the kiwi bird's weakness?

7 What happened in 1947? **(Section 6)**

8 What is the Moko compared to in **Section 7**?

9 A tattoo on what part of the face indicates a Maori's social status? **(Section 7)**

3 In this article, people give their opinions on royal weddings following the weddings of Charlene and Albert of Monaco, and Kate and William of the United Kingdom.

Je regarde la cérémonie avec mon amoureux, mes sœurs, des copains. Chacun y va de son commentaire, c'est un peu comme si on était au mariage de quelqu'un de la famille… Ça fait du bien de voir des gens beaux, heureux et amoureux à la télé.
Stéphanie, 25 ans, chargée de communication

Mon ex-copine a vécu le mariage de Kate et William comme si c'était le sien… Elle rêve d'être traitée comme une princesse ! Moi, j'y ai jeté un coup d'œil par curiosité. Si on a de l'argent, je comprends qu'on veuille offrir une telle cérémonie à celle qu'on aime.
Wesley, 26 ans, artiste

Les garçons ont leurs matchs de foot et nous, les mariages princiers ! Mon copain trouve ça totalement ridicule, pas moderne. Il dit aussi qu'on n'a pas besoin d'une telle cérémonie pour s'aimer… Mais moi, j'assume, et même si on est pacsés, j'espère bien qu'on se mariera un jour !
Audrey, 24 ans, attachée administrative

Pour être franc, j'aime bien en voir quelques images (mais pas plus) avec ma femme, ça renforce notre complicité. Pour quelques heures ça permet d'échapper à un monde en crise et on peut se distraire à peu de frais.
Simon, 35 ans, directeur commercial

Le côté fille du peuple qui se marie avec un prince me fait rêver : ça prouve que les mentalités ont évolué, qu'on peut s'unir sans être du même monde. Et puis les princes aussi vivent des drames : Albert et William ont perdu leur mère. Quelque part, ce sont des gens comme nous.
Zahra, 43 ans, responsable magasin

Cet étalage de luxe, ces voitures clinquantes, ces joueurs de foot sur leur trente-et-un… C'est trop mais j'aime bien. Comme ma compagne, je suis un grand romantique et j'espère que pour nous aussi le mariage deviendra réalité.
Rachid, 28 ans, employé dans l'automobile

Answer all questions in English.

1 What does Stephanie like to see on TV?

2 Why did Wesley watch the ceremony?

3 Under what circumstance would Wesley provide such a ceremony for the one he loves?

4 What does Audrey's boyfriend think of extravagant weddings?

5 With whom does Simon like to watch such events on TV?

6 What does Simon think that these events allow people to do?

7 According to Zahra, what do William and Albert have in common?

8 What is Zahra's job?

9 What, according to Rachid, is too much? Give **two** points.

(i)

(ii)

4 This article provides information on the latest trends for family holidays.

1. ***La nouvelle tendance est au tourisme intergénérationnel. Mais trois générations – grands-parents, enfants et petits-enfants – qui voyagent ensemble, ça ne va pas toujours de soi. Pour éviter le choc des générations et vivre en harmonie, il faut tout prévoir… ou presque !***

2. Il faut s'informer sur les attentes et les limites de chacun. D'où l'importance d'être honnête sur ce que vous voulez ou ne voulez pas. Pour savoir si les attentes sont compatibles et réalistes, demandez à chacun comment il entrevoit de passer les vacances. Est-ce qu'on souhaite être toujours ensemble ou bien libre d'aller chacun de son côté ? Est-ce qu'on veut prendre tous les repas au restaurant ? Et dans quel type de resto ? Désire-t-on partager les factures d'épicerie et de restaurant ?

3. On doit tenir compte des différents besoins. Il est important de discuter des habitudes – activités, routine des repas, siestes, etc. – et de chercher des façons de les adapter pour que chacun y trouve son compte. Suggestion : privilégier les activités adaptées à chacune des générations et qui tiennent compte des goûts de chacun.

4. Il faut choisir une destination appropriée. Les longs trajets en voiture rendent les enfants impatients, maussades et parfois même nauséeux. Plus ils sont jeunes, plus vous avez intérêt à choisir une destination rapprochée. Même conseil si les personnes âgées supportent mal les longues heures en voiture.

5. Établissez un itinéraire qui tienne compte de l'état physique de chacun. Pour éviter les tensions entre générations, établissez dès le début une liste de règlements pour les enfants. De plus, exigez qu'ils soient respectueux envers ceux qui les entourent, à commencer par leurs grands-parents. Et même en vacances, chacun a besoin d'espace physique pour refaire le plein d'énergie et être disponible. Accordez-vous des moments de solitude et de détente.

Answer all questions in English.

1 According to **Section 1**, what is the new trend in tourism?

2 What is important to consider on these trips? **(Section 2)**

3 Name **two** of the questions that should be addressed before leaving. **(Section 2)**

(i)

(ii)

4 Name any **two** things that should be discussed by the family. **(Section 3)**

(i)

(ii)

5 What advice does **Section 4** offer?

6 What affect can long drives have on children? **(Section 4)**

7 According to **Section 5** what should parents do to avoid tension?

8 What does everyone need, even on holidays? **(Section 5)**

5 This is an article about pirates throughout the ages.

Pirates d'hier :

1. Dès que les hommes ont commencé à conquérir les océans, certains en ont profité pour semer la terreur... Dans le dernier *Pirates des Caraïbes*, Jack Sparrow est confronté à Barbe-Noire. Mais ce terrible pirate n'est pas seulement un personnage de cinéma : il a vraiment existé ! Edward Teach (1680-1718) de son vrai nom, a capturé et coulé des dizaines de navires entre 1716 et 1718. Il inspirait une telle terreur que certains équipages se rendaient sans même combattre.

2. Le plus gros trésor ? En 1985, des chasseurs de trésors américains ont découvert l'épave du Notre-Dame d'Atocha, un galion coulé lors d'une tempête en 1622. À son bord se trouvaient plusieurs dizaines de tonnes d'or et d'argent d'une valeur supérieure à 300 millions d'euros !

3. Comme pour l'assurance-vie, un pirate recevait 100 pièces d'un réal de huit (la monnaie espagnole de l'époque) pour un doigt ou un œil perdu, 1 500 pièces pour les deux jambes, et s'il mourait au combat, sa famille pouvait toucher une grosse somme d'argent.

4. Les pirates ont aussi inventé le biscuit. C'était la principale nourriture des marins et les biscuits pouvaient alors se conserver pendant plusieurs années.

Pirates d'aujourd'hui :

5. Sharmaake est né en 1989. Il est Somalien. Il est pirate dans le golfe d'Aden. Pourquoi est-il pirate ? La guerre civile ravage la Somalie depuis 1986. La moitié de la population (2 millions d'habitants) survit grâce à l'aide humanitaire.

6. Pourtant, les mers qui bordent le pays sont très poissonneuses. Mais elles ont été pillées par des navires de pêche étrangers. Révoltés et affamés, des Somaliens ont décidé de devenir pirates.

7. Ils utilisent des barques de pêche pour être plus discrets, des vedettes rapides et maniables pour l'abordage, et un bateau de ravitaillement pour s'éloigner des côtes. Avant les attaques, les pirates surveillent le trafic, écoutent les échanges radio et s'organisent. Ils attaquent par surprise. Plus on parle d'eux à la télé, plus ils sont célèbres, et plus ils peuvent obtenir d'argent.

Answer all questions in English.

1 Which real-life pirate was the cinema character Blackbeard based on? **(Section 1)**

2 What did the US treasure hunters find aboard the wreck of *Our Lady of Atocha*? **(Section 2)**

3 What would a pirate have to lose to receive 100 pieces of the Spanish currency of the time? Name **two**. **(Section 3)**

(i)

(ii)

4 Why was the biscuit the main food for sailors? **(Section 4)**

5 What began in Somalia in 1986? **(Section 5)**

6 How did half the population survive? **(Section 5)**

7 Why did many people decide to become pirates? (**Section 6)**

8 Name **two** of the ways, according to **Section 7**, in which modern day pirates prepare for attacks.

(i)

(ii)

6 In this article you will find information about a range of activities designed to suit families of all ages.

1. **Une journée 100 % aventure :** pour trouver la sortie de ce parcours de 2,5 kilomètres, il faut visiter sept mondes consacrés à des explorateurs : Christophe Colomb, Magellan... Les enfants peuvent se cacher dans un labyrinthe et, tout au long de la balade, il y a des murs d'eau à franchir, des énigmes à résoudre et des jeux : accrobranche... De quoi plaire à toute la famille !

2. **Une journée 100 % nature :** bouquiner avec les mouettes. Après une bonne baignade, trouvez une des bibliothèques estivales qui sont installées sur une douzaine de plages de la Seine et lisez un roman policier (il y en a pour tous les goûts et tous les âges).

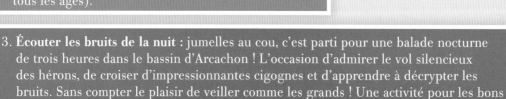

3. **Écouter les bruits de la nuit :** jumelles au cou, c'est parti pour une balade nocturne de trois heures dans le bassin d'Arcachon ! L'occasion d'admirer le vol silencieux des hérons, de croiser d'impressionnantes cigognes et d'apprendre à décrypter les bruits. Sans compter le plaisir de veiller comme les grands ! Une activité pour les bons marcheurs.

4. **Une journée 100 % jeux :** seules compétences requises : aimer patouiller, malaxer, pétrir... Les enfants fabriquent des briques en terre dans des moules en bois ou construisent tous ensemble un mur géant dans la tradition des maisons alsaciennes à colombages.

5. **Voir la nature... en ville :** même à Paris, il y a des coins préservés et peu connus, comme le jardin écologique du Jardin des Plantes. Avec une animatrice, les artistes en herbe récoltent des fleurs, des fruits, des branchages pour fabriquer un masque, une couronne ou un livret souvenir...

6. **Prendre la mesure du temps :** comparer des objets du passé et du présent, trouver les vêtements à mettre selon les saisons, faire la course pour décorer un gâteau d'anniversaire... Sous la houlette d'un animateur, les enfants découvrent en jouant la notion de durée et de vitesse.

7. **Percer les secrets de l'histoire :** chaque enfant reçoit une mission qui va le conduire dans le souterrain hanté ou le parc d'un château Renaissance... Au menu de cette feuille de route : des jeux d'observation, des déchiffrages de messages secrets, des énigmes adaptées à chaque âge.

Answer all questions in English.

1 To whom is the activity in **Section 1** devoted?

2 Name any **two** activities in which children can participate in **Section 1.**

(i)

(ii)

3 What type of book is mentioned in **Section 2**?

4 Who would the activity in **Section 3** suit?

5 What do the children in **Section 4** have the opportunity to build?

6 Where in Paris do aspiring artists make masks from natural products? **(Section 5)**

7 What do the participants of the activity in **Section 6** compete to do?

8 What does each child receive in the activity in **Section 7**?

9 Where will children doing the activity in **Section 7** find themselves?

7 In this article, adapted from a French magazine, five people discuss whether they have really left adolescence behind.

1. Jean-Jacques Rassial, l'auteur du *Passage adolescent*, souligne l'importance de garder un soupçon de ce qui est typique de cette période de la vie. Il explique que l'idéal serait de garder le goût de l'imprévu, de continuer à apprendre et à se faire plaisir et de trouver la bonne mesure.

2. Enfant, je rêvais d'être ado. Je pensais que ça allait être super. Ado, je rêvais d'être adulte. J'étais complexée, mal dans ma peau. J'ai tout rejeté de cette époque, sauf la part de rêve, le désir de m'améliorer et de réussir dans ce que j'aime : le dessin.
Delphine, 29 ans

3. J'apprends encore et toujours. Je suis toujours d'une curiosité insatiable. Ado, je voulais tout comprendre et posais mille questions. Heureusement, je suis directeur commercial et mon job consiste à chercher de nouveaux marchés. Sans cette dose d'inconnu, je crois que je m'ennuierais.
Bernard, 48 ans

4. Je n'ai jamais cessé de vouloir faire rire mes amis, ma famille, mes collègues. C'est ma façon de trouver le plaisir de vivre. J'aimerais travailler pour une compagnie de clowns qui intervient dans les hôpitaux ou apprendre un nouvel instrument. J'aime attirer les regards et j'adore me lancer dans une multitude de choses.
François, 37 ans

5. Moi, je n'ai pas vraiment changé. Ma soif de voyager, d'apprendre, de rencontrer d'autres personnes reste intacte. Maintenant, j'ai de vrais amis un peu partout : en Italie, en Russie, en Finlande, en Angleterre. Je voyage aussi beaucoup pour mon travail, mais ce n'est pas le mouvement permanent qui m'attire. J'aime aussi me poser et ouvrir les yeux.
Joëlle, 45 ans

6. Même maintenant, j'ai du mal à accepter les règles. Peu importe qui est mon interlocuteur, si je pense qu'il a tort, je le lui dis. Parfois, j'essaie bien d'arrondir les angles mais au fond de moi, un truc m'empêche de capituler. Heureusement, avec mes copains, c'est plus simple et ils apprécient ma détermination.
Cécile, 38 ans

Answer all questions in English.

1 Name **two** of the important elements of the adolescent period that Jean-Jacques Rassial recommends adults should hold onto. **(Section 1)**

(i) ....

(ii) ....

2 How does Delphine describe herself as an adolescent? **(Section 2)**

....

3 In what area does Delphine hope to improve and succeed? **(Section 2)**

....

4 What does Bernard claim to have always had? **(Section 3)**

....

5 What is Bernard's job? **(Section 3)**

....

6 What would François still love to do? **(Section 4)**

....

7 Why does Joëlle feel that she has not really changed? **(Section 5)**

....

8 What can Cécile still not accept? **(Section 6)**

....

9 What point does Cécile make about her friends? **(Section 6)**

....

8 This article, taken from a French newspaper, discusses potential changes to the law in relation to the ban on smoking.

1. **Vers la fin des amendes anti-tabac ? Un article de loi en passe d'être voté permettrait de réduire l'amende pour non-respect de la loi sur le tabac. Va-t-on pouvoir fumer de nouveau, sans risque d'être fortement sanctionné dans les cafés et les lieux publics ? Selon Clémence Cagnat-Lardeau, directrice de l'association Alliance Contre Le Tabac, « si l'amendement est adopté, cela signifiera que les fumeurs qui se voient infliger une amende de 135 € parce qu'ils fument dans un lieu public, pourront se tourner vers le préfet et voir leur amende divisée par trois, soit seulement 45 €. » D'après elle, ce n'est pas une bonne idée, «c'est un mauvais signal envoyé. »**

2. Officiellement, le projet de loi gouvernemental qui ne porte pas que sur le tabagisme mais aussi sur des contentieux divers, a pour but de désengorger les tribunaux. « Pour le tabac, il n'y a qu'une vingtaine de plaintes pénales par an. On ne voit pas bien où est l'urgence dans ce domaine », ajoute-t-elle.

3. Au Ministère de la Santé, on se défend de vouloir remettre en cause l'interdiction de fumer. « Personne n'a envie de revenir là-dessus et de voir son voisin fumer. La pression publique de tous, y compris des barmen et des clients, joue pleinement son rôle pour l'interdiction du tabac dans les lieux publics. »

4. Sollicitée, la Confédération des Débitants de Tabac semble un peu mal à l'aise et indique qu'elle « ne souhaite pas répondre sur le sujet de l'interdiction de fumer dans les lieux publics qui ne lui paraît pas prioritaire. »

5. En revanche, les buralistes veulent obtenir un rendez-vous « au plus vite avec leur nouvelle ministre de la Santé, Valérie Pécresse, afin de discuter des compensations pour les débitants de tabac face aux importations parallèles de cigarettes, venues massivement d'Espagne. » Une nouvelle bataille de pro et anti-tabac dans les cafés semble sur le point de resurgir.

Answer all questions in English.

1 What may happen to anti-tobacco fines according to **Section 1**?

2 Who is Clémence Cagnat-Lardeau? **(Section 1)**

3 What would the fine be for someone caught smoking in public if the new law is passed? **(Section 1)**

4 Why does Clémence Cagnat-Lardeau think that the new law is not a good idea? **(Section 1)**

5 How many criminal complaints are there every year in relation to smoking offences? **(Section 2)**

6 At whom is public pressure aimed, according to **Section 3**?

7 What was the standpoint of the confederation of tobacconists when asked about the ban on smoking in public places? **(Section 4)**

8 Who is Valérie Pécresse? **(Section 5)**

9 Where are large quantities of cigarettes coming from? **(Section 5)**

9 This article looks at how reality TV has changed French lives.

1. Le 26 avril 2001 est un jour historique. Ce soir-là, 5 millions de Français ont les yeux rivés sur leur petit écran, fascinés par une émission pionnière : Loft Story. Pour la première fois, les candidats d'un jeu sont filmés en direct, 24 heures sur 24.

LOFT STORY

2. La téléréalité est née et c'est alors une petite révolution. Dix ans plus tard, elle a conquis la totalité des chaînes. Mais au fond, qu'a-t-elle changé dans nos vies ? En 1997, selon l'ONISEP (Office National d'Information Sur les Enseignements et les Professions) les jeunes désirent être professeur, médecin, photographe ou journaliste. Onze ans plus tard, selon le site monincroyablejob.com, ils veulent être acteur, journaliste, reporter d'images ou chanteur… Et l'enseignement n'arrive plus qu'en quatorzième position.

3. En 2011, on ne veut pas faire un métier reconnu, mais être connu. On veut devenir une star, tout simplement ! La téléréalité a su parfaitement capter ce désir en promettant la notoriété sans aucun talent. Car ce qui compte avant tout, c'est d'être soi-même ! « Il existe d'ailleurs une école de la téléréalité aux États-Unis » explique François Jost, directeur du CEISME, (Centre d'Etudes sur les Images et les Sons Médiatiques) où « les professeurs n'apprennent pas à leurs élèves à incarner un personnage. Ils leur enseignent à jouer à être eux-mêmes et les nouveaux « VIP » peuvent ensuite espérer capitaliser sur leur notoriété afin de trouver un véritable travail. Après Loft Story, Steevy Boulay, un des participants, a tourné sa propre émission sur TMC.

4. Prenez deux dates : le 26 avril 2001 et le 21 avril 2002. La première marque le début de Loft Story. Lors de la première élimination 3,5 millions de Français prennent leur téléphone pour voter. La deuxième date à peine un an plus tard, marque le premier tour de la présidentielle ; là, le taux d'abstention atteint des records historiques (28 %, contre 18,6 % en 1986). Cherchez l'erreur ? Pour François Jost, les deux événements sont en partie liés : « Les gens ne croient plus guère à la politique et se sentent plus proches de la télévision, où ils ont l'impression d'être mieux représentés. » Le spectateur de téléréalité ne soutient pas forcément le meilleur candidat, analyse François Jost, mais plutôt l'homme ou la femme qui vient de sa ville. Il y a une tendance au régionalisme.

Answer all questions in English.

1 Why was 26th April 2001 a historic day? (**Section 1**)

....

2 Name **two** of the professions that were most popular in 1997. **(Section 2)**

(i) ....

(ii) ....

3 In what position is education currently placed? **(Section 2)**

....

4 According to **Section 3**, what do people want instead of a recognised trade?

....

5 What is the source of this desire? **(Section 3)**

....

6 What can the 'new VIPs' hope to do? **(Section 3)**

....

7 What did Steevy Boulay do after Loft Story? **(Section 3)**

....

8 How much time had passed between the beginning of Loft Story and the first round of the presidential elections? **(Section 4)**

....

9 According to François Jost, how are these two events linked? **(Section 4)**

....

10 This is a selection of books available in pocket form.

La nuit du jaguar *Michael Gruber*
À Malibu, des hommes d'affaires aux activités douteuses sont sauvagement assassinés. Tout semble indiquer qu'ils ont été dépecés par un fauve : puma, léopard, jaguar…

La femme aux mille secrets *Barbara Wood*
Arrivée sur l'île aux Perles dans un panier porté par la mer, Tonina a été sauvée des eaux par Huracan. Aujourd'hui, l'eau est son alliée. Mais comme elle est grande, mince et a la peau claire, aucun homme ne veut d'elle pour épouse. Guama sait que le moment est venu pour sa petite-fille adoptive de rejoindre la Grande Terre, d'aller à la rencontre de son destin et de découvrir un nouveau monde.

La voix du loup *Xavier-Marie Bonnot*
Sylvain Moretti, dit « l'Éboueur », fut décapité un matin d'été 1978. Pour Michel de Palma, ce souvenir restera à jamais gravé, malgré le soulagement d'avoir mis un tueur hors d'état de nuire. 25 ans plus tard, quand un cadavre est retrouvé portant la signature de l'Éboueur, le doute l'étreint : aurait-il fait condamner un innocent ?

Crème du soir, espoir *Beth Harbison*
Elles étaient les meilleures amies du monde, « deux doigts de la manucure. » Fondues de fond de teint, toquées de cosmétiques, elles partageaient tout, à commencer par leurs trousses de maquillage. Un quiproquo d'ados les a séparées. Et vingt ans ont passé pour Allie et Olivia.

Les annales du Disque-monde *Terry Pratchett*
Suzanne est une jeune étudiante discrète. Si discrète qu'elle devient très souvent invisible. Un beau jour, elle sent que quelque chose de grave et d'important se prépare. Un magnifique cheval blanc l'emmène à travers les airs jusqu'à une immense demeure…

Une femme simple et honnête *Robert Goldrick*
Winsconsin, 1907. Ralph Truitt attend, fébrile, sur le quai de la gare. Dans sa main, il tient la photo d'une femme. Malgré ses 54 ans et sa fortune, l'homme d'affaires est troublé comme un adolescent. Après 20 ans de veuvage, il a enfin décidé de se remarier.

La cicatrice du diable *Laurent Scalese*
À Paris, un scénariste se défenestre du bureau de Cécilia Rhodes, célèbre productrice. Pour Artus Milot, commissaire, ce drame n'a rien d'un suicide. Pour comprendre, il n'hésite pas à rouvrir le sombre dossier de Lucie Drax, scénariste, également décédée dans de troublantes circonstances vingt ans auparavant.

Aide-toi et le ciel *Yves Viollier*
Marie n'a rien vu venir. Quand son fils Simon est revenu d'Haïti, très affaibli par la malaria, elle n'a pas mesuré son malaise. Il est dévasté par la misère et la violence qu'il a rencontrées pendant sa mission humanitaire.

Answer all questions in English.

1 Give the name of the book that refers to each of the following:

(i) a wealthy man who has decided to remarry

(ii) an unexpected journey on a white horse

(iii) a sick son

(iv) a woman who died under mysterious circumstances

2 In the book *La femme aux mille secrets,* why does Guama encourage Tonina to leave?

3 In *La voix du loup*, how was Sylvain Moretti killed?

4 Which book refers to a friendship that ended because of a misunderstanding?

5 Which book deals with the brutal murders of businessmen?

6 Which book features a young girl that no one wishes to marry?

7 In which book does a police officer fear that he may have condemned the wrong man?

11 This article refers to the consumption of chocolate in France.

CHOCOLAT

1. ***La consommation du chocolat a progressé de près de 4 % l'an dernier dans un marché qui a reculé globalement de 2,9 %. Les Français consomment en moyenne 6,3 kilos de chocolat par an. Dimanche, de nombreux enfants vont aller à la chasse aux œufs de Pâques, un symbole religieux synonyme d'abondance et de renouveau, mais aussi une occasion de savourer du chocolat sous toutes ses formes.***

2. Ainsi l'an dernier, les achats de poules et autres lapins chocolatés ont progressé de 3,87 % par rapport à la même période en 2009. Au total, 18 400 tonnes ont été dégustées dans l'Hexagone à l'occasion du week-end pascal, soit en moyenne 223 grammes par personne. Au palmarès des ventes les œufs, grands ou petits, occupent toujours la première marche du podium, même si dinosaures ou dauphins ont fait leur apparition dans les vitrines des chocolatiers. Les boulangeries et pâtisseries représentent 15 % des ventes de chocolat en France contre 85 % en grandes surfaces.

3. En période de fêtes, les Français sont plus nombreux à manger du chocolat, avec une hausse de 600 tonnes vendues à Pâques et à Noël en 2010. La France se situe au 5e rang des pays consommateurs de chocolat derrière l'Allemagne (11,3 kg), le leader européen, et le Royaume Uni (10.9 kg). Le chocolat noir représente 30 % de la consommation en France, contre 5 % dans les autres pays de l'Union. Pendant l'année, les tablettes sont particulièrement prisées avec un peu moins d'un tiers des ventes, devant les bonbons, bouchées et autres rochers, qui totalisent le quart des ventes.

4. Toutefois, en deux ans, le prix de la fève de cacao a doublé. Ceci a fait suite à la guerre civile en Côte d'Ivoire, pays qui approvisionne 40 % du globe. Cela a freiné l'appétit des Français. Le prix de la tablette qui sert de référence a augmenté de 10 % en deux ans. Résultat : les ventes de chocolat sur la seule période de 2010 ont baissé de 2,9 %.

Answer all questions in English.

1 How much chocolate do the French consume every year? **(Section 1)**

....

2 According to **Section 1**, what do many children do on Easter Sunday?

....

3 What happened to the sales of chocolate chickens and rabbits, according to **Section 2**?

....

4 Besides the traditional form of large and small eggs, what other forms has Easter chocolate appeared in? Name **two**. **(Section 2)**

(i) ....

(ii) ....

5 Who is responsible for 15% of chocolate sales? **(Section 2)**

....

6 When are the French more likely to eat chocolate? **(Section 3)**

....

7 What country is the largest consumer of chocolate in Europe? **(Section 3)**

....

8 What does the figure 30% represent in **Section 3**?

....

9 Why, according to **Section 4**, did the price of cocoa beans double?

....

12 This article attempts to trace the origin of the world's first cartoons.

1. Les hommes préhistoriques seraient à l'origine des dessins animés ? Méliès n'aurait rien inventé ! Nos hommes des cavernes seraient les véritables découvreurs de l'art cinématographique et du dessin animé. C'est la thèse d'un scientifique français, spécialiste de la grotte Chauvet. Ils n'avaient pas de papier calque, de stylos-feutres ou d'ordinateurs, mais les hommes préhistoriques du paléolithique ont réalisé les premiers dessins animés de l'histoire de l'humanité dans les grottes, il y a 32 000 ans. Mieux, ils seraient à l'origine de la Band Dessinée « et de l'invention du cinématographe » !

2. Marc Azéma, un préhistorien languedocien de 44 ans, membre notamment de l'équipe scientifique de la grotte Chauvet, développe cette hypothèse originale dans un livre à destination du grand public qui est sorti en octobre 2011 et qui lui a valu les honneurs du « National Geographic. »

3. Selon Azéma, certains hommes préhistoriques maîtrisaient le principe consistant à décomposer les mouvements et à les reproduire en une succession de plans différents donnant l'illusion de l'animation. Les cavernes n'empêchaient pas ces artistes de reproduire minutieusement les allures des animaux en action pour donner du mouvement aux dessins.

4. À Chauvet, à Lascaux et sur d'autres sites, ils ont voulu représenter la vie, nous raconter quelque chose. Pour réaliser ces premiers dessins animés, les hommes préhistoriques utilisaient tout ce qu'ils pouvaient trouver : fusain, peinture, gravure, sculpture. Ils portaient en eux une part de modernité, jetant sans le savoir les bases de l'histoire de l'art et des techniques toujours utilisées au XXIe siècle.

5. Fermée au public depuis sa découverte en 1994 pour des raisons de sécurité et de conservation, la grotte Chauvet qui abrite les plus vieilles peintures préhistoriques du monde, sera reproduite en 2014 à quelques kilomètres de l'original. Les premiers prototypes des copies des dessins sont actuellement présents sur le nouveau site.

Answer all questions in English.

1 According to this article, who are the true discoverers of the art of film and animation? (**Section 1**)

....

2 Name **two** of the things that did **not** assist in the creation of the images at Chauvet? **(Section 1)**

(i) ....

(ii) ....

3 When will Marc Azéma's book be released? **(Section 2)**

....

4 The image of what in particular was used to create movement in the early drawings? **(Section 3)**

....

5 Name **two** ways in which these early drawings were brought to life. **(Section 4)**

(i) ....

(ii) ....

6 Why was the cave at Chauvet closed to the public in 1994? **(Section 5)**

....

7 What will happen in 2014? **(Section 5)**

....

8 Where can the first prototypes of the copies of the drawings be viewed? **(Section 5)**

....

13 In this article, five people give their opinions about Facebook.

Merryl
C'est une super invention. Un jour, ma fille m'a envoyé une invitation pour que je m'y inscrive et j'ai accepté. Je me connecte tous les deux ou trois jours pour découvrir les nouvelles de mes amis. Grâce à ce site, j'ai retrouvé mes copines et nous échangeons, pour nous amuser, des cœurs et des fleurs. Je me régale ! J'ai également des contacts suivis avec mes neveux qui habitent en Espagne, c'est vraiment super.

Shermy
Je m'y amuse beaucoup. Comme certains membres de ma famille, mes copains de jeunesse de mon ancien quartier et mes copines d'études, je suis inscrite sur Facebook. Nous organisons régulièrement des journées retrouvailles, et ça fait vraiment du bien ! Mais je ne participe plus aux jeux, faute de temps, pardon pour certaines. C'est aussi un moyen de voir les photos sur lesquelles je me fais un plaisir de leur laisser des commentaires.

Chandeleur
Je peux y retrouver mes ami(e)s, les membres de ma famille qui résident en Écosse (alors que je vis dans la Drôme). Je mets les photos que je veux et il n'y a que les personnes qui sont dans ma liste de contacts qui peuvent les voir, tout comme mes informations personnelles, d'ailleurs. Je suis content de mes paramètres de confidentialité parce que je peux supprimer mes réponses.

Bénédicte
C'est un super outil de communication. Quand on a des copines et des copains aux quatre coins de la France, on ne se voit pas souvent. Du coup, Facebook est un moyen de suivre leur vie et de voir leurs photos de vacances. Pendant la journée, j'aime bien mettre sur mon mur mes pensées du jour.

Cécile
Ça permet de garder le contact. Lorsque j'ai été mutée en Angleterre en 2010, j'ai pensé que c'était le moment de m'inscrire sur Facebook, histoire de garder un contact étroit avec les autres. J'y dépose plein de clichés de mes visites, de mes découvertes anglo-saxonnes. Pour moi, c'est une façon directe de partager un peu de culture et un style de vie différent du nôtre avec ma famille et mes amis.

Answer all questions in English.

1 Why did Merryl first sign up for Facebook?

....

2 What does Shermy like to do with her friends' Facebook pictures?

....

3 Name **two** of the three groups of people mentioned by Shermy.

(i) ....

(ii) ....

4 What country is mentioned by Chandeleur?

....

5 Why is Chandeleur happy to have privacy settings?

....

6 Facebook for Bénédicte is a means of doing what?

....

7 What does Bénédicte especially like to do during the day?

....

8 What did Cécile do in 2010?

....

9 What does Cécile wish to share with her family and friends?

....

14 This article provides information about a selection of documentaries and series.

XIII, la série
XIII ne renonce pas à saisir le mystère qui entoure son identité. Il se tourne vers l'ancien Président Sheridan, qui lui conseille de retrouver la trace d'un dénommé Carlos Santos. Cet ancien instructeur de la CIA pourrait bien être en mesure de lui livrer de précieuses informations. Sans tarder, XIII piste Santos…

Cauchemar en cuisine
Kata et Marcello forment un couple heureux, soudé par leur désir d'ouvrir ensemble un restaurant. À Brooklyn, ils réalisent leur rêve et tiennent un restaurant cubain. Tout semble aller pour le mieux jusqu'au jour où le couple commence à multiplier les disputes. Comme le couple, leur affaire tourne à la dérive.

House
De retour à Princeton Plainsboro après sa cure de désintoxication, House annonce qu'il va apporter de grands bouleversements à sa vie. Son équipe est face à une nouvelle difficulté : un patient publie de manière obsessionnelle tous ses nouveaux symptômes sur Internet.

101 unité aérienne
Le service d'appui aérien de la police fédérale est basé à Melsbroek. Un de ses membres, Philippe, est sur le point d'accomplir sa dernière mission au sein de l'unité. Il doit superviser un accident de la route qui a fait plusieurs blessés.

Esprits Criminels
À Detroit dans le Michigan, les trois nuits qui précèdent Halloween sont appelées les nuits du diable. Des vandales sillonnent la ville, brisent des vitrines et allument des incendies. Depuis trois ans, un tueur en série profite de ce désordre pour commettre ses crimes.

The Closer
Le lendemain de leur retour d'Afghanistan où ils étaient en mission, trois rangers sont abattus alors qu'ils sortaient d'une boîte de nuit de LA. L'une des trois victimes était le frère jumeau de TY Baylor, un membre du gang de la 110e rue. L'armée de terre dépêche un représentant sur l'enquête, le Major Edward Dorset.

Signature
Daphné est toujours à la recherche de l'identité de cet homme qui a été enterré dans la grotte secrète de Toman, au beau milieu de la jungle. Toman, quant à lui, demeure troublé par la présence de Daphné à ses côtés.

Bollywood Boulevard
Sanjay est instituteur au bidonville de Delhi. Ce jeune gitan du Rajasthan âgé de 22 ans vit sous une tente avec ses parents. Sanjay a un rêve : devenir acteur ou mannequin. Pris en charge par Nasser Abdullah, un acteur de Bollywood habitué des seconds rôles, le jeune homme part à Bombay tenter sa chance malgré les réticences de ses parents.

Answer all questions in English.

Name the series or documentary in which:	Name of series/documentary
1 someone announces that there will be big changes in his/her life.	
2 someone struggles with the mystery surrounding his/her own life.	
3 fires are lit and windows broken.	
4 someone is a primary school teacher.	
5 someone is about to complete one last mission.	
6 two people's dream came true.	
7 someone's twin brother was killed.	
8 someone is buried in a secret cave.	
9 someone must go and help people involved in a car accident.	
10 someone's business is in trouble.	

15 This article gives details about an exhibition dedicated to the world of Harry Potter.

1. "Harry Potter: The Exhibition" à Discovery Times Square a un élément commercial essentiel : pas moins de vingt-cinq dollars sont demandés pour un billet adulte. Cette exposition a accueilli près d'un million de personnes depuis son inauguration en 2009. Elle s'est d'abord arrêtée à Chicago et à Boston, puis à Toronto et à Seattle en 2010. Le sujet est traité avec sérieux : les détails sont tellement méticuleux qu'on est soudain face à un monde imaginaire qui prend vie devant nos yeux… L'univers enchanteur de la saga de J. K. Rowling (et des films dérivés) devient ainsi particulièrement vivant.

2. L'exposition s'ouvre sur une galerie dans laquelle un acteur invite des volontaires à se coiffer du « choixpeau » magique qui les oriente vers l'école de « Poudlard * » où nous passons devant des professeurs (méchants et excentriques) et des objets magiques, avant d'arriver enfin là où les horribles forces obscures se réunissent.

3. Toutes les aventures d'Harry Potter témoignent d'un profond respect pour le passé. Les ouvrages exposés ici, consacrés aux potions, aux balais ou aux monstres, semblent dater du début du XXe siècle. Le style vestimentaire des adultes semble s'être arrêté à l'époque Edwardienne. Le monde est rempli de traditions et de détails gothiques. Même les uniformes des écoliers iraient parfaitement aux enfants de l'armoire magique dans le roman de C. S. Lewis, qui décrit une Angleterre touchée par la guerre. C'est un monde ancré dans le passé.

4. Tout en célébrant la pluralité culturelle de façon quasi moderne, les créateurs des films sont extrêmement sensibles à cet aspect des romans. Les personnages héroïques sont des orphelins, des excentriques, authentiques héritiers d'une longue et prestigieuse tradition. Harry Potter s'inscrit donc au cœur du courant fantastique né au milieu du siècle dernier, autour de l'œuvre de deux écrivains britanniques : C. S. Lewis et J. R. R. Tolkien. Cela confère au récit une nostalgie touchante pour un univers sur le point d'être détruit.

* Note: Poudlard = Hogwarts

Answer all questions in English.

1 What is the price for an adult ticket for the exhibition? **(Section 1)**

....

2 In which city did the exhibition first take place? **(Section 1)**

....

3 How do we know that great care was taken in the construction of the Harry Potter world? **(Section 1)**

....

4 What do visitors pass on the way to Hogwarts school? Name **two**. **(Section 2)**

(i) ....

(ii) ....

5 How is the world of Harry Potter described in **Section 3**?

....

6 What does C. S. Lewis' novel describe? **(Section3)**

....

7 What kind of people does Rowling choose as the heroic figures in her novels? Name **two** kinds. **(Section 4)**

(i) ....

(ii) ....

8 When were other fantasy writers like C. S. Lewis and J. R. R. Tolkien producing their work? (**Section 4**)

....

16 This article offers advice to parents on how to prepare their children for a hospital stay.

1. Préparez votre enfant à son hospitalisation

Parlez-lui de l'hôpital comme d'un endroit agréable où médecins et infirmières aident les gens à aller mieux.
Lisez-lui des histoires qui parlent de l'hôpital.
Rassurez votre enfant en lui disant que vous passerez autant de temps que possible en sa compagnie et qu'il rentrera à la maison.
Demandez des informations sur le traitement auprès de votre médecin.
Expliquez à votre enfant ce que sont les radiographies, les piqûres, les tests sanguins etc.

2. Vérifiez :

Les chambres
L'accès à la cantine
L'utilisation du téléphone
Les frais associés

3. Pour vous (les parents)

Portez des vêtements légers (il fait chaud dans les hôpitaux).
Emportez de quoi passer le temps.
Apportez de la monnaie ou une carte pour le téléphone.
Respectez les autres, ne faites pas de bruit le soir.
Ne donnez pas de nourriture ou de boisson à un enfant sans permission du médecin.

4. A l'hôpital

Apportez le jouet préféré de votre enfant.
Jouez avec lui.
Expliquez-lui comment les examens ou les piqûres vont se passer.
Votre enfant aura particulièrement besoin de vous avant et après une opération.
Encouragez votre enfant à se mêler aux autres enfants et à participer aux groupes de jeux de l'hôpital.
Il est important de vous ménager des interruptions.
Dites-lui toujours quand vous reviendrez, et revenez au moment convenu.
Donnez-lui des nouvelles de la maison.

5. Le retour à la maison

Avant de quitter l'hôpital, assurez-vous du suivi médical à dispenser à la maison.
Notez les instructions concernant l'alimentation, les médicaments etc.
Vérifiez la date et l'heure de la prochaine visite.
Ne vous inquiétez pas si votre enfant est difficile et capricieux à la maison, ça passera vite.
Parlez de son expérience à l'hôpital.

Answer all questions in English.

1 Name any **two** pieces of advice offered on how to prepare a child for a hospital visit. **(Section 1)**

(i) ...

(ii) ...

2 What should parents verify before their child checks in? Mention **two** examples. **(Section 2)**

(i) ...

(ii) ...

3 What advice is offered to parents in **Section 3**? Name **two** examples.

(i) ...

(ii) ...

4 What can be done for the child at the hospital to make their visit more comfortable? **(Section 4)** Give **two** points.

(i) ...

(ii) ...

5 How can parents prepare for their child's return home? **(Section 5)** Give **two** points.

(i) ...

(ii) ...

17 This article provides information about a selection of films.

La fille du puisatier

Pendant la « drôle de guerre » une jeune fille de condition modeste est séduite par un bel aviateur qui la laisse seule, enceinte, lorsqu'il rejoint le front.

Ma sorcière bien-aimée

Une véritable sorcière refuse de recourir à ses pouvoirs et accepte de jouer dans une série télévisée mettant justement en scène une sorcière.

Australie

Une aristocrate britannique venue rejoindre son époux en Australie, découvre qu'il a été tué. Elle est obligée d'engager un homme agressif pour l'aider à conduire son troupeau jusqu'au port de Darwin.

Les enfants, j'adore!

Une journaliste trentenaire rencontre enfin l'homme de ses rêves. Mais les deux enfants de son compagnon ne vont pas lui faciliter la tâche.

Guet-apens

Un couple de malfaiteurs accepte d'exécuter un hold-up pour un truand qui n'hésite pas à poser d'indécentes conditions.

Un homme nommé Cheval

Un aristocrate anglais venu chasser dans l'ouest américain est capturé par une tribu Sioux et se transforme peu à peu en véritable Indien.

Légendes d'automne

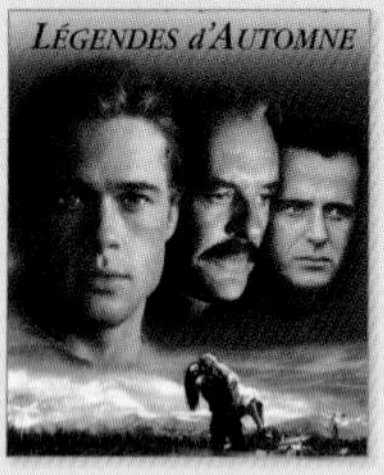

Au début du XXe siècle, dans le Montana, une famille de fermiers se déchire sans qu'aucun des fils ne parvienne à rencontrer l'amour de sa vie.

Sang chaud pour meurtre de sang-froid

Deux sœurs aussi belles que diaboliques, se jouent d'un psychanalyste. L'une d'elle le séduit pour mieux l'impliquer dans une affaire de meurtre.

Answer all questions in English.

1 In which film would you see young farmers who cannot find love?

2 Name the film in which a British woman discovers that her husband has been killed?

3 What is the profession of the man in *La fille du puisatier?*

4 Which film involves two criminals?

5 In which film do two sisters attempt to implicate someone in a crime?

6 Name the film in which a man is unwittingly changed by his encounter with a tribe.

7 Name the film in which a young professional finds the man of her dreams.

8 **(i)** Name the film in which a woman plays a role on TV.

(ii) According to the film, what is she in real life?

9 In which film is a pregnant girl left alone?

18 This is an article about the Olympic Games in London.

1. *Pour les Jeux Olympiques, la France affiche ses ambitions : objectif de médailles, montant des primes, volume de la délégation.*

À 500 jours du début des Jeux Olympiques de Londres, la France affiche ses ambitions et multiplie les annonces. Mardi, la ministre des sports Chantal Jouanno a annoncé que « l'objectif est de doubler le nombre de titres » obtenus en Chine : le but est de emporter 14 titres.

2. En Chine, « on a gagné une quarantaine de médailles mais peu de titres (7). Cela veut dire que nous avons un socle extraordinaire et une forte marge de progression. Il faut également progresser au niveau de l'équipe féminine », a poursuivi la ministre. À Athènes en 2004, les femmes avaient rapporté la moitié des médailles françaises.

3. Chantal Jouanno, qui s'exprimait devant de nombreux sportifs de l'Insep, a par ailleurs précisé que les primes olympiques seraient reconduites pour Londres. Elles s'élèveront à 50 000 euros pour un titre olympique, 20 000 pour une médaille d'argent et 13 000 pour le bronze.

4. « Entre 320 et 380 sportifs français participeront aux Jeux Olympiques de Londres » a annoncé mardi Bernard Amsalem, chef du Comité National Olympique, pour les JO en 2012. « C'est la fourchette basse et la fourchette haute » a commenté M. Amsalem, par ailleurs président de la Fédération Française d'Athlétisme, estimant que le nombre de Français à Londres serait « autour de 350 » car « le sport français se porte plutôt bien actuellement. »

5. Les Français étaient 323 à Pékin en 2008 et 341 à Athènes en 2004. Leur nombre dépend d'abord de leur capacité à se qualifier pour les Jeux. De son côté Gérard Masson, président de la Fédération Française Handisport, a évalué à environ 200 le nombre d'athlètes qui participeront aux Jeux paralympiques qui se tiendront dans la capitale britannique deux semaines après les JO.

Answer all questions in English.

1 In how many days will the Olympic Games in London start, from the time that this article was written? **(Section 1)**

2 What, according to the Minister for Sport, is the French objective for the games? **(Section 1)**

3 How many medals were won in China? **(Section 2)**

4 What was the percentage of medals won by the female French competitors in Athens? **(Section 2)**

5 What cash bonus is offered to candidates who bring back

(i) a silver medal?

(ii) A bronze medal?

(Section 3)

6 Who is Bernard Amsalem? **(Section 4)**

7 What does the number of athletes representing France depend on? **(Section 5)**

8 How many athletes will represent France in the Paralympic Games? **(Section 5)**

9 When will the Paralympic Games be held? **(Section 5)**

19 This article provides practical advice to parents of teenage children.

1. **Conseils pratiques aux parents :** ci-dessous vous trouverez quelques recommandations à donner à vos enfants, afin qu'ils se sentent suffisamment forts pour dire non à l'alcool.

2. **Non merci :** il est essentiel de créer un dialogue et ensuite d'offrir aux jeunes une série de conseils à appliquer pour faciliter leur réaction en situation réelle, face à l'alcool. Des enfants ou adolescents timides se sentiront par exemple plus à l'aise en disant « non merci » ou « je dois partir », tandis que les enfants ou ados plus extravertis auront plutôt tendance à dire « je n'en veux pas ! » ou « pas question !. » Quelle que soit l'approche adoptée par les parents, il importe qu'ils simulent avec leurs enfants les situations où une pression de leur entourage est exercée.

3. **L'union fait la force** : c'est une bonne idée de rappeler à vos enfants que l'union fait la force. Lorsque des jeunes peuvent anticiper des situations éprouvantes de pression exercée par leur entourage, cela les aide à rallier des amis à leur cause.

4. **Demandez conseil** : faites savoir aux jeunes que demander conseil aux adultes est une bonne chose. La situation idéale est celle où les enfants demandent directement conseil à leurs parents, mais les enfants peuvent également compter sur d'autres adultes pour les aider à éviter les situations les plus complexes, telles que l'offre de boissons alcoolisées.

5. **Aie confiance** : la confiance en soi est capitale. Elle permet aux enfants et aux adolescents de prendre des décisions et de les respecter, même si leurs amis jugent certains de leurs choix « pas cool. » Les parents jouent un rôle dans le développement de la confiance, en leur faisant régulièrement des compliments, en mettant en avant leurs côtés positifs ou encore en évitant la raillerie qui peut susciter un sentiment de honte.

6. **Expliquez-leur clairement votre volonté de les soutenir** : utilisez des petites phrases comme : « Si tu te retrouves chez quelqu'un où les enfants boivent de l'alcool, appelle-moi et je viendrai te chercher, sans aucune réprimande ni punition. » Plus votre enfant est préparé, plus il sera capable de réagir et de faire le bon choix !

Answer all questions in English.

1 What kind of advice does this article give to parents? **(Section 1)**

2 What must be offered to young people according to **Section 2**?

3 What kind of teenager is likely to say 'No, thank you' or 'I have to go'? **(Section 2)**

4 What idea should parents impose on their children regarding their friends? **(Section 3)**

5 What is the ideal situation according to **Section 4**?

6 What is it crucial for teenagers to have in compromising situations? **(Section 5)**

7 Name **two** ways, according to **Section 5**, in which parents play a role in the development of their children's self-confidence.

(i)

(ii)

8 What advice does **Section 6** give to young people?

20 This is an article about part-time jobs for young people.

1. Pour s'offrir des vacances de rêve ou simplement acquérir son indépendance, une seule solution : gagner de l'argent tout au long de l'année. Mais il n'est pas toujours facile de concilier les études et le travail.

2. En France, la loi est formelle. Officiellement, on ne peut travailler qu'une fois libéré des obligations scolaires, c'est-à-dire à partir de 16 ans. Il est cependant possible de « bosser » dès 14 ans, en se cantonnant à des petits boulots effectués pendant les vacances scolaires. Mais attention, même ceux-ci, comme tout travail, doivent être déclarés et faire l'objet d'un contrat. De toute façon si vous êtes mineur, il vous faudra impérativement l'autorisation de vos parents, ainsi que celle des inspecteurs du travail, pour vous livrer à quelque activité que ce soit.

3. Vous avez moins de 16 ans et vous aimeriez vous faire un peu d'argent de poche ? Le meilleur moyen pour gagner quelques euros, c'est de profiter de son entourage. Voisins ou membres de la famille, il y a sans doute autour de vous des personnes prêtes à vous rémunérer pour un coup de main qui tombera à point nommé. Aider des personnes âgées à effectuer leurs courses, faire réviser leurs leçons à des élèves plus jeunes ou encore laver la voiture pendant les week-ends… Faites travailler votre imagination pour trouver un emploi. Encore une fois, même pour garder les enfants de la cousine ou promener le chien du voisin, il vous faut une autorisation parentale.

4. Si vous avez plus de 14 ans, vous pouvez chercher un « vrai » travail pendant les vacances scolaires, à condition que celles-ci durent au moins deux semaines et que vous ne travailliez que pendant la moitié de leur durée.

5. À 16 ans, théoriquement, vous voilà apte à l'emploi. Mais en pratique, la plupart des employeurs ne vous recruteront qu'à vos 18 ans. Plus que votre âge, c'est votre niveau d'études qui entre en ligne de compte. Dès la terminale, vous pouvez donner des cours particuliers dans les domaines où vous brillez particulièrement.

Answer all questions in English.

1 Name one of the reasons why young people seek employment. **(Section 1)**

....

2 According to **Section 1**, what may not be easy to do sometimes?

....

3 When is it permitted for under-14s to work? **(Section 2)**

....

4 Apart from parents, who else must give their permission for a young person to work? **(Section 2)**

....

5 Name **two** of the people who may seek your assistance if you are under 16 and wish to make some extra money. **(Section 3)**

(i) ....

(ii) ....

6 Name **two** types of jobs that you may be asked to do. **(Section 3)**

(i) ....

(ii) ....

7 How much of a two-week holiday are over-14s allowed to work? **(Section 4)**

....

8 In theory, 16 year olds are employable but what do most employers tend to do in practice? **(Section 5)**

....

21 This is an interview taken from the French newspaper *Aujourd'hui en France* with Usain Bolt, world record holder for the 100m and 200m.

1. ***Attraper Usain Bolt n'est pas chose aisée. Le Jamaïquain qui a une pointe de vitesse hallucinante (9s 58 sur 100 m ; 19s 19 sur 200 m), est très occupé et dort beaucoup. Il a dormi quinze heures dans la nuit de mardi à mercredi ! Il est aujourd'hui sur la piste du Stade de France.***

2. « C'est la troisième fois que je viens à Paris. Le public est génial, la piste très bonne. J'aime beaucoup Paris et le shopping. Ici, j'aime les « croissants » aussi ! J'en mange beaucoup à chaque fois que je viens. Mon coach s'est occupé de mon régime, donc je dois faire attention. Malheureusement, je n'ai jamais été à la Tour Eiffel mais je suis déjà passé à côté en voiture et j'ai pris des photos sympas !

3. J'essaie d'apprendre le français, comme ça quand j'aurai pris ma retraite et que je reviendrai ici, je pourrai avoir une conversation en français. Pour l'instant, je sais juste dire « bonjour », « au revoir. » Mais je peux parler un petit peu avec Christophe Lemaître, mon adversaire ce soir au 200 m même si son anglais n'est pas terrible non plus. C'est un très bon athlète, il travaille bien et il semble déterminé.

4. Je veux essayer le saut en longueur ou le 400 m. J'ai besoin d'un challenge que je peux réussir et je sais très bien que je ne serai pas bon au marteau ou au javelot ! Le javelot, j'ai déjà essayé et ça n'est pas pour moi. Je regarde très souvent le foot et une fois que j'aurai arrêté l'athlétisme, je veux absolument l'essayer, juste pour voir.

5. Mais je ne veux pas jouer seulement deux ou cinq ans, juste deux années, car je pense que je peux être un bon footballeur ; je veux être une légende. J'ai beaucoup de respect pour Mohammed Ali, Michael Johnson, Pelé, Maradona et pour mon premier modèle, Kevin Garnett. »

Answer all questions in English.

1 What nationality is Usain Bolt? **(Section 1)**

....

2 According to **Section 1** what does he do a lot?

....

3 What is Usain's coach responsible for? **(Section 2)**

....

4 When does Usain intend to return to Paris? **(Section 3)**

....

5 Who is Christophe Lemaître according to **Section 3**?

....

6 How does Usain describe him? Give **two** points. **(Section 3)**

(i) ....

(ii) ....

7 What sport did Usain decide was not for him? **(Section 4)**

....

8 When does Usain intend to give football a try? **(Section 4)**

....

9 For how long does he intend to play football? **(Section 5)**

....

22 This is a recipe taken from a beginner's cookbook.

Veau aux olives

Pour 6 personnes
Préparation : 25 minutes
Cuisson : 1h50

Ingrédients

1,250 kg de veau à braiser (coupés en cubes de 5cm)
2 oignons
1 carotte
1 cuil. à soupe de jus de citron
3 branches de persil plat
2 gousses d'ail
1 bouquet garni
40 cl de coulis de tomate
18 olives vertes
25 cl de vin blanc sec
1 tablette de bouillon de volaille instantané
1 bâton de cannelle de 5 cm
Noix de muscade
1 morceau de sucre
2 cuil. à soupe d'huile
1 cuil. à soupe de farine
Sel, poivre
250 g de champignons

Préparation

1. Pelez les oignons, coupez-les en fines lamelles. Épluchez la carotte, coupez-la en morceaux et passez-la au robot pour la hacher. Pelez l'ail et passez-le au presse-ail. Rincez le persil.

2. Faites chauffer l'huile dans une cocotte. Posez-y les morceaux de veau et laissez-les dorer des 2 côtés à feu vif. Retirez-les et posez-les sur une assiette.

3. Versez les oignons et la carotte dans la cocotte et laissez-les dorer pendant 5 min en remuant avec une cuillère en bois. Remettez ensuite la viande dans la cocotte et mélangez avec la cuillère en bois. Versez le coulis de tomate.

4. Ajoutez l'ail, 1 branche de persil, le vin blanc, le sucre, la cannelle et 1 bonne pincée de noix de muscade.

5. Complétez avec de l'eau pour arriver jusqu'à hauteur de la viande. Salez et poivrez. Portez doucement à l'ébullition, émiettez la tablette de bouillon dans la cocotte, couvrez et laissez frémir à feu doux pendant 1h 15.

6. Ajoutez les olives et laissez cuire encore pendant quinze minutes. À ce moment, piquez la viande avec la pointe d'un couteau : elle doit s'enfoncer sans effort.

7. Effeuillez le reste du persil et hachez-le avec des ciseaux.

8. Après 1h de cuisson, ajouter 250 g de champignons nettoyés et coupés en quatre.

9. Versez le contenu de la cocotte dans un plat de service chaud. Arrosez avec le jus de citron, parsemez de persil haché et servez bien chaud.

Answer all questions in English.

1 What is the main meat in this recipe?

2 What is the cooking time for this dish?

3 Which of the following is not included in the list of ingredients: parsley, garlic, basil or olives?

4 What should be done with the onions according to **point 1**?

5 With what should the onions and carrots be stirred? **(Point 3)**

6 Name **two** of the ingredients that should be added to the mixture in **Point 4.**

(i)

(ii)

7 For how much longer should the dish be cooked once the olives have been added? **(Point 6)**

8 What should be added after one hour of cooking? **(Point 8)**

9 How should the dish be served? **(Point 9)**

23 **New Zealand hosted the rugby World Cup in 2011. What follows is some information on rugby traditions in New Zealand. Carl Hoeft, a player for the All Blacks, also gives his views on the sport.**

1. ***Le Haka : d'où vient-il ? Avant chaque match de rugby joué par les All Blacks (l'équipe néo-zélandaise), les joueurs font des grimaces, se frappent les cuisses, tirent la langue et hurlent ensemble. Ils exécutent un 'haka', une danse traditionnelle maorie effectuée pour les fêtes, les enterrements ou… la guerre. C'est évidemment un haka guerrier que les joueurs exécutent sur le terrain. Ils miment des gestes violents (égorgement, coups, etc.). Le haka est très important. Il est pratiqué partout : au lycée, à l'université et même à l'armée.***

2. Carl Hoeft a joué trente et une fois avec les All Blacks. Mais cette année il ne participe pas à la Coupe du Monde : « Chez nous le rugby est le sport national, alors qu'en France, c'est le football. Il n'y a pas beaucoup d'autres sports collectifs qui passionnent autant les Néo-Zélandais. Quand vous demandez à un gamin quel sport il veut pratiquer, il y a 90 % de chances qu'il vous réponde « le rugby. » Moi-même quand j'étais petit, mon rêve ultime était de devenir un joueur international All Blacks. »

3. « Chez nous, le rugby fait partie de notre culture. Nous y sommes immergés dès notre plus jeune âge. Cette passion se transmet de génération en génération. Les parents ou les oncles emmènent les petits voir les matchs pendant toute une journée. Le matin, ils vont d'abord voir un match avec des équipes de jeunes, puis avec des plus grandes, pour finir par le match des pros en fin d'après-midi. C'est une ambiance très familiale. »

4. « Les All Blacks n'ont pas remporté la Coupe du Monde depuis 1987 et c'était déjà chez nous, alors forcément tout le monde attend cela avec impatience. En 1987, j'avais 13 ans et ma grand-mère m'avait emmené voir des matchs. Franchement, j'étais comme un fou. Sportivement, il va y avoir beaucoup de pression sur les épaules de mes compatriotes, car les supporters ne pensent qu'à la victoire. Il y a au moins cinq équipes qui peuvent prétendre au titre de champion du monde et cela va être compliqué. »

Answer all questions in English.

1 Name any **two** occasions in New Zealand when the 'haka' is practised. **(Section 1)**

(i) ....

(ii) ....

2 Where is the 'haka' regularly practised, in particular? Name **two**. **(Section 1)**

(i) ....

(ii) ....

3 How many times has Carl Hoeft played for the All Blacks? **(Section 2)**

....

4 What was Carl Hoeft's childhood dream? **(Section 2)**

....

5 Name any **two** points that Hoeft makes about rugby in **Section 3.**

(i) ....

(ii) ....

6 When did the All Blacks last win the rugby World Cup, according to **Section 4**?

....

7 Who brought Hoeft to see rugby matches as a child? **(Section 4**)

....

24 This article provides information about Hatsune Miku, a virtual diva who has taken Japan by storm.

1. ***Elle a 16 ans, mesure 1m 58 et ses cheveux sont bleus turquoise. La diva pop est un phénomène national au Japon, elle fait la couverture des magazines et un million de vidéos d'elle circulent sur le web. Pourtant, Hatsune Miku n'existe pas. La chanteuse est un produit de la société Crypton Future Media et elle a attiré notre attention sur le programme de synthèse vocale (Vocaloïd 2) mis au point depuis 2007, grâce à une technologie de Yamaha corporation.***

2. La voix humaine d'origine appartient à une certaine Saki Fujita. En commercialisant cette voix synthétique, la société lui a donné quelques caractéristiques et un nom, Hatsune Miku, qui signifie littéralement « premier son du futur. » Les fans ont fait le reste. Kanae Muraki raconte : « A l'origine, il existait trois images d'Hatsune Miku. La principale figurait sur l'emballage. On a laissé les fans imaginer l'univers qui allait avec. » Des dessinateurs lui ont donné des attitudes stéréotypées, des attributs physiques, une couleur favorite et des accessoires. Les images ont rapidement envahi Twitter et Mixi, le principal réseau social japonais. Aujourd'hui, Hatsune Miku a ses paroliers et ses arrangeurs, comme Ryo qui a imaginé le groupe vocaloïde Supercell. L'album éponyme s'est retrouvé propulsé à la quatrième place du Billboard japonais, avec 56 000 exemplaires vendus dès la première semaine.

3. Rapidement, les fans ont exigé de voir la star vocaloïde en concert. Après l'achat de la licence, Sega a coproduit un show utilisant une technologie holographique. Depuis, Crypton croule sous les demandes auxquelles ils ne peuvent pas répondre. Les concerts de Hatsune nécessitent une machinerie lourde et un escadron d'ingénieurs spécialisés. La diva a aussi été mise à contribution pour les levées de fonds de l'après-tsunami. En juillet, la star a donné son premier concert aux États-Unis, en ouverture d'Anime Expo. Elle a rempli les 7 100 places du Nokia Theater de Los Angeles. Ce mois-ci, deux nouveaux concerts se sont déroulés dans le cadre du « MIKUPA Live in Sapporo » au Japon. À Hong Kong et Taiwan, les billets se sont écoulés en quelques minutes.

Answer all questions in English.

1 What evidence is there to suggest that Hatsune Miku is a national phenomenon in Japan? **(Section 1)**

2 How do we know that Hatsune is not a real person? **(Section 1)**

3 Name **two** ways in which attempts were made to make Hatsune more life-like. **(Section 2)**

(i)

(ii)

4 According to **Section 2,** what is Mixi?

5 How do we know that Supercell's album was extremely successful? **(Section 2)**

6 How is it possible for Hatsune to appear in concert? **(Section 3)**

7 How are Hatsune's concerts more complicated than normal concerts, according to **Section 3**?

8 How do we know that the creators of Hatsune are concerned about charity? **(Section 3)**

9 In which country was Hatsune's first international concert held? **(Section 3)**

25 This is an article about how a young person can obtain a driver's license.

1. Depuis 1990, l'apprentissage anticipé de la conduite permet aux jeunes âgés d'au moins 16 ans de conduire avec un accompagnateur avant l'obtention de leur permis. L'objectif visé est d'améliorer la sécurité en donnant aux jeunes candidats une expérience approfondie de la conduite.
L'accompagnateur doit avoir au moins 28 ans, être titulaire du permis B depuis au moins 3 ans et n'avoir commis aucune faute grave prévue par le code de la route au cours des 3 dernières années.

2. La formation initiale : le candidat doit d'abord s'inscrire dans une auto-école agréée pour l'Apprentissage Anticipé de la Conduite. Il y suit une formation d'au moins 20 heures de conduite effective (comme tout candidat au permis) et doit se préparer à l'épreuve théorique du permis (le code). Ensuite, l'auto-école délivre une attestation de fin de formation initiale. La conduite accompagnée peut alors débuter.

3. Sur une période de 1 à 3 ans, le jeune doit conduire au moins 3 000 km accompagné d'un conducteur confirmé. Au cours de cette période, le jeune doit assister avec son accompagnateur à deux rendez-vous à l'école de conduite, pour évaluer ses progrès en présence de l'inspecteur du permis.

4. Le premier de ces contrôles pédagogiques (théoriques et pratiques) a lieu entre 4 et 6 mois après la formation initiale, après avoir parcouru 1 000 km. Le second, dans les 2 mois qui précèdent la fin de la période de conduite accompagnée, après avoir parcouru au moins 3 000 km. Au terme de cette période, le candidat peut se présenter à l'examen pratique du permis ; l'âge minimal pour s'y inscrire reste fixé à 18 ans.

5. Le jour de l'examen, essayez d'être détendu, gardez votre concentration et ne vous inquiétez pas. En cas de réussite, l'examinateur vous donnera un certificat provisoire de capacité valable 2 mois. En cas d'échec, vous devrez faire une nouvelle demande et reprendre sans doute quelques leçons.

Answer all questions in English.

1 Name any of the circumstances under which a 16 year old may be permitted to drive. **(Section 1)**

2 Name **two** of the first steps a candidate must take before driving can begin. **(Section 2)**

(i)

(ii)

3 What is required for a period of 1-3 years? **(Section 3)**

4 When does the second test under the supervision of the licence inspector take place? **(Section 4)**

5 What can the applicant do after this period? **(Section 4)**

6 Name any **two** pieces of advice offered to candidates sitting an exam? **(Section 5)**

(i)

(ii)

7 What happens if a candidate passes? **(Section 5)**

8 What happens if a candidate fails? **(Section 5)**

26 This article is about the Dalai Lama's visit to France in the summer of 2011.

1. ***Le dalaï-lama, chef spirituel des Tibétains, est arrivé à Toulouse, en France, le vendredi 12 août 2011, pour trois jours de « visite pastorale. » C'est visiblement heureux qu'il a foulé le sol français, soulagé de s'être libéré – son successeur est officiellement entré en fonction lundi – de sa charge politique de chef du mouvement tibétain, auquel la Chine s'est toujours opposée. Il dit avoir abandonné ses prérogatives « non pas sous la pression mais volontairement, avec joie. Je suis particulièrement heureux de ne plus être Premier Ministre » a-t-il dit à son arrivée, arborant son célèbre sourire.***

2. La ville rose est également heureuse d'accueillir le leader charismatique de soixante-seize ans qui séjourne dans un lieu tenu secret. Plus de 10 000 personnes se sont en effet inscrites pour écouter l'ancien Prix Nobel de la paix jusqu'à lundi au Zénith de Toulouse. Aujourd'hui et demain, il leur parlera philosophie bouddhique, en s'appuyant sur les étapes de la méditation de Kamalashila, l'un des grands érudits indiens du VIIIe siècle.

3. Lundi, le dalaï-lama animera une conférence publique très attendue sur « L'art du Bonheur », introduite par Stéphane Hessel, auteur du récent ouvrage *Indignez-vous !*, vendu à deux millions d'exemplaires en France. Ce débat, qui affiche complet depuis le mois d'avril, sera diffusé sur grand écran à l'extérieur de la salle de spectacle et retransmis en direct sur Internet.

4. L'afflux de fidèles ravit les restaurateurs, mais aussi les hôteliers de la métropole occitane qui affichent un taux d'occupation de 85 % pour ce week-end du 15 août. « Il y a un boom incontestable des réservations grâce à sa visite » explique Guy Pressenda, président de l'Union des métiers de l'industrie de l'hôtellerie en Haute-Garonne. « Habituellement, le taux d'occupation des hôtels durant le week-end du 15 août s'élève à 50 %. Les réservations ont été effectuées depuis plusieurs mois mais certains fidèles appellent encore à la dernière minute. »

5. Cette visite est un grand évènement pour tous les pratiquants du bouddhisme tibétain qui viennent essentiellement de France (85 %) où le bouddhisme est la 5e religion avec 800 000 adeptes. Au-delà des fidèles, l'aura du chef religieux s'étend à tous les curieux de la philosophie tibétaine.

Answer all questions in English.

1 What, according to **Section 1**, has China always opposed?

2 Why does the Dalai Lama say he is particularly happy at the moment? **(Section 1)**

3 What age is the Dalai Lama? **(Section 2)**

4 Where is the Dalai Lama staying while in France? **(Section 2)**

5 What does the Dalai Lama plan to do during his stay? **(Section 2)**

6 How do we know that Stéphane Hessel's book was popular in France? **(Section 3)**

7 How will people be able to see the public lecture the Dalai Lama plans to give on Monday? **(Section 3)**

8 Why are restaurant and hotel owners delighted that the Dalai Lama is coming to the area? **(Section 4)**

9 What is the usual occupancy in hotels for the weekend of August 15th? **(Section 4)**

10 What does the 85% in **Section 5** refer to?

27 **This article offers advice to young people on how to keep safe during their summer holidays.**

1. L'alcool : aujourd'hui, l'alcool touche tous les âges et toutes les couches de la société. Les jeunes commencent à boire de plus en plus tôt. Mais l'été, chaleur et alcool ne font pas bon ménage.

2. L'alcool est la première cause de décès chez les jeunes hommes européens. Dans la tranche d'âge de 15 à 29 ans, on compte pas moins d'un décès sur quatre dû à la consommation d'alcool.

3. Les accidents et particulièrement ceux de la circulation, impliquent souvent une personne qui présente une alcoolémie importante. Ainsi, le réseau de surveillance de la gendarmerie a permis d'estimer à 38 % le pourcentage d'accidents mortels dans lesquels est impliqué un conducteur dont l'alcoolémie est supérieure à la norme autorisée, c'est-à-dire 0,5g/litre.

4. Accidents de la route : les accidents de la route demeurent la première cause de mortalité chez les jeunes. Entre 300 000 et 800 000 personnes – dont une majorité de jeunes – roulent sans permis en France. L'ancien premier ministre Jean-Pierre Raffarin a d'ailleurs mis en place le permis de conduire à 1 euro par jour pour tous les jeunes, à compter du 1er juillet 2005. En effet, c'est le coût du permis de conduire qui est la cause de cette illégalité.

5. Désormais, les jeunes peuvent passer cet examen dès 18 ans, sans avoir à attendre d'entrer dans la vie active. En été, les jeunes sortent davantage en boîte de nuit ou dans des bars. Les accidents de scooters sont aussi très nombreux durant cette saison et les motards sont plus vulnérables en cas d'accident.

Answer all questions in English.

1 What point is made in **Section 1** about young people and alcohol?

2 What is the connection between alcohol and young European men? **(Section 2)**

3 With what type of accident is the consumption of alcohol often associated? **(Section 3)**

4 What does the 38% in **Section 3** refer to?

5 What is the legal limit of alcohol for French drivers? **(Section 3)**

6 According to **Section 4**, what do the majority of young French people do?

7 What change came into effect from 1st July 2005? **(Section 4)**

8 According to **Section 4**, what is the main reason for illegal driving among young people?

9 At what age can the driver's licence test be taken? **(Section 5)**

10 What types of accidents are common over the summer months? **(Section 5)**

28 This article refers to tourism in France and is taken from the French newspaper *Le Figaro*.

1. ***Avec une météo exceptionnellement clémente en France, ce weekend de Pâques s'annonce très agréable et surtout noir de monde dans les sites touristiques, à commencer par Disneyland Paris, le Musée du Louvre, la Tour Eiffel et le château de Versailles.***

Partout dans l'Hexagone, les professionnels du tourisme se frottent déjà les mains et les restaurateurs s'attendent à faire le plein en terrasse. L'an passé, à la même époque, le nuage islandais paralysait les aéroports, et la tempête Xynthia avait dissuadé nombre de touristes de se rendre sur une partie du littoral atlantique.

2. « Nous sommes quasiment à 15 % de réservation de plus par rapport à l'an dernier pour les vacances de Pâques », se félicite Didier Arino, directeur du cabinet d'études Protourisme. Selon ses calculs, 400 000 Français qui avaient initialement l'intention de partir à l'étranger ce printemps ont renoncé. « Du coup, les chambres d'hôtes de qualité sont prises d'assaut, les résidences de tourisme et les locations de meublés aussi, détaille Didier Arino. Et la demande en camping haut de gamme, mobile home et chalets, explose sur la côte atlantique. »

3. « Pour Paris, le week-end de Pâques est traditionnellement l'un des meilleurs de l'année », ajoute Paul Roll, directeur général de l'Office du Tourisme de Paris. Depuis janvier, le chiffre d'affaires de l'hôtellerie parisienne progresse de 6 à 8 % par rapport à 2010. À Marseille, le comité régional du tourisme attend jusqu'à un million de touristes ce week-end, ce qui est exceptionnel. À Biarritz enfin, l'office du tourisme a déjà vu défiler 30 % de visiteurs de plus que l'an dernier depuis le début de la saison.

4. Après pratiquement trois années difficiles, l'année touristique se présente donc bien pour la destination France. Et le retour de la clientèle internationale se confirme également, avec notamment la clientèle allemande. « La saison a démarré d'autant plus vite qu'il y aura peu de longs week-ends de printemps cette année. Le 1er et le 8 mai tombent un dimanche. Cet hiver, le manque de neige a pénalisé les stations de ski françaises. Plusieurs ont même fermé prématurément et la saison s'est conclue par une fréquentation en légère baisse. »
Alors n'hésitez pas à attendre la toute dernière minute avant de choisir votre destination de voyage et cherchez des promotions, même en haute saison.

Answer all questions in English.

1 According to **Section 1**, what is set to make this Easter very pleasant?

2 Name **two** things that prevented people from visiting parts of the Atlantic coast the year before. **(Section 1)**

(i)

(ii)

3 Name any **two** forms of accommodation sought by the French for their holidays. **(Section 2)**

(i)

(ii)

4 What point does Paul Roll make about Easter weekends? **(Section 3)**

5 What has been noticed by the tourist office in Biarritz? **(Section 3)**

6 Name the country from which people choose France as a destination. **(Section 4)**

7 What affected the tourist intake in French ski resorts during the winter season? **(Section 4)**

8 What piece of advice is given at the end of **Section 4**?

29 This article is about a curious phenomenon in Brazil.

1. Cândido Godói, Brésil : la ville où naissent des jumeaux par centaines. Pendant des années tant de jumeaux sont nés à Cândido Godói, petite ville du Sud du Brésil, que les résidents se demandaient si l'eau recelait quelque chose de mystérieux, ou même si Josef Mengele, le médecin connu sous le nom de l'Ange de la Mort, y avait mené des expériences. Mais les scientifiques disent aujourd'hui que les tests ADN réalisés sur une trentaine de familles ont mis en évidence dans la population un gène spécifique, qui apparaît plus fréquemment chez les mères de jumeaux que chez les autres.

2. « Nous avons analysé six gènes et nous en avons découvert un qui confirme, chez ces habitants, une prédisposition à la venue au monde de jumeaux », explique Ursula Matte, généticienne à Porto Alegre. Elle a été la première à remarquer le taux de naissances de jumeaux exceptionnellement élevé, surtout à São Pedro, un village d'environ 350 habitants sur la commune de Cândido Godói. Elle a constaté qu'entre 1990 et 1994, 10 % des naissances à São Pedro étaient gémellaires, contre moins de 1 % pour l'ensemble du pays.

3. Les habitants disent que dans les années 1960, Mengele a parcouru la région en se faisant passer pour un vétérinaire, à peu près au moment où l'on suppose que le nombre de jumeaux a fortement augmenté. Mort au Brésil en 1979, Mengele était connu pour ses associations avec la période d'expérimentations, – souvent mortelles – sur les jumeaux à Auschwitz. Elles étaient apparemment destinées à produire une race aryenne supérieure.

4. Mais l'étude dirigée par Rachel Matte a analysé 6 615 certificats de baptême remontant 80 ans en arrière et son équipe a également analysé l'approvisionnement en eau. Quelles ont été les conclusions de ses recherches ? Elle a constaté que le phénomène des jumeaux existait déjà dans les années 1930, « bien avant Mengele, » affirme-t-elle. Nous avons immédiatement rejeté tout rapport avec lui. Et elle n'a trouvé aucune anomalie dans l'eau. Les scientifiques confirment que la concentration la plus élevée se trouve à São Pedro, avec 33 paires gémellaires sur 436 naissances entre 1959 et 2008, et ils vivent tous dans une zone de 2,4 kilomètres carrés.

Answer all questions in English.

1 According to **Section 1**, for what reason is Cândido Godói well known?

2 What name was given to Dr Josef Mengele? **(Section 1)**

3 On how many families were DNA tests performed? **(Section 1)**

4 What was noted in São Pedro between the years of 1990 and 1994? **(Section 2)**

5 What job do residents say Mengele had as he passed through the region? **(Section 3)**

6 What, according to **Section 3**, was Mengele known for?

7 What **two** things did Rachel Matte analyse as part of her research? **(Section 4)**

(i)

(ii)

8 What **two** conclusions did Matte's team arrive at? **(Section 4)**

(i)

(ii)

30 This article refers to a new service on offer in many French cities.

1. C'est devenu l'emblème des villes « branchées », celles « où il fait bon vivre », comme disent les dépliants touristiques. Sur l'axe Lyon - Paris, trente agglomérations ont misé sur un réseau de « VLS », vélos en libre-service avec bornes électroniques dans la cité, qu'on loue avec carte à puce la demi-heure ou la journée, et camions de ramassage pour les répartir les cycles. La gestion est le plus souvent confiée à de grands groupes car le coût peut dépasser 2 000 € par vélo et par an.

2. « On assiste à une révolution. Qui l'aurait imaginée il y a dix ans ? », s'enthousiasmait vendredi Patrick Coroller devant la FUB (Fédération des Usagers de la Bicyclette), lors d'un congrès à Clermont-Ferrand. « Le vélo est passé d'une image rustique à la haute technologie. » Parallèlement, observe le chef du service Transports de l'ADEME (Agence de l'Environnement et de la Maîtrise de l'Énergie), la voiture devient de plus en plus dérangeante.

3. Les militants de la FUB – 160 associations, 23 000 adhérents – ne font pas la fine bouche devant cet engouement pour le VLS. Mais beaucoup craignent que les responsables politiques se satisfassent de ces équipements qui leur donnent, à bon compte, une image moderne et écolo. D'autres solutions sont jugées plus efficaces : itinéraires cyclables intelligents et sûrs ; emplacements pour stationner les vélos à l'abri du vol ; trains, trams, ou métros accèssibles…

4. « Les VLS, c'est bien, mais il n'y a pas que ça », insiste Christophe Raverdy, un Nantais qui préside la FUB depuis cinq ans. Il est convaincu que « les mentalités sont prêtes » pour que le vélo décolle de la part de 2,7 % des déplacements où il stagne. Strasbourg, la championne, dépasse les 8 % contre 4 % à Rennes et 2 % à Nantes. Lille va, à partir de l'automne, mettre 10 000 vélos en service et vise les 10 %. Il restera cependant de la marge pour atteindre Copenhague qui affiche un taux de 40 %. La FUB va aiguillonner les candidats à l'élection présidentielle et rappeler au gouvernement l'importance de la santé, de l'environnement et de la sécurité routière.

Answer all questions in English.

1 What service is on offer in this article? **(Section 1)**

2 How can someone avail of this service? **(Section 1)**

3 What is the estimated cost of this service in the allocated cities? **(Section 1)**

4 What do the initials FUB represent? **(Section 2)**

5 What point is made about cars in **Section 2**?

6 How many active members of FUB are there? **(Section 3)**

7 Name **two** of the solutions offered in **Section 3** that could make this service more effective.

(i)

(ii)

8 Name **two** of the issues that FUB intends to remind the government about. **(Section 4)**

(i)

(ii)

Vocabulary list

French	English	Text
accident mortel (n m)	fatal accident	27
accompagnateur (n m)	supervisor	25
accrobranche (n m)	treetop climbing	6
acquérir (v)	gain/acquire	20
adhérent (n m)	member	30
ado (n m)	teenager (informal)	1
adversaire (n m)	opponent	21
affaiblir (v)	weaken	10
afficher (v)	display	18
âge minimal (n m)	minimum age	25
aide humanitaire (n f)	humanitarian aid	5
ail (n m)	garlic	22
alcool (n m)	alcohol	27
ambiance (n f)	atmosphere	23
améliorer (v)	improve	25
amende (n f)	fine/penalty	8
ancré dans le passé a world (phr)	rooted in the past	15
apporter (v)	bring	14
arrondir les angles (phr)	smooth things over	7
attente (n f)	expectation	4
attestation (n f)	certificate	25
attirer (v)	attract	7
attraper (v)	catch	21
au sein de (phr)	within	2
augmenter (v)	increase	11
autorisation parentale (n f)	parental permission	20
balade (n f)	stroll	6
bande dessinée (n f)	cartoons	12
barque de pêche (n f)	fishing boat	5
bataille (n f)	battle	8
bâton de cannelle (n m)	cinnamon stick	22
billet (n m)	ticket	24
bouleversement (n m)	upheaval	14
bouquiner (v)	read	6
braquage (n m)	robbery	1
braquer (n m)	crook	1
bruit (n m)	noise	6
buralist (n m)	tobacconist	8
camion de ramassage (n m)	pick-up truck	30
candidat (n m)	applicant	25
cauchemar (n m)	nightmare	1
cause de décès (n f)	cause of death	27
célèbre (adj)	famous	1
chaleur (n f)	heat	27
champion du monde (n m)	world champion	23
chef spirituel (n m)	spiritual leader	26
chiffre d'affaires (n m)	turnover	28
circulation (n f)	traffic	27
cigogne (n f)	stork	6
clement (adj)	mild	28
clinquante (adj)	flashy	3
cocotte (n f)	casserole dish	22
confiance (n f)	confidence/trust	19
conquérir (v)	conquer	5
conseil (n m)	advice	5
conseils pratiques (n m pl)	practical advice	19
constater (v)	notice	29
copain de jeunesse (n m)	childhood friend	13
couler (v)	sink	5

French	English	Text
créer (v)	create	19
crise (n f)	crisis	3
cuillère en bois (n f)	wooden spoon	22
cuisse (n f)	thigh	23
curiosité insatiable (n f)	insatiable curiosity	7
d'ailleurs (adv)	elsewhere	9
dauphin (n m)	dolphin	11
déchiffrage (n m)	decoding	6
dépliant (n m)	brochure	30
désengorger (v)	relieve congestion	8
dessinateur (n m)	designer	24
dessins animés (n m pl)	cartoons	12
différents besoins (n m pl)	different needs	4
doigt (n m)	finger	5
dossier (n m)	file	10
drogué (n m)	drug addict	1
échapper (v)	escape	3
écouler (v)	sell	24
efficace (adj)	efficient	30
éloigner (v)	move away from	5
emission (n m)	TV programme	9
emmener (v)	take sb somewhere	1
empêcher (v)	prevent	7
emplacement (n m)	placement	2
en cas d'échec (phr)	in case of failure	25
en moyenne (phr)	on average	11
enceinte (adj)	pregnant	17
enseigner (v)	teach	9
enterrement (n m)	funeral	23
entrevoir (v)	anticipate	4
épave (n f)	wreck	5
épouse (n f)	spouse	10
époque (n f)	era	15
épreuve théorique (n f)	theory test	25
équipe (n f)	team	23
estivale (adj)	summer	6
évaluer (v)	evaluate	25
éviter (v)	avoid	4
exemplaire (n m)	copy	26
fauve (n m)	wildcat	10
frémir (v)	simmer	22
front (n m)	forehead	2
fusain (n m)	charcoal	12
gamin (n m)	child (informal)	23
garder (v)	stay/keep	13
gitan (n m)	gypsy	14
grâce à (phr)	thanks to	13
guerre (n f)	war	23
habitude (n f)	habit	4
haut de gamme (phr)	upmarket	28
héritier (n m)	heir	15
homme des cavernes (n m)	caveman	12
incendie (n m)	fire	14
inconnu (adj)	unknown	7
infirmière (n f)	nurse	16
infliger (v)	inflict	8
interdiction de fumer (phr)	smoking ban	8
javelot (n m)	javelin	21
jeter un coup d'œil (phr)	cast an eye	3

French	English	Text
Jeux Olympiques (n m pl)	Olympic Games	18
jour historique (n m)	historic day	9
jumeaux (n m pl)	twins	29
labyrinthe (n m)	maze	6
laisser (v)	leave	13
libre (adj)	free	4
lieu public (n m)	public place	8
liste de règlements (n f pl)	list of rules	4
littoral atlantique (n m)	Atlantic coast	28
logiciel (n m)	software	1
loi (n f)	law	8
maigre (adj)	thin	1
mal dans ma peau (n f)	a feeling of lack of confidence	7
malfaiteur (n m)	criminal	17
malgré (phr)	in spite of	10
maniable (adj)	easy to handle	5
marché (n m)	market	11
marcheur (n m)	walker	6
marin (n m)	sailor	5
marteau (n m)	hammer	21
maussade (adj)	gloomy	4
mauvais vue (n f)	bad eyesight	2
méchant (adj)	mean	15
meurtre (n m)	murder	17
mineur (n m)	minor	20
ministre de la santé (n m)	health minister	8
moitié (n f)	half	18
monde imaginaire (n m)	fantasy world	15
moquerie (n f)	mockery	1
motard (n m)	motorcycle rider	27
mouettes (n f pl)	seagulls	6
mouton (n m)	sheep	2
mur (n m)	wall	13
navire (n m)	ship	5
noix de muscade (n f)	nutmeg	22
nouvelle tendance (n f)	new trend	4
nuage islandais (n m)	Icelandic cloud	28
odorat très développé (n m)	keen sense of smell	2
orphelin (n m)	orphan	15
outil (n m)	tool	19
panier (n m)	basket	10
paramètres de confidentialité (n m pl)	privacy settings	13
parapente (n m)	paragliding	2
partager (v)	share	13
partout (adv)	everywhere	23
patouiller (v)	paw	6
percer (v)	unlock	6
permis de conduire (n m)	driver's licence	27
pétrir (v)	mould	6
pincée (n f)	pinch (of salt)	22
piqûre (n f)	injection	16
plaintes pénales (n f pl)	criminal complaints	8
pluralité culturelle (n f)	cultural diversity	15
plus à l'aise (phr)	more comfortable	19
poche (n f)	pocket	1
porter à l'ebullition (phr)	bring to the boil	22
promener le chien (v)	walk the dog	20
psychiatre (n m)	psychiatrist	1

French	English	Text
punition (n f)	punishment	19
raconter (v)	recount/recall	24
raillerie (n f)	mockery	19
rang élevé (n f m)	a high ranking (socially)	2
ravitaillement (n m)	resupply	5
repas (n m)	meal	4
réseau social (n m)	social network	24
réticences (n f pl)	reluctance	14
réussir (v)	succeed	21
rêve ultime (phr)	ultimate dream	23
rondillard (adj)	podgy	1
rouquin (adj)	red-haired	1
s'inscrire (v)	subscribe/sign up for	13
sans doute (phr)	without a doubt	20
saut en longueur (n m)	long jump	21
savourer (v)	savour/enjoy	11
se cacher (v)	hide	6
se dechirer (v)	to be torn apart	17
se distraire (v)	be entertained	3
se marier (v)	get married	3
se mêler (v)	mix (with)	16
sécurité routière (n f)	road safety	30
semer la terreur (phr)	spread terror	5
siècle (n m)	century	26
sillonner (v)	cross	14
société (n f)	company	24
souhaiter (v)	wish	4
soulagement (n f)	relief	10
soupçon (n m)	hint	7
sourire (n f)	smile	26
sous la pression (phr)	under pressure	26
soutenir (v)	back/support	9
souterrain (n m)	underground	6
tâche (n f)	task	17
tatouage (n m)	tattoo	2
taux (n m)	rate	9
technologie holographique (n f)	holographic technology	24
téléréalité (n f)	reality TV	9
tempête (n f)	storm	5
tenir compte (phr)	take into account	4
terminale (n f)	final year of school	20
test sanguin (n m)	blood test	16
titre (n m)	title	18
toutes les couches de la société (phr)	all walks of life	27
traité (n m)	treaty	2
tranche d'âge (n f)	age group	27
trésor (n m)	treasure	1
truand (n m)	gangster	17
veau (n m)	veal	22
venir a la rescousse (n f)	come to the rescue	1
ventes (n f pl)	sales	11
victoire (n f)	victory	23
vitesse (n f)	speed	21
vivant (adj)	lively	15
voisin (n m)	neighbour	8
voix (n f)	voice	24
vol organisé (n m)	organised theft	1
volcan (n m)	volcano	2

Section 2

Reading comprehension with questions in French

Text types
Question 3 is usually an extract from a newspaper or magazine. Question 4 is usually an extract from a book.

Types of questions
- Multiple choice questions
- Reformulation questions
- Quote questions
- Grammar questions
- Basic comprehension questions

Timing
Students should allow between fifteen and twenty minutes for Question 3 and the same amount of time for Question 4.

Method
- Read the article heading or any information provided at the start of the extract.
- Read the questions carefully.
- Underline the key words in the question.
- Read the final question which is in English to get a sense of what the extract may be about.

Grammar and vocabulary

Question words

Make sure you understand the meaning of frequently-occurring key words in the comprehension questions.

Qui ?	Who?
Où ?	Where?
Que/Qu'est-ce que ?	What
Quand ?	When
Comment ?	How?
Comment savons-nous ?	How do we know?
Pourquoi ?	Why?
Combien ?	How much/many?
Quel ?	What/which? (m sing)
Quels ?	What/which? (m pl)
Quelle ?	What/which? (f sing)
Quelles ?	What/which? (f pl)
Selon/D'après	According to
Expliquez	Explain
Donnez	Give

Quoting from the text

If a question includes any of these words, you should quote directly from the text: *Trouvez, Relevez, Nommez, Citez*. If asked to *Trouvez le mot*, you should give just one word. If asked to *Trouvez l'expression*, you should give a word or short phrase, but not necessarily a full sentence. If asked to *Trouvez la phrase*, you should give a complete sentence.

Superfluous material

Be aware of the fact that students are penalised for extraneous material. Only give the information that you feel contains the answer, and avoid adding extra details as this may cost you marks.

Reformulation

A reformulation question requires you to manipulate the material in the extract to correctly answer the question asked. For example, if the extract reads:

***Je suis** allé à Paris avec **ma** mère pour la première fois.*

and the questions asks:

*Que est-ce que **le narrateur** a fait pour la première fois?*

The correct answer is:

***Il est** allé à Paris avec **sa** mère pour la premiere fois.*

Identifying parts of speech

You may be asked to identify different parts of speech from the text.

• Adjectives

Adjectives are describing words. In English, they usually come before the noun, for example, *the red car*, but in French they usually come after the noun, for example *la voiture rouge*. In French, adjectives change in gender and number according to the noun used. You may be asked to identify a feminine or masculine adjective or a singular or plural adjective.

Masculine singular	Masculine plural
petit	**petits**
Feminine singular	**Feminine plural**
petite	**petites**

• Adverbs

An adverb provides more information about a verb, or the manner in which an action is carried out. There are various forms of adverbs. In general they are easily identified because the suffix *-ment* is added onto either the feminine form of an adjective or, if an adjective ends in a vowel, the suffix *-ment* is added to the adjective itself. There are also some irregular adverbs.

lente**ment**	slowly
naturelle**ment**	naturally
régulière**ment**	regularly
claire**ment**	clearly
facile**ment**	easily

• Verbs

You may be asked to identify: *un verbe à l'infinitif* (infinitive). An infinitive is the verb without any changes, e.g. *passer, choisir* or *vendre.* Alternatively you may be asked to find *un verbe au présent de l'indicatif* (a verb in the present tense), *un verbe au passé composé* (a verb in the past tense), *un verbe au futur simple* (a verb in the simple future tense).

Practice questions

1 In this article taken from the French magazine *Géo Ado* family members talk about their shared holiday experiences.

Yohann est parti avec son père Éric, sa mère Natasha et son petit frère Ivann, faire un tour de l'Asie du Sud-Est.

1. La maman : en partant, nous avons réalisé un rêve. Nous pensions que c'était un rêve impossible et puis soudain, tout s'est débloqué : on a vendu la voiture pour acheter les billets d'avion et on a loué notre appartement à des étudiants. Ce voyage était indispensable pour notre famille, nous avions besoin de nous sentir libres. Nous avons vécu quelque chose de fort, et nous nous sentons très liés par cette expérience. C'est un peu comme un trésor que nous partageons tous ensemble.

2. Yohann, 15 ans : avant de partir j'étais inquiet car j'avais peur de prendre du retard dans mes études. Mais j'ai suivi l'école par correspondance, et ça s'est très bien passé. Ce qui était vraiment surprenant, c'était de découvrir mes parents si aventuriers : ils changeaient de destination au dernier moment sans s'angoisser. J'ai bien aimé les voir comme ça ! À mon retour, tout le monde m'a dit que j'avais changé, que j'étais devenu plus ouvert. Moi, je ne me suis rendu compte de rien.

Pauline a parcouru l'Europe avec ses parents et ses sœurs pendant 5 mois.

3. Sophie, la maman : cela faisait longtemps que l'on avait envie de partir, mais nous nous mettions des barrières : le travail, l'école etc. Finalement, tout s'est décidé très vite. On a pris un congé et on est parti en avril pour que les filles ne ratent pas trop de cours. Et elles se sont étonnement adaptées à notre voyage, à nos conditions de vie et a tous les pays que nous avons traversés. C'est drôle de voyager avec des ados, car ils ne remarquent pas du tout les mêmes choses que nous. Ils sont plus attentifs à la vie quotidienne.

4. Pauline, 14 ans : quand nos parents nous ont parlé de ce voyage, j'ai tout de suite eu envie de partir, mais j'ai eu peur que mes amis me manquent. Et ils m'ont manqué durant les premiers mois. Mais je n'ai pas eu le temps de m'ennuyer. On a visité 18 pays, et je me souviens que mes parents trouvaient toujours tout très beau. C'était marrant. Ce voyage a changé ma vision de la vie : quand je rencontrais des gens très pauvres, je ne pouvais pas m'empêcher de me dire qu'ils ne connaîtront, ne verront ou ne goûteront jamais les mêmes choses que moi.

Répondez en français aux questions 1 à 8 et en anglais à la question 9.

1 Trouvez la phrase qui montre ce que la famille de Yohann a fait pour obtenir de l'argent pour partir en voyage. **(Section 1)**

....

2 Comment savons-nous qu'ils ont profité de leur voyage ? **(Section 1)**

....

3 Selon la **deuxième section** pourquoi est-ce que Yohann avait peur avant de partir ?

....

4 Quelle a été la chose la plus surprenante pour lui ? **(Section 2)**

....

5 D'après la **deuxième section** comment est-ce que Yohann a changé pendant son voyage ?

....

6 Qu'est-ce que la mère de Pauline trouvait amusant quand elle voyageait avec ses enfants ? **(Section 3)**

....

7 Selon la **quatrième section** pourquoi est-ce que Pauline a eu peur de partir en voyage ?

....

8 Qu'est-ce qu'elle pensait quand elle rencontrait des gens pauvres ? **(Section 4)**

....

9 What evidence is there to suggest that both teenagers benefited greatly from their family trip? Give **two** points in your response.

(i) ....

(ii) ....

2 This is an article about singer and actor Selena Gomez and is taken from the French magazine *Glossy*.

1. Selena Gomez était une petite fille normale. Le 22 juillet 1992, le bébé Selena pousse ses premiers cris dans la ville de Grand Prairie au Texas. Cette Américaine a des origines mexicaines par son père et italienne par sa mère. Ses parents l'ont eue à l'âge de 16 ans, ce qui est bien tôt car on est encore ado. Quand ses parents divorcent en 1997, Selena a été élevée seule par sa mère.

2. A l'école ses profs disaient toujours qu'elle parlait trop et qu'elle ne devait pas donner les réponses aux autres élèves. Elle raconte : « Je me mettais toujours au fond de la classe pour pouvoir parler avec mes copines. » Selena a eu une enfance normale jusqu'au jour où elle a passé ses premières auditions. C'est en regardant les séries de Disney qu'elle a eu envie de devenir actrice.

3. Elle supplie sa mère pour passer des auditions et finit par obtenir un rôle dans la série Barney & Friends. C'est aussi à cette époque qu'elle rencontre Demi Lovato : « On faisait la queue pour les auditions quand Demi est venue me poser une question. On est tout de suite devenues très proches. » En plus de jouer dans les séries, Selena décroche quelques rôles dans des films et elle enregistre de nombreuses chansons pour les films dans lesquelles elle joue.

4. Son album a rencontré un vif succès à travers le monde. « À l'école les gens savaient que je jouais parfois pour la télé, » raconte-t-elle. « Mais j'ai réalisé que j'étais célèbre lorsque j'ai fait la couverture du New York Times. » Après, « des gens ont commencé à venir devant ma maison et à nous suivre, ma famille et moi. Mais en réalité, j'essaie vraiment de ne pas changer de vie. »

5. La sortie du nouvel album de Selena est prévue pour le 28 juin prochain (Britney Spears et Pixie Lott ont composé certaines de ces nouvelles chansons). Maintenant, si possible, elle adorerait faire un duo avec Cheryl Cole et aussi faire un concert en France.

Répondez en français aux questions 1 à 8 et en anglais à la question 9.

1 Quelle est la nationalité du père de Selena ? **(Section 1)**

2 Dans la **première section**, trouvez le mot qui montre que la mère de Selena a élevé sa fille elle-même.

3 Que disaient les profs de Selena au sujet de son comportement ? **(Section 2)**

4 Citez l'expression qui montre pourquoi Selena a voulu devenir actrice. **(Section 2)**

5 Selon la **troisième section** comment est-ce qu'elle a rencontré Demi Lovato ?

6 Que faisait-elle pour certains films dans lesquels elle jouait ? **(Section 3)**

7 D'après la **quatrième section** à quel moment Selena s'est aperçu qu'elle était célèbre ?

8 Quels sont ses projets pour l'avenir? **(Section 5)**

9 Selena has come from having a normal childhood to becoming a globally-recognised star. Do you agree? Give **two** points.

(i)

(ii)

3 This is an article taken from the French newspaper *Aujourd'hui en France*.

Le dernier envol de la navette

1. Un peu plus de trente ans après son premier lancement le 12 avril 1981, la navette spatiale américaine entame un vol historique, le dernier de son existence. Atlantis, l'un des deux derniers engins encore opérationnels, a décollé sans encombre de Cap Canaveral en Floride hier à 17h 26, pile a l'heure prévue, sous les yeux d'une foule de près d'un million de spectateurs.

2. Ce 135e et dernier tir de la navette marque donc la fin d'une époque, trente ans d'une épopée commencée dans l'optimisme – la navette était conçue comme un moyen de transport bon marché qui devait faciliter la conquête de l'espace – mais marquée par deux tragédies : les explosions de Challenger en 1986 et de Columbia en 2003, tuant au total 14 astronautes.

3. Membre de l'Agence Spatiale Européenne, Léopold Eyharts, 54 ans, a volé à bord de la navette Atlantis lors de la mission STS-122, en février 2008. Il dit : « C'est une page qui se tourne. J'ai volé à bord d'Atlantis il y a trois ans, c'est donc vraiment un événement spécial pour moi. J'avais déjà volé auparavant sur les moyens de transport russes mais là, c'était la réalisation d'un rêve. »

4. Atlantis va rejoindre une dernière fois l'ISS (Station Spatiale Internationale), lui apportant près de 4 tonnes de ravitaillement. Puis elle reviendra sur Terre dans douze jours, laissant les États-Unis sans moyen de mise en orbite d'astronautes pour au moins quatre années.

Répondez en français aux questions 1 à 8 et en anglais à la question 9.

1 Pourquoi est-ce que ce vol récent est historique ? **(Section 1)**

2 Comment savons-nous qu'il y avait du monde qui voulait voir ce vol ? **(Section 1)**

3 Selon la **deuxième section,** pour quelle raison est-ce que la navette a eté construite ?

4 Combien d'astronautes sont morts lors des tragédies ? **(Section 2)**

5 Trouvez les mots qui veulent dire *pas cher*. **(Section 2)**

6 Dans la **troisième section,** trouvez un adjectif au féminin singulier.

7 Avant de voler à bord d'Atlantis, qu'est-ce que Léopold Eyharts avait utilisé pour aller dans l'espace ? **(Section 3)**

8 Quand est-ce qu'Atlantis va revenir sur Terre ? **(Section 4)**

9 The last flight of the shuttle obviously marks a momentous occasion in the lives of the American people. Do you agree? Give **two** points to support your answer.

(i)

(ii)

4 This is an account of two young people who are addicted to their mobile phones.

1. ***Les nouvelles technologies sont top, à condition de savoir s'en servir. Le problème, c'est qu'on devient très vite accro.***

Meriem: Mon portable et moi, c'est une grande histoire d'amour. Je n'appelle pas trop mais en revanche, les sms et mms, j'adore. J'ai un forfait textos illimités, et je pense que je dois bien en envoyer entre 50 et 100 par jour ! Ça parait énorme, mais ça va assez vite en fait. C'est vrai que j'en envoie partout, tout le temps, même en cours parfois, alors que c'est interdit.

2. Le problème c'est que du coup, on me dit souvent que je ne fais pas attention à ce qu'on me dit. C'est vrai que ça demande de la concentration d'écrire et de lire, alors je ne m'investis pas à 100 % dans ce que je fais. Mes parents ne supportent pas, ils trouvent ça impoli. Moi je trouve ça normal, mais quand je suis avec mon copain ou mes copines, parfois, je me rends compte que c'est trop. Il faudrait que j'arrête mais pour l'instant je n'y arrive pas.

3. **Virginie :** L'autre jour en partant pour passer le weekend chez mon père, (mes parents sont divorcés) je me suis aperçue que j'avais oublié mon portable. Le drame ! Évidemment, j'ai commencé par le dire en statut sur Facebook : « Virginie a oublié son tel, help », mais le problème c'est que mon père aime bien qu'on fasse des trucs le weekend, alors impossible de lire les commentaires ou d'être en contact avec mes amis !!

4. J'y pensais tout le temps, j'essayais de l'attraper dans mon sac, j'avais l'impression de l'entendre sonner… D'habitude je dors avec mon téléphone alors là, deux jours sans portable, j'ai cru devenir folle. Et puis finalement, j'ai quand même passé un bon week-end. J'ai plus discuté avec mon père et ma belle-mère, et j'ai plus profité d'eux. Alors même si maintenant j'essaie de moins regarder mon portable, plus jamais ça : je vérifie trois fois pour voir si je l'ai pris avant de partir.

Répondez en français aux questions 1 à 8 et en anglais à la question 9.

1 Selon la **première section,** quel est le problème avec les nouvelles technologies ?

2 Selon Meriem qu'est-ce qui lui permet d'envoyer des dizaines de messages chaque jour ? **(Section 1)**

3 Où est-ce qu'elle envoie des messages, même si c'est interdit ? **(Section 1)**

4 Selon la **deuxième section,** qu'est-ce que ses parents pensent de son addiction ?

5 D'après la **troisième section,** que'est-ce que Virginie a réalisé quand elle est arrivé chez son père ?

6 Trouvez l'expression qui donne la raison pour laquelle elle ne pouvait pas être en contact avec ses amis. **(Section 3)**

7 Pourquoi est-ce que Virginie a pensé qu'elle devenait folle ? **(Section 4)**

8 Comment est-ce qu'elle a plus profité de son père et de sa belle-mère ? **(Section 4)**

9 How do we know that both girls above are addicted to their mobile phones? Give **two** points.

(i)

(ii)

5 This is an interview with Kad Merad taken from the French magazine *Géo Ado*.

1. Actuellement à l'affiche de Monsieur Papa, Kad Merad a souvent exploré le thème de l'étranger dans ses comédies. Franco-algérien, l'acteur est aussi un grand voyageur.

   Un nom peut être un handicap et une force. C'est une richesse d'être issu de deux cultures. Mais il faut croire à sa chance et voir sa différence comme une qualité. En famille, nous allions tous les étés passer nos vacances en Algérie. Puis il y a eu les fameuses années de terreur pendant dix ans. J'ai encore de la famille là-bas mais il faudrait que je prenne un mois pour voir tout le monde.

2. J'adore l'Afrique du Sud aussi parce que c'est un pays extraordinairement beau, avec une population très mélangée. Il y a les Noirs et les Blancs, beaucoup de tribus, des langues différentes. L'Afrique du Sud est très riche mais se trouve sur un volcan. C'est dans ce pays que finit « Monsieur Papa », le héros de mon dernier film. Comme l'Afrique du Sud a une équipe de rugby, ça collait bien avec l'histoire.

3. J'ai tourné plusieurs scènes dans le quartier chinois aussi. Je voulais que le film ne soit pas uniquement une histoire franco-française, mais qu'elle soit universelle. C'est pour cela que j'ai aimé que Robert Pique vive dans le quartier chinois. Devenir humoriste ou acteur comique, c'est un long chemin. J'ai pris des cours de théâtre, j'ai monté des spectacles et des compagnies. J'habitais la banlieue et pour commencer, j'ai dû m'inscrire dans un cours à Paris, rencontrer des gens et écrire des spectacles.

Répondez en français aux questions 1 à 8 et en anglais à la question 9.

1 Selon la **première section** quel thème est-ce que Kad Merad utilise souvent dans ses comédies ?

2 Trouvez la phrase qui indique ce que, selon lui, peut être un nom d'une origine différente. **(Section 1)**

3 Où est-ce qu'il partait en vacances chaque été ? **(Section 1)**

4 De combien de temps aurait-il besoin pour voir sa famille là-bas ? **(Section 1)**

5 Trouvez un adjectif au féminin singulier. **(Section 2)**

6 Selon la **deuxième section**, où se trouve l'Afrique du Sud ?

7 Trouvez dans la **troisième section** la phrase qui indique pourquoi Kad a aimé que Robert Pique vive dans le quartier chinois.

8 Qu'est-ce que Kad a fait, au début, quand il voulait devenir humoriste ? **(Section 3)**

9 Kad Merad had to do several things to become a comic actor. Provide **two** pieces of evidence to support this point.

(i)

(ii)

6 This is an interview with Parkour founder Sebastien Foucan about his latest film *The Tournament*. It is taken from the French website *www.cinema.jeuxactu.com*.

1. ***Pourchassé par Daniel Craig dans la seconde séquence de* Casino Royale*, le Français Sébastien Foucan, fondateur du mouvement Parkour, est à l'affiche de* The Tournament*, un nouveau film d'action.***

   Comment est-ce que je suis arrivé sur *The Tournament* ? J'ai fait des documentaires en Angleterre pour parler de ma pratique, le Free-Running et certaines personnes m'ont repéré. Elles ont contacté mes agents et c'est ainsi que j'ai pu rencontrer Scott Mann, le réalisateur. Dans un premier temps il voulait tourner une bande-annonce pour présenter son projet et obtenir des financements. Ça a fonctionné et on a pu ensuite tourner le film.

2. *Casino Royale* est arrivé vraiment par hasard. Je n'avais jamais pensé faire carrière dans le cinéma. Ma pratique est pour moi un style de vie. J'appelle ça le Free-running mais c'est plus connu sous le nom de Parkour. C'est vraiment grâce aux documentaires dans lesquels j'explique mon art que la production de James Bond, Eon Productions, m'a contacté. La même chose est arrivée pour *The Tournament*.

3. Il y a eu plusieurs challenges sur ce film. Partir sur un tournage, c'est déjà un challenge : une nouvelle production, de nouvelles rencontres… Il y a un côté relationnel très important et il faut arriver à travailler ensemble pour le bien du projet. Il y a aussi toute la performance physique et chorégraphique qui est un challenge. Par exemple, la scène du « ballet » avec les voitures. Cette scène a beaucoup été réfléchie, pensée. Après il y a tous les essais… Il faut pouvoir garder la même vitesse, les pas doivent être très précis…

4. Il y a aussi la caméra, le son, la lumière. On joue avec des éléments de la nature et il y a des risques. Il faut de la discipline et avoir la tête sur les épaules. Pour moi, cela vient aussi de mon vécu. J'espère que le film aura le soutien qu'il mérite d'avoir. C'est un film vraiment surprenant. Il y a des grands acteurs comme Robert Carlyle ou Ving Rhames. Et si le public m'a aimé dans *Casino Royale*, alors il m'aimera dans *The Tournament*.

Répondez en français aux questions 1 à 8 et en anglais à la question 9.

1 D'après la **première section,** comment est-ce que Foucan est arrivé sur son nouveau film ?

2 Que fait Scott Mann dans la vie ? **(Section 1)**

3 Comment savons-nous que Foucan n'a pas rêvé de travailler dans le monde du cinéma ? **(Section 2)**

4 Trouvez les mots qui montrent ce que Foucan fait dans ses documentaires. **(Section 2)**

5 Selon la **troisième section,** qu'est-ce qu'il pense être nécessaire pour le bien d'un projet ?

6 Trouvez la phrase qui indique que la scène du « ballet » avec les voitures était très difficile à faire ? **(Section 3)**

7 Relevez l'adjectif qui veut dire *exact.* **(Section 3)**

8 Comment est-ce que Foucan décrit ce nouveau film? **(Section 4)**

9 Foucan highlights the fact that there were many challenges in the making of this film. Give any **two** examples of these challenges.

(i)

(ii)

7 This article, taken from the French website *france24.fr*, gives details about the recent floods in Queensland, Australia.

1. ***Le Queensland a été dévasté par des inondations sans précédent ces derniers mois. Au moins 35 personnes ont perdu la vie et les dégâts se chiffrent à des centaines de millions d'euros. La ville de Rockhampton a particulièrement souffert.***

2. Les inondations record qui ont touché plus d'un tiers de l'état du Queensland n'ont pas épargné la ville de Rockhampton, chef-lieu de la région centrale du Queensland. Quasiment coupée du monde, la ville est difficile d'accès. Les routes sont bloquées, l'aéroport fermé. Le plus proche est à Mackay, à 4 heures de route au nord de la ville.

3. Un tiers de la ville de Rockhampton est sous l'eau, lui donnant des airs de ville fantôme. Ce sont les pires inondations que le Queensland ait connues au cours des cinquante dernières années. Les rues de Depot Hills se sont transformées en rivières et l'on ne peut circuler qu'en bateau. L'eau a envahi les maisons construites de plein pied. Les maisons sur pilotis y ont échappé de peu.

4. L'eau vient littéralement lécher le pas des portes et l'accès est de plus en plus difficile. Les serpents – et certains parlent même de crocodiles – ont infesté les eaux alentours. Malgré les conditions de vie difficiles, certains résidents ont décidé de rester chez eux pour défendre leur maison. Leur unique possession dans la plupart des cas.

5. Plusieurs familles s'organisent et vivent avec les moyens du bord : un générateur, quelques boîtes de conserve, des livres pour occuper le temps… Mais le plus important reste l'accès à un bateau qui assure l'accès aux soins sur le « continent. » Dans la partie sèche de Rockhampton, un centre d'évacuation tenu par la Croix Rouge australienne a été ouvert.

6. Les réfugiés y trouvent un toit, de quoi manger et un peu de réconfort. Une navette assure les aller-retours vers le centre d'assistance. Il faudra des semaines voire des mois, pour que Rockhampton et l'ensemble du Queensland se relèvent de cette épreuve.

Répondez en français aux questions 1 à 8 et en anglais à la question 9.

1 Selon la **première section,** comment est-ce que le Queensland a été dévasté ?

2 Comment savons-nous que la ville de Rockhampton n'est pas facilement accessible ? **(Section 2)**

3 Quels mots décrivent la ville de Rockhampton ? **(Section 3)**

4 Trouvez la phrase qui suggère que les habitants n'ont pas vu d'inondations comme celles-ci depuis longtemps ? **(Section 3)**

5 D'après la **quatrième section,** qu'est-ce qu'il y a dans l'eau de Rockhampton ?

6 Pourquoi est-ce que certains sont restés en ville ? **(Section 4)**

7 Selon la **cinquième section,** quelles sont les choses que les familles ont avec elles ?

8 Comment est-ce que les réfugiés vont au centre d'assistance ? **(Section 6)**

9 What aspects of life in Rockhampton directly after the floods make the living conditions unbearable? Give any **two** examples in your answer.

(i)

(ii)

8 This article documents the return of teenage adventurer Jessica Watson from her sea voyage.

1. ***À l'âge où certains commencent la conduite accompagnée autour du pâté de maisons, l'Australienne Jessica Watson vient de terminer un tour du monde en solitaire de sept mois : soit 210 jours à braver la solitude et les éléments.***

Accueillie triomphalement à son retour le 15 mai dernier, Jessica ne s'est pas démontée. Et lorsque le Premier Ministre l'a qualifiée de « nouvelle héroïne de l'Australie », elle a répondu « On n'a pas besoin d'être quelqu'un de spécial pour faire quelque chose de grand. Il suffit d'avoir un rêve, d'y croire et de bosser dur. »

2. C'est sans doute à ce tempérament que Jessica doit d'avoir réussi un tel exploit : devenir à 16 ans le plus jeune navigateur à faire un tour du monde en solitaire, sans escale et sans assistance. Fille de parents fans de bateau qui n'ont pas hésité à emmener leurs quatre enfants vivre sur un voilier pendant cinq ans, Jessica a « naturellement attrapé le virus. » Mais quand on lui fait remarquer qu'elle ne semblait pas toujours ravie sur le blog qu'elle tenait durant le voyage, elle sourit : « J'ai eu un coup de blues en avril, après le Cap Horn. La solitude me pesait. » Elle poursuit : « Là, tout est vrai, je crains que l'adrénaline me manque : me lancer des défis, naviguer dans le noir et regarder les vagues et la mer. Sept mois, c'est long. »

3. Pourtant, le plus dur était à venir. En contournant l'Australie par le sud, Jessica a dû affronter des lames hautes comme des immeubles de quatre étages. Mais ni ses parents ni elle-même n'ont jamais douté. À son retour, saine et sauve, certains lui refusent encore son record sous prétexte que son périple n'était pas assez long pour mériter l'appellation « tour du monde. » Aujourd'hui, Jessica est déjà repartie… sur les routes cette fois, pour faire la promotion de son livre *Around the World*. Elle a beau aimer la mer, elle garde les pieds sur terre…

Répondez en français aux questions 1 à 8 et en anglais à la question 9.

1 D'après la **première section** qu'est-ce que Jessica Watson vient de faire ?

2 Selon Jessica, qu'est-ce qu'il faut avoir pour faire quelque chose de grand ? **(Section 1)**

3 Trouvez la phrase dans la **deuxième section** qui montre que personne n'a aidé Jessica.

4 D'après la **deuxième section**, comment est-ce que Jessica a attrapé *le virus* ? **(Section 2)**

5 Trouvez l'expression qui indique la raison pour laquelle elle a eu un coup de blues. **(Section 2)**

6 Qu'est-ce que Jessica a dû combattre pendant son retour en Australie ? **(Section 3)**

7 Trouvez les mots qui suggèrent qu'elle n'a pas été blessée ? **(Section 3)**

8 Selon la **troisième section,** qu'est-ce qu'elle fait en ce moment ?

9 Jessica Watson encountered many challenges on her journey around the world. Find evidence to support this. Give **two** points.

(i)

(ii)

9 This is an article taken from the French newspaper *Aujourd'hui en France* about French habits regarding food wastage.

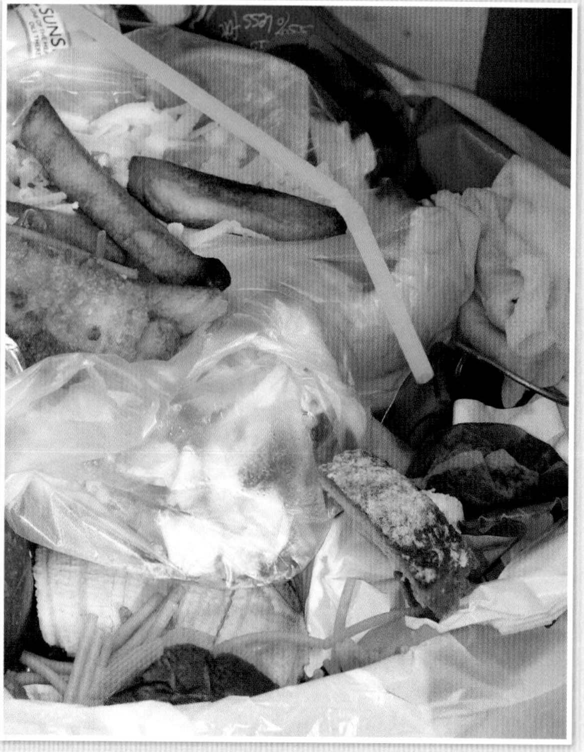

1. ***En moyenne, selon l'étude que nous dévoilons, les Français jettent à tout-va des denrées non-périmées. Ce sont les Franciliens qui sont les champions du gaspillage alimentaire avec près de 115 kg par an et par habitant.***

2. Un tiers de la nourriture produite chaque année sur la planète ne finit pas dans nos assiettes mais directement à la poubelle. L'Organisation des Nations Unies pour l'agriculture et l'alimentation qui a dressé cet effarant bilan en mai dernier, estime que plus d'un milliard de tonnes de denrées sont perdues ou gaspillées. Les Français ont malheureusement leur part de responsabilité dans cette gabegie.

3. Selon une étude qui vient d'être dévoilée par l'enseigne Albal, nous jetons en moyenne 21 % des aliments que nous achetons. Près de 30 % de ces produits finissent à la benne à ordures sans même avoir été déballés. « En France, on estime que 38 kg de nourriture consommable sont jetés toutes les secondes, ce qui est d'autant plus choquant quand on sait que plus d'un milliard de personnes souffrent de malnutrition dans le monde » souligne le fondateur de Conso Globe, Jean-Marie Boucher.

4. Devant un tel gâchis, les ministres de l'Environnement et de l'Agriculture ont lancé des études pour évaluer l'ampleur du gaspillage. Restauration élective, grande distribution, petits commerces, boulangeries, pâtisseries... Toute la chaine alimentaire, de la production à la distribution, sans oublier le client final, sera passée au crible.

5. « Les plus gros gaspilleurs sont les consommateurs, dont certains semblent avoir oublié la valeur de l'alimentation », estime Agathe Cousin du réseau national des épiceries solidaires. D'âpres l'étude Albal, le coût du gaspillage alimentaire s'élèverait en France à 430 € par an et par habitant.

Répondez en français aux questions 1 à 8 et en anglais à la question 9.

1 Comment savons-nous que les Franciliens sont les champions du gaspillage ? **(Section 1)**

2 Selon la **deuxième section**, qu'est-ce qui se passe avec un tiers de la nourriture produite chaque année ?

3 Trouvez le mot qui veut dire *désordre*. **(Section 2)**

4 D'après la **troisième section**, quel est le pourcentage des aliments achetés qui sont jetés ?

5 Relevez la phrase qui indique que quelques produits alimentaires jetés n'ont même pas été ouverts. **(Section 3)**

6 Selon Jean-Marie Boucher, quel fait est le plus choquant ? **(Section 3)**

7 D'après la **quatrième section**, quels établissements seront passés au crible ?

8 Selon Agathe Cousin, qu'est-ce que certains semblent avoir oublié ? **(Section 5)**

9 Find some evidence that suggests that the recent figures compiled regarding food wastage in France are quite shocking. Give **two** points.

(i)

(ii)

10 This article about the singer Justin Bieber is taken from the French magazine *Glossy*.

1. *Depuis le début de l'année, la vie de Justin Bieber est passée à la vitesse supérieure. Après la sortie de son album début 2010, le garçon s'est lancé dans une tournée mondiale totalement couronnée de succès. Partout ses fans répondent présent et sont en train de faire du beau gosse bien plus qu'un simple phénomène venu du Net. Par la suite, son film* Never Say Never *lui a donné de nouvelles envies de cinéma.*

2. À la question « où compte s'arrêter Justin Bieber ? », la réponse n'est certainement pas « à son dernier album » ou « à son film *Never Say Never.* » En effet le chanteur, actuellement en pleine tournée mondiale, n'a pas du tout l'intention de s'arrêter en si bon chemin. Il le dit lui-même : « J'ai écrit beaucoup de chansons quand j'étais sur la route. Je suis très excité et je voudrais sortir cette musique plus tard. Peut-être sur un album cet été. »

3. Et il ne faut pas seulement regarder du côté des studios d'enregistrement car Justin a de hautes ambitions pour la suite de sa carrière. Après le succès planétaire du film dont il est la vedette et qui retrace son parcours, il a, semble-t-il, pris goût au cinéma. Il lui reste à confirmer un nouveau projet sur grand écran.

4. L'une des dernières sensations crées par Justin n'a rien à voir avec la chanson, la scène ni même le cinéma. Au mois d'avril dernier, le Canadien a fait part au grand public de l'une de ses grandes passions dans la vie : le football. Et comme Justin ne peut rien faire comme tout le monde, il a eu la chance de pouvoir s'entraîner avec l'équipe professionnelle du FC Barcelone que nombre de fans de ce sport n'hésitent pas à qualifier de « meilleure équipe du monde. » L'idole de toute une génération a donc eu la chance de taquiner le ballon avec quelques-uns des meilleurs joueurs du moment.

Répondez en français aux questions 1 à 8 et en anglais à la question 9.

1 Selon la **première section** qu'est-ce que Justin a maintenant envie de faire ?

2 Trouvez un verbe à l'infinitif. **(Section 2)**

3 Selon la **deuxième section,** où est-ce que Justin a écrit beaucoup de ses chansons ?

4 D'après la **troisième section,** quand est-ce qu'il va peut-être sortir un autre album ?

5 À part enregistrer en studio, à quoi Justin a-t-il aussi pris goût ? **(Section 3)**

6 D'où vient Justin Bieber ? **(Section 4)**

7 Nommez l'une de ses autres passions. **(Section 4)**

8 Selon la **quatrième section,** qu'est-ce qu'il a eu la chance de faire ?

9 What evidence is there to suggest that Justin Bieber's life is a busy one? Give **two** points in your answer.

(i)

(ii)

11 This article is taken from the French magazine *Femme Actuelle* and encourages people to try new activities with their dogs.

1. ***C'est fou tout ce qu'on peut pratiquer comme nouvelles activités sportives avec son chien. C'est bon pour la forme et ça renforce la complicité entre le maître et son animal.***
Avant de vous lancer, il est indispensable de respecter quatre règles de base pour la santé de votre chien : ne le nourrissez pas juste avant l'action, ne tirez pas sur la laisse s'il refuse d'avancer, ne le faites pas courir s'il a moins de 1 an et ne le forcez pas par grosse chaleur. Pour vous, prévoyez des protections : casque, genouillères, coudières.

2. **Cani-Rando** : on fait son jogging relié à son chien par une longe et c'est lui qui nous tire. On peut le pratiquer n'importe où. C'est pour les sportifs âgés de 6 à 60 ans et même plus. On peut le faire avec toutes les races de chien, à partir de 45 cm au garrot. Rien n'empêche de courir avec des toutous plus petits, mais ils ne seront pas assez costauds pour tirer leur maître. On a besoin d'un harnais pour le chien, une longe et une ceinture pour le maître (environ 100€ l'ensemble).

3. **Cani-VTT** : on enfourche un vélo classique ou un VTT, le chien tracte la bicyclette ou court à nos côtés. La première option est très physique, car l'animal fournit un effort soutenu et le maître doit rester concentré. La seconde se fait au rythme d'une balade détendue. À pratiquer sur les routes peu fréquentées. C'est pour les cyclistes à partir de 15 ans. Il faut être vraiment à l'aise sur un vélo et parfaitement maîtriser son animal. Si le chien tire le VTT, il doit porter un harnais et tracter le cycliste à l'aide d'une longe et d'une attache.

4. **Cani-Kart** : les animaux (deux ou plus) sont harnachés et reliés au kart comme à un traîneau. Le conducteur les dirige de la même manière. Bien sûr, on le pratique surtout en montagne. Le kart est un véhicule cher à l'achat. Pour pratiquer cette activité, on s'adressera surtout à des professionnels qui louent l'équipement.

Répondez en français aux questions 1 à 7 et en anglais à la question 8.

1 Pourquoi est-ce une bonne idée de pratiquer des nouvelles activités avec son chien ? **(Section 1)**

2 Nommez **deux** des quatre règles nécessaire à la santé de votre chien ? **(Section 1)**

(i)

(ii)

3 Selon la **première section,** qu'est-ce que la maître doit avoir avant de commencer ?

4 Qui peut faire du Cani-Rando ? **(Section 2)**

5 D'après la **deuxième section,** quel est le problème avec des toutous plus petits ?

6 Pourquoi est-ce que la première option pour faire du Cani-VTT est très physique ? **(Section 3)**

7 Selon la **quatrième section,** qui peut aider à pratiquer le Cani-Kart ?

8 This article informs the reader of some new and exciting ways of working out with their dogs. Give details of any **two** of these exercises.

(i)

(ii)

12 This is an article taken from the French newspaper *France Soir* about the Internet sensation and most famous check-out assistant in France, Anna Sam.

1. Anna Sam a travaillé dans un supermarché de la banlieue rennaise pendant huit ans. Lassée d'être invisible aux yeux des clients, la jeune femme commence à prendre note des petits riens qui ponctuent ses journées. Elle les publie ensuite sur un blog. Grâce au succès de ses chroniques humoristiques, Anna Sam a pu quitter sa caisse afin de se consacrer à sa passion : l'écriture.

2. Tout a commencé par un banal job d'étudiant qui s'est éternisé. Anna Sam, 20 ans, devient caissière dans un hypermarché Leclerc « pour financer ses études et découvrir le monde professionnel. » Son DEA de lettres en poche, Anna aspire à d'autres horizons professionnels mais en vain : ses candidatures dans les secteurs de l'édition et de la culture restent sans réponse. C'est alors qu'elle crée son blog pour raconter la vie, pas toujours rose, des caissières.

3. Le 5 janvier Anna Sam démissionne, à bout. Pure coïncidence : elle est contactée le même jour par des journalistes. Ce sera le début d'une tornade médiatique. Pendant des semaines, Anna Sam sera la vedette des plateaux de télévision, des émissions de radio. Elle est interpelée dans la rue par des inconnus qui lui demandent de signer des autographes sur leur ticket de caisse.

4. Dans la foulée, une douzaine de maisons d'édition la sollicitent afin de publier un livre à partir d'extraits de son blog. *Les tribulations d'une caissière* se vendent à près de 300 000 exemplaires en France, 100 000 à l'étranger. Une adaptation BD voit le jour puis un film, dont la sortie est prévue dans six mois.

Répondez en français aux questions 1 à 8 et en anglais à la question 9.

1 Trouvez le mot qui montre comment Anna se sentait aux yeux des clients. **(Section 1)**

....

2 Relevez la phrase, dans la **première section,** qui indique ce qu'elle fait avec les petits riens de son quotidien.

....

3 Selon la **deuxième section,** pour quelle raison est-ce qu'Anna devient caissière ?

....

4 Trouvez les mots qui suggèrent qu'elle n'a pas réussi à combler ses aspirations ? **(Section 2)**

....

5 D'après la **troisième section,** qu'est-ce qu'Anna fait le 5 janvier ?

....

6 Citez la phrase qui montre ce qui s'est passé dans les rues ? **(Section 3)**

....

7 Trouvez un verbe au futur simple. **(Section 3)**

....

8 Comment savons-nous que les Français ont aimés son livre *Les tribulations d'une caissière* ? **(Section 4)**

....

9 Anna became successful very quickly. Find the evidence to support this fact. Give **two** points.

(i) ....

....

....

....

....

(ii) ....

....

....

....

....

13 This is an account of the lives of two young people who live at the foot of a volcano taken from the magazine *Geo Ado*.

1. ***Zenique et Gérard vivent sur une île paradisiaque dans les Caraïbes. Seul problème : leur voisin est un volcan coléreux. Surnommée « l'île émeraude », Montserrat a tout d'un paradis : des plages de sable fin, un climat ensoleillé et une mer d'un bleu profond. Mais depuis 1995, la vie n'y est plus aussi tranquille. Un voisin que tout le monde avait oublié depuis longtemps s'est réveillé : il s'agit du volcan de la Soufrière.***

2. **Zenique, 18 ans :** Zenique vit tout près de la Soufrière, le volcan de Montserrat. Il est entré en éruption il y a 16 ans et depuis, toute la moitié sud de Montserrat est interdite à la population. Mais Zenique adore son île natale et l'ambiance qui y règne. Elle se présentera au concours de Miss du festival qui aura lieu en décembre, un mois consacré aux fêtes de Noël et au carnaval.

3. Zenique a vécu une grande partie de son enfance aux États-Unis mais pour elle, rien ne vaut Montserrat : « Ici, il n'y a plus d'université. Je vais donc repartir 2 ou 3 ans pour mes études, mais je reviendrai après. » Malgré l'activité du volcan, la vie à Montserrat est calme : pas de fast-foods, pas de violence, des plages et un beau temps permanent sont aussi de bonnes raisons de ne pas s'éloigner trop longtemps.

4. **Gérard, 16 ans :** À Montserrat « tu connais tout le monde et tout le monde te connaît. » L'île ne compte plus que 3 000 habitants, car beaucoup sont partis après les violentes éruptions de 1995 et 1997. Lorsque le volcan est de mauvaise humeur, il recouvre l'île de cendres. Ces cendres sont si denses et si épaisses que même en collant son épaule contre celle de quelqu'un d'autre, on n'arrive pas à le distinguer. Gérard est devenu incollable en volcanologie : « En ce moment vous pouvez voir un grand dôme. À l'intérieur, dans ces couloirs, la lave remonte. Dans d'autres volcans en phase d'éruption, c'est la lave qui sort. Chez nous, un bouchon s'est créé et c'est la cendre qui est évacuée. À chaque fois après une éruption, il faut nettoyer toute la maison car il y a de la cendre partout. »

Répondez en français aux questions 1 à 8 et en anglais à la question 9.

1 Selon la **première section** où habitent Zenique et Gérard ?

....

2 Nommez les éléments qui nous montrent qu'avant 1995, Montserrat était un paradis. **(Section 1)**

....

3 Trouvez la phrase qui indique que la population de Montserrat ne peut pas aller sur la moitié sud de l'ile. **(Section 2)**

....

4 Pourquoi est-ce que Zenique préfère la vie à Montserrat à la vie aux États-Unis ? **(Section 3)**

....

5 Selon la **quatrième section,** que fait le volcan quand il est fâché ?

....

6 Trouvez un adjectif au pluriel. **(Section 4)**

....

7 Citez la phrase qui montre la différence entre le volcan à Montserrat et les volcans dans les autres pays. **(Section 4)**

....

8 D'après Gérard, qu'est-ce qu'il faut faire après chaque éruption ? **(Section 4)**

....

9 Find evidence that suggests that both Zenique and Gérard love their home place.
Give **two** points.

(i) ....

....

....

....

....

(ii) ....

....

....

....

....

14 **This is an interview with singer Sophie Hunger, taken from *20 Minutes, Édition de Nice*.**

1. ***Sophie Hunger a 28 ans. L'an dernier elle a détesté aller en studio mais cette année, elle revient plus lumineuse avec son nouvel album, 1983. L'esprit rock de ses compos s'ornemente de variations électro, d'un lyrisme plein d'audace et d'ambiances toujours inattendues.***

2. Pendant un an, on a beaucoup tourné avec le groupe. Ça me donnait une énergie incroyable. J'avais plein d'idées de musiques, de morceaux. J'ai découvert les logiciels qui permettent d'éditer des beats sur un ordinateur portable. Je passais un temps fou là-dessus et j'ai commencé à stresser tout le monde pour qu'on retourne en studio enregistrer les nouveaux morceaux.

3. Avec cet album je n'ai pas oublié mon son, mais je voulais y ajouter d'autres choses. Cette année, j'ai operé un mouvement général de l'intérieur vers l'extérieur. Je suis plus ouverte aux choses et aux gens qui m'entourent et j'adore ça. Ma musique est pleine d'espoir. Ce n'est pas une révolution complète car ça, je pense que ça ne m'arrivera jamais. Mais qui peut connaître l'avenir ?

4. L'année dernière, le statut d'artiste me mettait mal à l'aise. Je ne comprends toujours pas, mais j'accepte de ne pas avoir de réponses. Je ne savais pas quoi faire de ma vie avant de comprendre que je pouvais faire ça. L'album n'est pas dans ma langue maternelle et ça m'aide à ne pas avoir peur de le reprendre. On ne peut pas avoir peur de ce qu'on ne connaît pas.

Répondez en français aux questions 1 à 8 et en anglais à la question 9.

1 D'après la **première section,** est-ce que Sophie a aimé aller en studio l'année dernière ?

....

2 Comment s'appelle son nouvel album ? **(Section 1)**

....

3 Comment est-ce que Sophie se sentait quand elle a tourné avec le groupe ? **(Section 2)**

....

4 Selon la deuxième section, comment est-ce qu'elle a édité des beats quand elle a composé de la musique ? **(Section 2)**

....

5 Trouvez dans la **deuxième section** un verbe à l'imparfait.

....

6 Trouvez la phrase qui indique ce qu'elle a adoré pendant la création de cet album. **(Section 3)**

....

7 D'après la **quatrième section,** qu'est-ce-qui perturbait Sophie l'année dernière ?

....

8 Comment savons-nous qu'elle n'a pas peur d'apprendre de nouvelles choses ? **(Section 4)**

....

9 Give **two** points explaining how Sophie Hunger's recent experience in the studio was dramatically different to the last time she was there.

(i) ....

....

....

....

....

(ii) ....

....

....

....

....

15 This interview with actor Hugh Laurie is taken from the French newspaper *Aujourd'hui en France*.

1. ***Dr House sort un disque. Ou plutôt Hugh Laurie, l'acteur qui incarne le médecin ronchon de TF1 depuis sept ans. Hugh qui est déjà l'auteur d'un polar, sort un album de reprises et va chanter à Paris.***

2. La musique dans ma vie ? J'ai pris des leçons de piano pendant trois mois, à l'âge de 8 ans. Et j'ai tellement détesté ça que j'ai fait une grève de la faim pour ne plus y aller. Je n'y ai pas retouché avant l'âge de 16 ou 17 ans. Mes copains écoutaient David Bowie et moi j'étais passionné par les pianistes de la Nouvelle-Orléans. J'adore ce son, cette façon à la fois triste et joyeuse de jouer du piano.

3. Quand la maison de disques m'a proposé cet album, j'ai d'abord dit non et la seule raison pour laquelle j'ai finalement accepté, c'est que j'adore cette musique. Cet album, c'est moi. Je me lâche avec la musique. Je suis un acteur technique et je contrôle en permanence ce que je fais, le rythme, le ton, les intentions… Quand je fais de la musique, je me laisse aller. Alors que je ne me laisse jamais aller à devenir House.

4. Je serai en concert à Paris le 11 mai. Je n'ai jamais fait ça, c'est terrifiant. Mais j'aurai fait quelques dates avant Paris, alors j'espère que ça ira mieux à ce moment-là. On a fini la semaine dernière la saison 7 de « House » qui passe en ce moment aux États-Unis et dès le lendemain, j'entrais en répétition avec le groupe. J'ai aussi écrit un roman policier et je vais en écrire un autre. Mais si l'album marche bien, je ferai plutôt de la musique : c'est ce que j'aime le plus au monde.

Répondez en français aux questions 1 à 8 et en anglais à la question 9.

1 Selon la **première section,** depuis combien de temps est-ce que Laurie joue le rôle du médecin dans la série *House* ?

....

2 Comment savons-nous qu'il a détesté ses leçons de piano ? **(Section 2)**

....

3 Selon la **deuxième section,** pourquoi est-ce que Hugh Laurie aime les pianistes de la Nouvelle-Orléans ?

....

4 Trouvez la phrase qui montre la raison pour laquelle il adore la musique. **(Section 3)**

....

5 Où est-ce que Laurie va au mois de mai ? **(Section 4)**

....

6 Trouvez un verbe au futur simple. **(Section 4)**

....

7 Selon la **quatrième section,** qu'est-ce qu'il a fait la semaine dernière ?

....

8 Quel genre de livre est-ce qu'il a écrit ? **(Section 4)**

....

9 Hugh Laurie has tried lots of different things in his adult life. Give **two** pieces of information in support of your answer.

(i) ....

....

....

....

....

(ii) ....

....

....

....

....

16 This is an article relating to the work of the author Doris Lessing. It is adapted from the French newspaper *Le Monde*.

1. *L'œuvre de la romancière britannique, intellectuelle farouche et icône féministe, est rééditée en poche.*

   En 1971, dans une préface à son chef-d'œuvre *Le Carnet d'or* qui reparait aujourd'hui dans la « Pochothèque » accompagné de trois autres romans, Doris Lessing remarquait que le livre avait été l'objet d'un triomphe, certes, mais aussi d'un cruel malentendu. « Sans doute, disait-elle, parce que je me rattache davantage à la tradition européenne du roman qu'a la filiation anglo-saxonne. »

2. Fille spirituelle de Laurence Stone et Joseph Conrad, elle était considérée comme l'auteur d'un pamphlet féministe, d'un brûlot contre les hommes qui l'a aussitôt cataloguée de rebelle et disqualifiée comme artiste. Ce que les femmes se disent entre elles, quand elles grommellent, se plaignent, papotent, est bien la dernière chose qu'on a envie d'entendre.

3. On crut que Lessing racontait des histoires de bonnes femmes, des histoires de cul. Comment aurait-elle pu être comparée à Faulkner ou à Nabokov qui, eux, ne parlent jamais de ces relations si contrariantes, de ces malentendus entre les hommes et les femmes ? La rumeur persista.

4. En 2007, à 88 ans, elle a reçu le prix Nobel. Cette récompense suprême, qu'elle est la dixième femme au monde – et la plus âgée – ne l'a pas vraiment changée. Elle est peut-être l'un des plus grands écrivains encore en vie.

Répondez en français aux questions 1 à 8 et en anglais à la question 9.

1 Selon la **première section,** quelle est la nationalité de Doris Lessing ?

2 Trouvez la phrase qui indique ce que Doris remarquait au sujet de son livre *Le Carnet d'or*. **(Section 1)**

3 Comment est-ce que cette fille spirituelle de Laurence Stone et Joseph Conrad était considérée ? **(Section 2)**

4 Trouvez un adjectif au féminin singulier dans la **deuxième section**.

5 D'après la **troisième section**, les autres écrivains masculins ne parlent jamais de quel sujet ?

6 Qu'est-ce qui s'est passé en 2007 ? **(Section 4)**

7 Pourquoi est-ce que ce prix a été particulièrement remarquable ? **(Section 4)**

8 Dans **la quatrième section,** comment est-ce que la journaliste décrit l'écrivain ?

9 What evidence is there to suggest that Doris Lessing has been very successful in her lifetime? Give **two** points in your answer.

(i)

(ii)

17 This is an article taken from the French newspaper *Aujourd'hui en France*.

1. ***Twitter. Le plus réactif des réseaux sociaux a gagné un milliard de dollars de valorisation en une semaine alors qu'il ne génère aucun bénéfice.***

À l'image du nombre de plus en plus croissant de ses aficionados, la valorisation en bourse du site américain de micro-blogs Twitter serait aujourd'hui de 8 milliards (6 milliards d'euros) selon le quotidien *New York Times*. Né en Californie il y a à peine cinq ans, Twitter est aujourd'hui mondialement connu puisqu'il comptabilise 200 millions de messages publiés chaque jour, contre une moyenne de 65 millions l'année dernière.

2. Mais le site ne réalise pas de bénéfices et cherche encore son modèle économique, comme ne manquent pas de le rappeler certains analystes financiers. On est encore bien loin des 21 milliards d'euros de chiffre d'affaires et des 8,5 milliards de bénéfices de Google, provenant surtout de la publicité. Rappelons que lorsqu'il s'agit de trouver de l'argent frais, – ce que les boursiers appèlent la recapitalisation – les responsables d'une entreprise ont tout intérêt à la présenter sous ses plus beaux atours pour séduire les investisseurs.

3. Les précédents sont nombreux, à l'image des start-up de la nouvelle économie il y a plus de dix ans de celà. Avec la complicité de certains analystes, de banques d'affaires ou de bureaux d'études, les valorisations de ces sociétés atteignaient des sommets alors qu'elles ne faisaient aucun bénéfice. On ne faisait miroiter aux investisseurs que l'espoir de bénéfices à venir. L'éclatement de la bulle Internet en a ramené plus d'un à la dure réalité des chiffres et a un peu plus de bons sens.

Répondez en français aux questions 1 à 8 et en anglais à la question 9.

1 Combien est-ce que le plus réactif des réseaux sociaux a gagné comme valorisation en une semaine ? **(Section 1)**

....

2 Selon la **première section,** quand est-ce que Twitter est né ?

....

3 Combien de messages ont été publiés l'année dernière ? **(Section 1)**

....

4 Comment est-ce que Google réalise la plupart de ses bénéfices ? **(Section 2)**

....

5 Trouvez dans la **deuxième section** un adjectif au masculin pluriel.

....

6 Pourquoi les responsables veulent-ils présenter leurs entreprises dans les meilleures conditions ? **(Section 2)**

....

7 Quand est-ce que la nouvelle économie a commencé ? **(Section 3)**

....

8 D'après la **troisième section,** quand est-ce que les valorisations de ces sociétés atteignaient des sommets ?

....

9 Even though Twitter generates little or no profit compared to Google, what evidence is there to suggest that it is popular worldwide? Give **two** points.

(i) ....

....

....

....

....

(ii) ....

....

....

....

....

18 Nicolas découvrit la magie.

1. Dimanche après-midi il pleuvait, et M. et Mme Blédurt sont venus jouer aux cartes avec Papa et Maman. Moi, j'aime bien rester à la maison quand il pleut et qu'il y a du monde, parce que Maman prépare des tas de choses chouettes pour le goûter. Et puis, ce qui est amusant, c'est que Papa et M. Blédurt se disputent de temps en temps, et chacun dit que l'autre n'y connait rien aux cartes, et Mme Blédurt demande si on joue ou si on parle, et Maman dit qu'ils sont insupportables.

2. Après le goûter (brioches, tarte aux pommes, éclairs au chocolat et au café – j'aime ceux au chocolat – et croissants), Papa, Maman, M. et Mme Blédurt ont continué à jouer et quand ils ont eu fini, M. Blédurt était drôlement content parce qu'il avait gagné.
   – Tiens Nicolas, il m'a dit, je vais te faire un tour de magie avec les cartes.
   – Ah non, Blédurt, a crié Papa, tu ne vas pas nous faire ces vieux tours de cartes que tout le monde connaît !
   – Je te fais remarquer Machin, a dit M. Blédurt, que je m'adresse à ton fils. Tu veux que je te montre ma magie ?
   – Oh oui ! j'ai dit.
   – Quand on joue aux cartes comme tu le fais, a dit Papa, on a intérêt à changer de sujet.
   M. Blédurt a regardé Papa, il a haussé les épaules, il a regardé en l'air. Il a fait « Non » avec la tête, il a pris les cartes, il les a mélangées et il m'a tendu le paquet.

3. Puis, il m'a dit :
   – Tiens choisis une carte, n'importe laquelle, regarde-la bien, ne me dis pas ce que c'est, et remets-la dans le paquet.
   – On la connaît, ta magie, a rigolé Papa. Moi, j'ai pris une carte ; c'était le dix de carreau, et M. Blédurt a ouvert le paquet de cartes pour que je puisse remettre le dix de carreau dedans.
   – Voyons, voyons, voyons a dit M. Blédurt. Il a soufflé sur le paquet de cartes, et puis il a commencé à regarder les cartes, il en a sorti une, et il m'a demandé : C'est celle-là ?
   – Oui, j'ai crié.
   – Bien sûr ! a dit Papa.
   – Machin, tu commences à m'énerver sérieusement, a dit M. Blédurt.
   – Il est l'heure de rentrer, a dit M. Blédurt et M. et Mme Blédurt sont partis. Moi, je le trouvais terrible, le tour de magie. À l'école quand je le ferai, ça épatera les copains.

Histoires inedites du petit Nicolas *Goscinny et Sempé, Tome 2*

Répondez en français aux questions 1 à 8 et en anglais à la question 9.

1 Dans la **première section** quel temps fait-il ?

2 Trouvez la phrase qui indique pourquoi Nicolas aime rester chez lui pendant de telles journées. **(Section 1)**

3 Quel adjectif est-ce que la mère de Nicolas utilise pour décrire son mari et M. Blédurt ? **(Section 1)**

4 D'après la **deuxième section**, quel est la raison pour laquelle M. Blédurt est heureux ?

5 Qu'est-ce que M. Blédurt a voulu montrer à Nicolas ? **(Section 2)**

6 Dans la **troisième section**, quelle carte est-ce que Nicolas a choisi ?

7 Trouvez le mot qui veut dire *se fâcher.* **(Section 3)**

8 Trouvez un verbe au futur simple dans la **troisième section**.

9 Nicolas really enjoyed his Sunday afternoon at home. Find the evidence from the passage to support this. Give **two** points.

(i)

(ii)

19 Cette histoire parle d'un garçon qui est différent des autres garçons de son âge.

1. Ce n'est pas la première fois qu'on demande son nom au garçon. Les autres enfants, au début…
   « Eh, toi, tu es nouveau par ici ? D'où viens-tu ? Qu'est-ce qu'il fait ton père ? T'as quel âge ? T'es en quelle classe ? Tu sais jouer au Belvédère ? »
   Des questions d'enfants.
   Mais la plus fréquente était justement celle que le Loup venait de poser à l'intérieur de sa tête :
   « Comment tu t'appelles ? »
   Et personne ne comprenait jamais la réponse du garçon « Je m'appelle Afrique. »

2. « Afrique ? Ce n'est pas un nom de personne ça, c'est un nom de pays. »
   On riait.
   « C'est pourtant comme ça que je m'appelle : Afrique. »
   « Sans blague ? Tu rigoles ? Tu te moques de nous ou quoi ? »
   Le garçon choisissait un regard bien particulier et demandait calmement : « Est-ce que j'ai l'air de rigoler ? » Il n'en avait pas l'air.
   « Excuse-nous, on plaisantait… On ne voulait pas te… On ne… »
   Le garçon levait la main et souriait doucement pour montrer qu'il acceptait les excuses.
   « Bon, je m'appelle Afrique, c'est mon prénom. »

3. Mais le garçon sait bien qu'un nom ne veut rien dire sans son histoire. C'est comme un loup dans un zoo : rien qu'une bête parmi les autres si on ne connaît pas l'histoire de sa vie. « D'accord, Loup Bleu, je vais te raconter mon histoire. »
   Et voilà que l'œil du garçon se transforme à son tour. On dirait une lumière qui s'éteint. Ou un tunnel qui s'enfonce sous la terre. C'est ça, un tunnel qui s'enfonce dans lequel Loup Bleu s'engage comme dans un terrier de renard.
   On y voit de moins en moins à mesure qu'on avance. Bientôt, plus une goutte de lumière. Loup Bleu ne voit même pas le bout de ses pattes. Pendant combien de temps s'enfonce-t-il ainsi dans l'œil du garçon ? Difficile à dire. Des minutes, qui paraissent des années. Jusqu'au moment où une petite voix retentit au fond de l'obscurité pour annoncer :
   « Voilà, Loup Bleu, c'est ici, l'endroit de mon premier souvenir. »

L'œil du loup
Daniel Pennac, Éditions Fernand Nathan

Répondez en français aux questions 1 à 7 et en anglais à la question 8.

1 Dans la **première section,** quelle question est-ce que les enfants posent au sujet du père du garçon ?

....

2 D'après les enfants, le nom du garçon désigne quoi habituellement ? **(Section 2)**

....

3 Trouvez le mot qui indique ce que les enfants faisaient quand le garçon a dit son nom. **(Section 2)**

....

4 Qu'est-ce que le garçon fait pour montrer qu'il accepte les excuses ? **(Section 2)**

....

5 Trouvez, dans la **troisième section,** la phrase qui indique ce qu'un nom doit avoir, selon le garçon, pour vouloir dire quelque chose.

....

6 Trouvez **deux** verbes dans la **troisième section** au présent de l'indicatif.

(i) ....

(ii) ....

7 Le garçon a raconté son histoire à quel animal ? **(Section 3)**

....

8 The boy in this story is different to boys his own age. What evidence is there to suggest this? Give **two** points in your answer.

(i) ....

....

....

....

(ii) ....

....

....

....

20 Alice pensait qu'aujourd'hui serait juste une autre journée normale. Et puis quelque chose d'étrange est arrivé.

1. Alice commençait à s'impatienter sérieusement de rester assise sur la berge à côté de sa sœur, et de n'avoir rien à faire : une fois ou deux, elle avait plongé un coup d'œil furtif dans le livre que lisait sa sœur, mais il ne contenait ni images ni conversations, et « à quoi ça sert, » songeait Alice, « un livre sans images ni conversations?. »

2. Aussi était-elle en train d'évaluer, dans sa tête (dans la mesure du possible, car cette journée chaude la rendait toute somnolente et languissante) si le plaisir de fabriquer une guirlande de pâquerettes vaudrait la peine de se lever pour aller cueillir les pâquerettes, quand tout à coup un lapin blanc aux yeux roses vint à passer auprès d'elle en courant.

3. Rien de particulièrement remarquable à cela. Rien non plus, pour Alice, de particulièrement extraordinaire dans le fait d'entendre le lapin marmonner : « Oh, là là ! Oh, là là ! Je vais être en retard ! » (quand elle y pensa par la suite, elle s'avisa qu'elle aurait dû s'en étonner mais sur le moment, tout cela lui parut parfaitement naturel). Mais quand, le lapin tira une montre de son gousset, la consulta et repartit de plus belle, Alice se leva d'un bond, sur la révélation subite qu'elle n'avait encore jamais vu de lapin doté d'un gousset ou d'une montre qu'il en pût tirer. Brûlant de curiosité, elle courut à sa suite à travers le champ et elle arriva juste à temps pour voir l'animal s'engouffrer dans un acul de belle taille, situé sous la haie. L'instant d'après, Alice s'y engouffrait à sa suite, sans se demander le moins du monde comment elle pourrait en ressortir.

Les Aventures d'Alice au Pays des Merveilles.
Lewis Carroll. Traduction de Magali Merle.

Répondez en français aux questions 1 à 7 et en anglais à la question 8.

1 Dans la **première section** qui est à côté d'Alice ?

....

2 Selon la **première section**, qu'est-ce que fait l'autre fille ?

....

3 Dans la **deuxième section**, trouvez l'expression qui montre comment Alice se sent en cette chaude journée.

....

4 Dans la **deuxième section**, que se passe-t-il tout à coup près d'Alice ?

....

5 Trouvez dans la **troisième section deux** verbes à l'infinitif.

(i) ....

(ii) ....

6 Qu'est-ce que le lapin a tiré de son gousset ? **(Section 3)**

....

7 Citez l'expression qui indique pourquoi Alice court à la suite du lapin. **(Section 3)**

....

8 Alice's day was far from normal. What evidence is there to suggest this? Give **two** points in your answer.

(i) ....

....

....

....

(ii) ....

....

....

....

21 Mickette collectionne les zéros à l'école. Son père est furieux !

1. *Alors, au revoir l'école publique : Mickette part finir son CM2 en rase campagne, à la pension Suave, un institut de jeunes filles sages. Si sages et si propres qu'on dirait presque des poupées modèles. Mickette ne tarde pas à se sentir mal à l'aise.*

2. – C'est un grand jour, aujourd'hui ! dit Rosaline.
   Par la fenêtre, le soleil entre à flots dans le réfectoire où les élèves terminent leur petit déjeuner.
   – Dépêchez-vous mesdemoiselles ! M. Dubrunet va bientôt arriver !
   Quelques instants plus tard, l'école au grand complet se retrouve dans le jardin, les élèves rangées le long d'un parterre de crocus.
   – Qu'est ce qui se passe ? demande Mickette tout bas.
   – La cérémonie du « Grand Merci » comme toutes les semaines.
   M. Dubrunet s'est fait beau : costume sombre, gilet orné d'une chaîne de montre, chaussures vernies. Suave ne le quitte pas d'une semelle, aux petits soins. Marmaduke et la dame de service font des sourires de stars et leurs yeux papillonnent avec trois fois trop de cils.

3. – Bonjour ! dit-il, de la guimauve plein la gorge.
   – Bonjour M. Dubrunet ! répond le pensionnat.
   Suave fait un signe discret, lève un doigt pour battre la mesure, et chuchote :
   – Un, deux…
   Aussitôt s'élève un hymne grandiose, bourré de dièses et de bémols. La voix pointue de Marmaduke fait des trilles pour garnir, et la dame de service bat la mesure en frappant dans ses mains. Gloire à M. Dubrunet…
   Mickette n'en revient pas. C'est pas la modestie qui l'étouffe ! Non mais, regardez-le : un paon qui fait la roue !

4. L'expression de Mickette n'échappe pas au « bon tuteur » qui s'approche d'elle et pose la main sur son épaule. Quelle familiarité ! La fillette a un mouvement de recul : « J'aime pas qu'on me touche ! » aboie-t-elle.
   D'indignation, M. Dubrunet manque de s'étouffer. Mais la réaction de Suave est bien pire : ses yeux lancent des éclairs et une espèce de fumée lui sort des oreilles. C'est tout à fait spectaculaire comme colère. Un vent d'épouvante souffle sur le jardin. Les élèves et la mère Marmaduke écarquillent les prunelles en silence, en se demandent ce qui va se passer. Elles n'ont jamais rien vu de semblable.

L'école qui n'existait pas
Gudule

Répondez en français aux questions 1 à 8 et en anglais à la question 9.

1 A cause des zéros récoltés à l'école, où le père de Mickette l'a-t-il envoyée ? **(Section 1)**

2 Comment sont les élèves dans cette école ? **(Section 1)**

3 Selon **la deuxième section** qu'est-ce qui se passe ce jour-là ?

4 Relevez la phrase qui indique ce que M. Dubrunet porte. **(Section 2)**

5 D'après **la troisième section,** que fait la dame de service pendant l'hymne grandiose ?

6 Trouvez dans **la troisième section** un adjectif au masculin singulier.

7 Quelle est la réaction de Suave à l'indignation de Mickette ? **(Section 4)**

8 Comment savons-nous que les élèves ont été surpris par le comportement de Mickette ? **(Section 4)**

9 What evidence is there to suggest that Mickette doesn't fit into her new school? Give **two** points in your answer.

(i)

(ii)

22 Dans cet extrait, deux jeunes garçons se rencontrent pour la première fois.

1. Sur une route, derrière la grille d'un vaste jardin au bout duquel apparaissait la blancheur d'un joli château frappé par le soleil, se tenait un enfant beau et frais, habillé de ces vêtements de campagne si pleins de coquetterie. Le luxe, l'insouciance et le spectacle habituel de la richesse rendent ces enfants-là si jolis qu'on les croirait faits d'une autre pâte que les enfants de la médiocrité ou de la pauvreté. A côté de lui gisait sur l'herbe un joujou splendide, aussi frais que son maître, verni, doré, vêtu d'une robe pourpre, et couvert de plumets et de verroteries.

2. Mais l'enfant ne s'occupait pas de son joujou préféré, et voici ce qu'il regardait : de l'autre côté de la grille, sur la route, entre les chardons et les orties, il y avait un autre enfant sale, chétif, fuligineux, un de ces marmots-parias dont un œil impartial découvrirait la beauté, si, comme l'œil du connaisseur devine une peinture idéale sous un vernis de carrossier, il le nettoyait de la répugnante patine de la misère.

3. A travers ces barreaux symboliques séparant deux mondes, la grande route et le château, l'enfant pauvre montrait à l'enfant riche son propre joujou, que celui-ci examinait avidement comme un objet rare et inconnu. Or ce joujou, que le petit souillon agaçait, agitait et secouait dans une boîte grillée, c'était un rat vivant. Les parents, par économie sans doute, avaient tiré le joujou de la vie elle-même. Et les deux enfants se riaient l'un à l'autre fraternellement, avec des dents d'une égale blancheur.

Joujou Du Pauvre
Charles Baudelaire

Répondez en français aux questions 1 à 7 et en anglais à la question 8.

1 Dans **la première section** que peut-on voir derrière la grille d'un vaste jardin ?

....

2 Comment l'enfant est-il habillé ? **(Section 1)**

....

3 Qu'est-ce que le garçon a près de lui ? **(Section 1)**

....

4 Nommez deux adjectifs trouvés dans **la deuxième section** qui décrivent l'autre enfant que le garçon regardait.

(i) ....

(ii) ....

5 Trouvez dans **la troisième section** ce que l'enfant pauvre montre à l'enfant riche.

....

6 Qu'est-ce qu'il y a dans la boîte grillée ? **(Section 3)**

....

7 Qu'est-ce que les garçons font pour montrer leur fraternité ? **(Section 3)**

....

8 The two boys in this story have very different lives. What evidence is there to suggest this? Give **two** points in your answer.

(i) ....

....

....

....

(ii) ....

....

....

....

23 David est un jeune sans abri mais il a appris comment survivre.

1. David aime bien la nuit. Il n'a pas peur d'elle mais au contraire, il sait qu'il peut se cacher quand elle est là, comme s'il devenait invisible. Dans le supermarché, il y a beaucoup de lumières. Les gens vont et viennent avec leurs chariots de métal. David sait comment il doit faire. C'est son ami Lucas qui le lui a dit la première fois. Il faut choisir des gens avec qui on va entrer, bien choisir des gens qui ont l'air convenable, avec un jeune enfant peut-être. Le mieux, c'est les grands parents qui poussent un chariot avec un bébé dedans. Ils marchent lentement et ils ne font pas attention à ce qui les entoure, alors on peut entrer avec eux, et faire comme si on était avec eux, tantôt devant, tantôt derrière.

2. David attend un peu dans un coin du parking. Il voit une grande voiture noire s'arrêter d'où sortent un homme et une femme accompagnés de leurs cinq enfants. David les suit, de loin d'abord, puis il entre avec eux à l'intérieur du supermarché. Il est si près d'eux qu'il les entend parler, il écoute tout ce qu'ils disent. Les enfants vont par groupes de deux : ils se réunissent, ils courent, ils reviennent, ils entourent même David mais sans le voir, comme s'il était une ombre. Ils entraînent leurs parents vers la pâtisserie et David en profite pour prendre un pain qu'il mange sans se presser, tranche après tranche.

3. En passant devant le rayon des biscuits, il choisit un paquet de galettes au fromage et il commence à les grignoter. Mais elles sont trop salées et elles lui donnent soif. Alors il repose le paquet entamé et il prend une boîte de biscuits à la figue qu'il aime bien. Puis, sans se cacher, il sort du supermarché en passant entre les caisses et il va finir une pomme dehors, en regardant la nuit. Tout d'un coup, David voit quelqu'un qui lui regarde. C'est un homme grand et fort, au visage brutal, qui est sorti du supermarché par une porte de service et qui a marché sans bruit sur la chaussée derrière David. Mais ce n'est pas un gardien, ni un policier. Le cœur de David se met à battre très fort mais la peur l'empêche de bouger.

David
Jean-Marie-Gustave Le Clézio

Répondez en français aux questions 1 à 8 et en anglais à la question 9.

1 Selon **la première section** pourquoi est-ce que David n'a pas peur de la nuit ?

2 Trouvez l'expression qui montre pourquoi son ami Lucas a dit que les grands parents sont ce qu'il y a de mieux pour entrer dans le supermarché. **(Section 1)**

3 Identifiez un adverbe dans **la première section.**

4 Comment savons-nous que David est très proche de la famille dans **la deuxième section** ?

5 Relevez le mot qui décrit David dans la deuxième section. **(Section 2)**

6 Pourquoi est-ce que David a décidé de reposer le paquet de galettes au fromage ? **(Section 3)**

7 Comment est-ce que David décrit l'homme qui le regarde ? **(Section 3)**

8 Citez la raison pour laquelle David ne bouge pas dans **la troisième section.**

9 Because he lives on the streets, David faces challenges that other children don't have to. Referring to the passage above, outline any **two** challenges.

(i)

(ii)

24 Benjamin Button est né vieillard, une honte pour ses parents et un vrai scandale pour l'hôpital. Il parcourt en sens inverse le cycle de la vie humaine pour s'éteindre, bébé, au terme de soixante-dix années riches en événements…

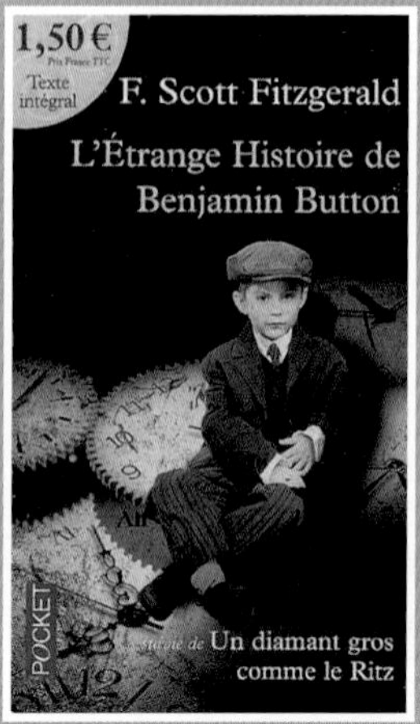

1. En 1880, Benjamin Button eut vingt ans et il célébra son anniversaire en allant travailler avec son père pour Roger Button et Cie, grossiste en quincaillerie. C'est aussi cette année-là qu'il se mit à « sortir. » En insistant, son père parvint à l'emmener dans quelques soirées chic. Roger Button avait à présent cinquante ans, et lui et son fils avaient de plus en plus d'affinités. En fait, depuis que Benjamin avait cessé de se teindre les cheveux (qui étaient encore grisonnants), ils paraissaient avoir le même âge et auraient pu passer pour des frères.

2. Un soir du mois d'août, ils grimpèrent dans le phaéton vêtus de leurs plus beaux atours, et se rendirent à une soirée dansante organisée dans la maison de campagne des Shevlin, située juste à l'extérieur de Baltimore. Il faisait un temps magnifique. « Le textile est une branche qui a de l'avenir », dit Roger Button. Ce n'était pas un intellectuel ; son sens du beau était rudimentaire. « Quand on est vieux comme moi, on n'arrive plus à s'adapter » remarqua-t-il avec sagacité. « Vous, les jeunes qui débordez d'énergie et de vitalité, vous avez tout l'avenir devant vous. »

3. Ils s'arrêtèrent derrière une voiture garée devant la porte pour déposer ses passagers. Une dame en descendit, suivit d'un vieux monsieur et d'une autre jeune femme, belle comme un ange. Benjamin reçut un choc, le sang lui monta aux joues et au front, et il sentit battre ses tempes. C'était son premier amour. Elle avait les épaules recouvertes d'une mantille espagnole jaune pâle à bordures noires et ses pieds ressemblaient à des boutons qui brillaient sous l'ourlet de sa robe à crinoline. Roger Button se pencha vers son fils et lui dit : « C'est la jeune Hildegarde Moncrief, la fille du général Moncrief. »

L'étrange histoire de Benjamin Button.
Scott Fitzgerald
Traduction par Dominique Lescanne.

Répondez en français aux questions 1 à 7 et en anglais à la question 8.

1 Qu'est-ce que Benjamin a fait pour célébrer son anniversaire en 1880 ? **(Section 1)**

....

2 Roger Button avait quel âge ? **(Section 1)**

....

3 Qu'est-ce que Benjamin a cessé de faire ? **(Section 1)**

....

4 Trouvez dans **la deuxième section** la phrase qui indique ce que les hommes portaient à la soirée dans la maison de campagne des Shevlin.

....

5 Nommez **deux** qualités que Roger mentionne au sujet des jeunes dans **la deuxième section.**

(i) ....

(ii) ....

6 Trouvez dans **la troisième section** un adjectif au masculin singulier.

....

7 Citez la phrase qui indique comment Benjamin a su que c'était son premier amour. **(Section 3)**

....

8 Benjamin Button appeared to be a normal and happy young man. What evidence is there to support this claim? Give **two** reasons.

(i) ....

....

....

....

(ii) ....

....

....

....

25 **'Cabot', c'est un autre nom pour dire chien. Il y en a un tas d'autres et Le Chien les connaît tous. Il est têtu, Le Chien, et il sait ce qu'il veut mais réussira-t-il à apprivoiser Pomme, la petite fille qui l'a choisi ?**

1. Le lendemain, en effet, on vint chercher le Nasillard. Une dizaine de maîtres se le disputèrent. Les uns prétendaient qu'ils étaient arrivés les premiers. Les autres affirmaient que c'était eux. Tout juste s'ils ne se tapèrent pas dessus. Puis, ce fut de nouveau le silence. Et l'attente. Le Laineux et Le Chien étaient dans la cage du troisième jour. Ils y restèrent toute la journée. Le soleil se coucha sur leurs espoirs perdus.

2. – C'est le moment de se montrer courageux, dit Le Laineux.
   – Oui, fit Le Chien et il se pressa un peu contre l'épaisse fourrure bouclée. La porte s'ouvrit.
   Ça y est, dit Le Laineux.
   – Oui, fit Le Chien. Et il enfouit complètement sa tête dans la fourrure de son ami.
   – Du courage, gronda doucement Le Laineux. Relève la tête. Quand tout est fichu, il y a encore le courage.
   Le Chien releva la tête. Il était assis entre les pattes du Laineux. Tous les deux regardaient fixement la porte grande ouverte sur le coucher de soleil sanglant.

3. Mais ce ne fut pas le camion noir qui entra. Ce fut autre chose. Trois personnes. Une espèce de grand type en short, rouge comme une écrevisse et l'air furieux. Une dame toute maigre, un chapeau à fleurs sur la tête, blanche comme un navet et l'air furieux. Entre les deux, la chose la plus extraordinaire que Le Chien eut jamais vue : une toute petite fille… mais toute petite, alors. Avec des cheveux roux, raides comme des baguettes, qui lui faisaient comme un soleil autour de la tête. Deux minuscules poings serrés. Et une immense bouche ouverte qui hurlait : JE VEUX UN CHIEN. Derrières les trois visiteurs se tenaient le directeur de la fourrière, l'air humain.

4. – Qu'est-ce que c'est encore que ça ? gronda Le Laineux.
   La réponse jaillit d'un seul coup, de toutes les cages à la fois :
   – Des touristes !
   A ce seul mot de « touristes », la fourrière tout entière fut prise d'une rage incroyable. « Dehors, les touristes ! Sortez ! C'est à cause de vous qu'on est là ! L'arrêt municipal du 1er juillet, c'est vous ! Le touriste, c'est la mort du chien ! »

Cabot-Caboche
Daniel Pennac et Miles Hyman

Répondez en français aux questions 1 à 8 et en anglais à la question 9.

1 Trouvez dans la première section un verbe à l'infinitif.

2 Depuis combien de temps Le Laineux et Le Chien étaient-ils emprisonnés ? **(Section 1)**

3 Dans **la deuxième section**, relevez la phrase qui montre ce qui reste encore, selon Le Laineux, même quand tout est fichu.

4 Qu'est-ce que les animaux s'attendaient à voir entrer ? **(Section 3)**

5 Nommez un adjectif au masculin pluriel dans **la troisième section.**

6 Trouvez l'expression qui désigne la chose la plus extraordinaire que le Chien ait jamais vue. **(Section 3)**

7 Trouvez dans **la troisième section** ce que la petite fille vient chercher ?

8 Relevez l'expression qui montre ce qui s'est passé dans la fourrière quand le mot « touristes » a été prononcé. **(Section 4)**

9 How do we know that life for these animals is not as it used to be? Give **two** points in your answer.

(i)

(ii)

26 Amédée rencontre un homme étrange au bord du lac Daumesnil.

1. Je m'appelle Amédée, et Clodo, c'est mon ami. Pourtant il est crasseux. Au début, je trouvais qu'il sentait salement la chaussette. Et encore, en plein air les odeurs s'évaporent. Mais comme il dit : « La crasse, c'est le costard du pauvre… » Surtout, n'allez pas croire qu'il aime avoir la peau qui pue, Clodo. Au début de l'hiver un dimanche matin, sans doute à cause du silence total, je m'étais levé à six heures. Il neigeait. J'ai enfilé mon anorak et je suis sorti comme un fou : être le premier à faire des traces dans la neige, je trouvais ça génial.

2. Je n'ai qu'à traverser la rue pour atteindre le bois de Vincennes et me voici au bord du lac Daumesnil. J'ai sursauté quand j'ai regardé devant moi. Accroupi, torse nu, un homme se débarbouillait au bord du lac. J'ai cru qu'il était fou. Pour se peigner, il devait employer des explosifs : ses cheveux se dressaient sur sa tête et sa barbe un peu rousse lui mangeait le visage. Il s'est essuyé très vite avec sa chemise à carreaux et il a enfilé d'un coup son pull-over à col roulé directement sur un tee-shirt plutôt gris. « N'aie pas peur » il a dit. Et il m'a fait un sourire. Je le lui ai rendu. Enfin, j'ai essayé. Il a dû voir une grimace tellement j'avais les lèvres gelées de trouille.

3. « Tu vois, il a dit en montrant le lac, c'est ma baignoire. Elle est grande hein ? Évidemment, j'ai pas l'eau chaude. »
« Pourquoi tu te laves pas chez toi ? »
– Pas de chez moi.
– T'es à l'hôtel ? Combien d'étoiles ?
– Un hôtel particulier en plastique et en carton.
Quant aux étoiles, j'en ai des milliards, il m'a dit en montrant le ciel. En cette saison, remarque, c'est plutôt un hôtel mille flocons.
– T'as ta maison sur ton dos, comme les escargots…
– Comme les clodos.
– T'as pas d'enfants ?
Je n'aurais jamais dû lui demander. Il s'est fermé. Une huître. Sauf que les huîtres ne font pas les yeux tristes…
Plus tard, quand on est vraiment devenus copains, j'ai appris qu'il avait laissé un garçon de mon âge dans le Nord.
– Allons, il a dit, ne restons pas plantés à geler. Dis voir, champion, comment tu t'appelles ?
– Amédée, Amédée Petipotage.

Gare au Carnage, Amédée Petipotage
Jean-Loup Craipeau et Jean-François Martin

Répondez en français aux questions 1 à 8 et en anglais à la question 9.

1 D'après **la première section,** comment est-ce qu'Amédée trouvait son ami Clodo, au début ?

2 Trouvez l'expression qui indique pourquoi Amédée est sorti quand il neigeait. **(Section 1)**

3 Selon **la deuxième section,** pourquoi est-ce qu'Amédée a sursauté quand il a regardé devant lui ?

4 Comment est-ce qu'Amédée décrit l'homme ? **(Section 2)**

5 Relevez la phrase qui montre qu'Amédée a froid. **(Section 2)**

6 Trouvez un verbe au passé composé dans **la troisième section**.

7 Dans **la troisième section**, qu'est-ce que l'homme dit que le lac est, pour lui ?

8 Cet homme a-t-il des enfants ? **(Section 3)**

9 Do you think that life may have been difficult for the man that Amédée met? Give **two** points in support of your answer.

(i)

(ii)

27 Deux jeunes garçons cherchent de l'inspiration pour une rédaction.

1. Sur le chemin, Stéphane m'a raconté un truc pas possible. Il connaît une monitrice d'auto-école et dimanche, elle lui a fait conduire à lui tout seul son auto bleue à rayures blanches. Une Super Cinq. Soixante kilomètres ! Débrayage, démarrage, première, accélération, deuxième, troisième, et même quatrième, il avait goûté à tout ! Il allait jusqu'à 70 km à l'heure ! Au début, il frôlait les arbres, il avait deux roues dans le fossé et l'auto toussait. Sa petit sœur derrière, elle fermait les yeux, elle se bouchait les oreilles et elle disait : « On est fichu ! »

2. Il a même foncé droit sur un troupeau de gens qui sortaient de la messe. Mais à la fin, le miracle, sa sœur criait même plus, il conduisait de A à Z, tournants compris. Il savait. Ça m'a ébouriffé.
J'ai dit :
– Le voilà, ton sujet de rédac !
– Mon quoi ?
– Ton sujet de rédac ! Une monitrice d'auto-école Super Cinq ! Et, si tu permets, je prends le même sujet, mais je fais : un moniteur d'auto-école Clio ! Comme ça, la prof ne verra pas qu'on a pompé !...
J'ai senti que Stéphane n'était pas content que je lui pique son sujet en or. Il a répondu « D'accord » d'un ton lugubre.

3. Au bout d'un moment, il a ajouté :
– Mais, on n'aura rien à mettre parce que je vais te dire, hein, la monitrice, à part qu'elle était assise à côté de moi et qu'elle me disait tout le temps : « Enroule ton virage ! », « Débraie, bon sang »,
« Plus lentement Stéphane, j'ai dit, freine, freine !!' ».... À part ça... Eh bien.
– Eh bien ?...
– Eh bien, que dalle...
Alors, j'ai tristement décidé de garder ma fermière. On a baissé la tête, comme des forçats qui traînent leur boulet. Sans le faire exprès, j'avais collé l'idée de la rédac à Stéphane...Ça a duré jusqu'à Carrefour.

La Rédac
Évelyne Reberg
Claude et Denise Millet

Répondez en français aux questions 1 à 8 et en anglais à la question 9.

1 Selon **la première section**, qui est-ce que Stéphane connaît ?

2 Comment est-ce qu'il conduisait au début ? **(Section 1)**

3 D'après **la première section**, que faisait la sœur de Stéphane quand il conduisait ?

4 Dans **la deuxième section**, d'où vient le troupeau de gens ?

5 Dans **la deuxième section**, relevez la phrase qui indique que Stéphane n'est pas content de son ami ?

6 Trouvez les mots qui suggèrent que Stéphane conduit trop vite. **(Section 3)**

7 Identifiez un adverbe à **la troisième section**.

8 Trouvez un verbe au passé composé. **(Section 3)**

9 What evidence is there to suggest that Stéphane wasn't a very experienced driver? Give **two** points.

(i)

(ii)

28 Au Moyen Âge, seuls les seigneurs avaient le droit de dresser des faucons pour la chasse. Martin, un paysan, enfreint la loi : il recueille un jeune faucon tombé du nid.

1. Le garçon se réveilla aux premières lueurs de l'aube qui pénétraient à travers le volet mal rabattu. Il se redressa sur un coude et inspecta la pénombre. Autour de lui, toute la famille dormait, couchée sur des grabats. Près du foyer aux tisons étouffés sous la cendre, le père ronflait, tourné vers les murs. La mère, étendue sur le côté, semblait se reposer à peine un instant, entre deux travaux. Dans les autres coins, les frères sommeillaient, les plus jeunes dans des paniers, les aînés sur une jonchée de paille.

2. Seule une poule s'agitait sous la table et grattait le sol à la recherche d'un grain de blé qu'elle n'avait aucune chance de trouver. Dans la maison de Brichot le bûcheron, un grain de blé était un grain de blé. On se serait baissé trois fois pour le ramasser plutôt que de le laisser se perdre. Aucun bruit ne venait du dehors. Les chaumières étaient encore fermées à cette heure matinale. Martin quitta sa paillasse et traversa la salle sur la pointe des pieds. Le regard fixé sur ses parents dont il guettait le moindre signe de réveil, il retenait son souffle pour se faire plus silencieux. Il allait sortir, il avait déjà ouvert la vielle porte de bois noirci quand une voix l'appela de l'intérieur.

3. – Martin !
   – Oui, mère.
   – N'y va pas !
   La femme s'était levée. Elle rejoint son fils, toute maigre dans sa camisole de toile bise qui tombait sur ses pieds nus.
   – Tu le sais bien. Ne parlons pas de cela. On pourrait nous entendre et nous en aurions du malheur, dit-elle à voix plus basse.
   – Mais…
   – Tais-toi ! C'est interdit aux manants. Pense à ton père, Martin, à tes frères. Notre seigneur est bon – que Dieu l'ait en sa sainte garde – mais cela, il ne le pardonnerait pas.
   – Mère, je vais les voir, simplement. Rien que les voir.
   Martin ne semblait pas sûr de tenir sa promesse. Il partit en courant. Sa mère le regarda s'éloigner, puis elle rentra et ne se recoucha pas.

Le Faucon Déniché
Jean-Côme Noguès et Guillaume Renon

Répondez en français aux questions 1 à 8 et en anglais à la question 9.

1 Dans **la première section** que fait le père de Martin ?

....

2 Selon **la première section**, où dorment les plus jeunes ?

....

3 Trouvez un verbe à l'infinitif dans **la deuxième section.**

....

4 Relevez la phrase qui indique pourquoi le garçon avait son regard fixé sur ses parents. **(Section 2)**

....

5 Quelle est la description de la mère dans **la troisième section** ?

....

6 Trouvez le mot qui veut dire *paysans*. **(Section 3)**

....

7 Qu'est-ce que Martin prétend vouloir faire ? **(Section 3)**

....

8 Comment savons-nous que la mère s'inquiète une fois que Martin est parti ? **(Section 3)**

....

9 What evidence is there to suggest that Martin did everything possible to sneak out of the house unnoticed? Give **two** points.

(i) ....

....

....

....

....

(ii) ....

....

....

....

....

29 Dutilleul de Montmartre reçoit un pouvoir extraordinaire.

1. Il y avait à Montmartre, au troisième étage du 75 *bis* de la rue d'Orchampt, un excellent homme nommé Dutilleul qui possédait le don singulier de passer à travers les murs sans en être incommodé. Il portait un binocle, une petite barbiche noire et il était employé de troisième classe au Ministère de l'Enregistrement. En hiver, il se rendait à son bureau par l'autobus et à la belle saison, il faisait le trajet à pied, sous son chapeau melon.

2. Dutilleul venait d'entrer dans sa quarante-troisième année lorsqu'il eut la révélation de son pouvoir. Un soir, une courte panne d'électricité l'ayant surpris dans le vestibule de son petit appartement de célibataire, il tâtonna un moment dans les ténèbres et, le courant revenu, se trouva sur le palier du troisième étage. Comme sa porte d'entrée était fermée à clé de l'intérieur, il se décida à rentrer chez lui comme il en était sorti, en passant à travers la muraille.

3. Cette étrange faculté qui semblait ne répondre à aucune de ses aspirations, ne laissa pas de le contrarier un peu et, le lendemain samedi, profitant de la semaine anglaise, il alla trouver un médecin du quartier pour lui exposer son cas. Le docteur put se convaincre qu'il disait vrai et, après examen, découvrit la cause du mal. Il prescrivit le surmenage intensif et, a raison de deux cachets par an, l'absorption de poudre de pirette tétravalente, mélange de farine de riz et d'hormone de centaure.

4. Au bout d'un an, il avait gardé intacte la faculté de passer à travers les murs mais il ne l'utilisait jamais, sinon par inadvertance, étant peu curieux d'aventures et rétif aux entraînements de l'imagination. L'idée ne lui venait même pas de rentrer chez lui autrement que par la porte. Peut-être eut-il vieilli dans la paix de ses habitudes, si un évènement extraordinaire n'était venu soudain bouleverser son existence.

Le Passe-Muraille
Marcel Aymé

Répondez en Français aux questions 1 à 8 et en anglais à la question 9.

1 D'après **la première section** quel don singulier possède Dutilleul ?

2 Que fait-il comme travail ? **(Section 1)**

3 Comment est-ce que Dutilleul se rend à son bureau à la belle saison ? **(Section 1)**

4 Selon **la deuxième section**, quel âge a Dutilleul lorsqu'il découvre son pouvoir ?

5 Où est-ce-que Dutilleul se trouvait quand le courant est revenu ? **(Section 2)**

6 Selon **la troisième section,** qu'est-ce qu'il fait dès le lendemain samedi ?

7 Trouvez le mot qui veut dire *la vérité*. **(Section 3)**

8 Qu'est-ce que le médecin prescrit à Dutilleul ? **(Section 3)**

9 What evidence is there to suggest that Dutilleul's power had little effect on his life in general? Give **two** points.

(i)

(ii)

30 Le narrateur reçoit un coup de téléphone personnel au bureau...

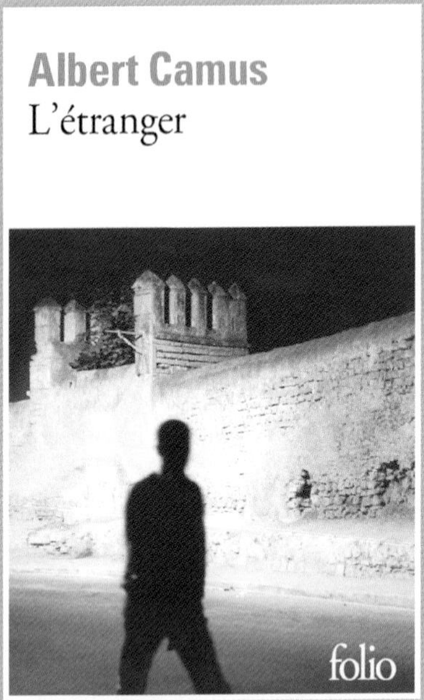

1. Raymond m'a téléphoné au bureau. Il m'a dit qu'un de ses amis (il lui avait parlé de moi) m'invitait à passer la journée de dimanche dans son cabanon, près d'Alger. J'ai répondu au début que je voulais bien mais que j'avais promis ma journée à une amie. Raymond m'a tout de suite déclaré qu'il l'invitait aussi. La femme de son ami serait très contente de ne pas être seule au milieu d'un groupe d'hommes.

2. J'ai voulu raccrocher tout de suite parce que je sais que le patron n'aime pas qu'on nous téléphone de la ville. Mais Raymond m'a demandé d'attendre et il m'a dit qu'il aurait pu me transmettre cette invitation le soir, mais il voulait m'avertir d'autre chose. Il avait été suivi toute la journée par un groupe d'Arabes parmi lesquels se trouvait le frère de son ancienne maîtresse. « Si tu le vois près de la maison ce soir en rentrant, avertis moi. » J'ai dit que c'était entendu.

3. Peu après, le patron m'a fait appeler et, sur le moment, j'ai été ennuyé parce que j'ai pensé qu'il allait me dire de moins téléphoner et de mieux travailler. Ce n'était pas cela du tout. Il m'a déclaré qu'il allait me parler d'un projet encore très vague. Il voulait seulement avoir mon avis sur la question. Il avait l'intention d'installer un bureau à Paris qui traiterait ses affaires sur la place, et directement, avec les grandes compagnies, et il voulait savoir si j'étais disposé à y aller.

4. Cela me permettrait de vivre à Paris et aussi de voyager une partie de l'année. « Vous êtes jeune, et il me semble que c'est une vie qui doit vous plaire. » J'ai dit que oui mais que dans le fond cela m'était égal. Il m'a demandé alors si je n'étais pas intéressé par un changement de vie. J'ai répondu qu'on ne changeait jamais de vie, qu'en tout cas toutes se valaient et que la mienne ici ne me déplaisait pas du tout. Il a eu l'air mécontent, m'a dit que je répondais toujours à côté, que je n'avais pas d'ambition et cela était désastreux dans les affaires. Je suis retourné travailler alors. J'aurais préféré ne pas *le* mécontenter, mais je ne voyais pas de raison pour changer ma vie. En y réfléchissant bien, je n'étais pas malheureux. Quand j'étais étudiant, j'avais beaucoup ambitions de ce genre. Mais quand j'ai dû abandonner mes études, j'ai très vite compris que tout cela était sans importance réelle.

L'Étranger
Albert Camus

Répondez en français aux questions 1 à 8 et en anglais à la question 9.

1 Dans **la première section,** où est-ce que l'ami de Raymond invite le narrateur à passer le dimanche ?

....

2 Pourquoi est-ce que le narrateur dit, au début, qu'il ne peut pas y'aller ? **(Section 1)**

....

3 Trouvez la phrase qui indique pourquoi le narrateur a voulu raccrocher le téléphone tout de suite. **(Section 2)**

....

4 Selon **la deuxième section,** qui a suivi Raymond toute la journée ?

....

5 Dans **la troisième section,** trouvez ce que le narrateur a pensé que son patron allait lui dire.

....

6 Relevez la phrase qui indique ce que son patron a l'intention de faire. **(Section 3)**

....

7 Qu'est-ce que la vie à Paris permettrait au narrateur de faire ? **(Section 4)**

....

8 Pour le pronom en italique (le), trouvez la personne auquel il se réfère. **(Section 4)**

....

9 How do we know that the news about Paris did not particularly excite the narrator? Give **two** points.

(i) ....

....

....

....

(ii) ....

....

....

....

Vocabulary list

French	English	Text
à travers le monde (phr)	worldwide	2
ajouter (v)	add	14
assiette (n f)	plate	9
avertir (v)	warn/avert	30
banlieue (n f)	suburb	12
barbiche (n f)	goatee beard	29
beaux atours (n m pl)	finery	17
billet d'avion (n m)	airline ticket	1
bouger (v)	move	23
cachet (n m)	tablet	29
caisse (n f)	till/checkout	12
cascadeur (n m)	stuntman	6
casque (n m)	helmet	11
ceinture (n f)	belt	11
cendre (n f)	ash	13
chaîne de montre (n f)	watch chain	21
champ (n m)	field	20
chardon (n m)	thistle	22
chef-d'œuvre (n m)	masterpiece	16
chuchoter (v)	whisper	21
coude (n m)	elbow	28
coudières (n f pl)	elbow pads	11
d'abord (adv)	firstly	15
dans la plupart des cas (phr)	in most cases	7
déballer (v)	unpack	9
écrevisse (n f)	crawfish	25
enregistrement (n m)	recording	14
épater (v)	impress	18
espoir (n m)	hope	25
étude (n f)	study	9
faire la queue (phr)	queue up	12
faucon (n m)	falcon	28
fossé (n m)	ditch	27
freiner (v)	brake	27
galettes au fromage (n f pl)	cheese biscuits	23
gaspillage alimentaire (n m)	food waste	9
genouillères (n f pl)	knee pads	11
grabat (n m)	hard mattress	28
grain de blé (n m)	grain of wheat	28
grève de la faim (n f)	hunger strike	15
haie (n f)	hedge	20
harnais (n m)	harness	11
humoriste (n m)	comedian	5
île (n f)	island	13
inondation (n f)	flood	7
investisseur (n m)	investor	17
joujou (n m)	toy	22
laisse (n f)	leash	11
langue maternelle (n f)	first language	14
longe (n f)	tether	11
loup (n m)	wolf	19
lumineuse (adj)	bright	14
magie (n f)	magic	18

French	English	Text
malentendu (n m)	misunderstanding	16
manant (n m)	peasant	28
marmonner (v)	mumble	20
messe (n f)	mass	27
milliard (n m)	billion	17
monitrice d'auto-école (n f)	driving-school instructor	27
navette spatiale (n f)	space shuttle	3
nettoyer (v)	clean	13
ortie (n f)	nettle	22
panne d'électricité (n f)	power cut	29
paon (n m)	peacock	21
patron (n m)	boss	30
pauvre (adj)	poor	1
pauvreté (n f)	poverty	22
plumet (n m)	ornamental feather	22
poubelle (n f)	bin	9
quartier chinois (n m)	Chinatown	5
raccrocher (v)	hang up (the phone)	30
rédac (n f)	assignment/task	27
réfugié(e) (n m/f)	refugee	7
renard (n m)	fox	19
rester planté là à geler (phr)	stay standing, freezing like a fool	26
roman policier (n m)	detective/mystery novel	15
ronchon (adj)	grumpy	15
sale (adj)	dirty	22
salé (adj)	salty	23
sang (n m)	blood	17
se cacher (v)	hide (oneself)	23
se moquer (v)	mock	30
se teindre les cheveux (v)	dye (hair)	24
sol (n m)	ground/soil	28
somnolent (adj)	drowsy	20
souvenir (n m)	memory	19
succès planétaire (n m)	worldwide success	10
sur la pointe des pieds (phr)	on tiptoe	28
sursauter (v)	jump (in surprise)	26
tiers (n m)	one third	7
tranquille (adj)	peaceful	13
troupeau (n m)	flock	27
vague (n f)	wave	8
vedette (n m/f)	(movie) star	12
verroteries (n f pl)	beads	22

Written expression

Learning outcomes

How to approach:
- Cloze tests
- Forms
- Messages
- Postcards
- Diary entries
- Formal letters

Learning relevant topic vocabulary
Tips to help you through the exam

Expression écrite

Overview of the reading and writing paper

Section		Marks	Percentage
Section 1	Two English Comprehension Questions	80	20%
	Two French Comprehension Questions	80	20%
Section 2A	Cloze Test	30	15%
	Form filling	30	
Section 2B	Writing a message	30	
	Writing a postcard	30	
Section 2C	Writing a diary entry	30	
	Writing a formal letter	30	

Cloze Test

Task

- In this option you must complete ten gaps in an informal letter with the words provided at the beginning of the text.
- Three marks are awarded for each correct answer.
- You must spell each word correctly, so make sure you don't copy the words wrongly.

Method

- Read the whole letter through from beginning to end to get an idea of the whole text.
- Look carefully at the words before and after each space and try to get a grasp of the sentence before filling in the gap.
- Fill in the words you are certain about first and leave the more difficult gaps to last.
- Do not cross off the words as you begin to fill your blanks as you may change your mind about the positioning of the words as you progress through the exercise, and you do not want to risk misspelling the words, which may happen if you cannot see them properly.
- Circle the words as you use them.
- If you are unsure about where to place a word, make an intelligent guess after you've looked for clues in the sentence. Remember that one incorrect answer actually means that two words are positioned incorrectly and this mistake will cost you six marks.
- Finally, re-read the completed letter to ensure that it makes sense.

Tips

- Several words like *pas, en, de, suis, ma* among others are repeated frequently so fill in these ones first.
- Watch out for the differences between *J'ai* and *Je* when a space follows. If *J'ai* is used, you should look for a regular verb with a past participle.
- If you see *nous* followed by a space, you need to look for either a plural verb in the present tense, or if another verb follows the space after *nous*, you should look for either *avons* or *sommes* to complete a past tense sentence.
- Remember that regular verbs (verbs conjugated using *avoir*) do not have the agreements (extra *-e* for feminine, *-es* for feminine plural and *-s* for masculine plural) and that irregular verbs (verbs conjugated using *être*) have.
- Don't forget that reflexive verbs (verbs with *se* before them) are also conjugated using *être*.
- If an apostrophe is followed by a space, a vowel will follow, for example, *J'apprends le français depuis cinq ans,* or a silent h will follow, for example, *J'habite en France.*
- *Pouvoir, vouloir* and *devoir* are some of the verbs regularly used in cloze tests. Remember that they are auxiliary verbs and are followed by an infinitive. For example, *Je dois faire la lessive.*
- Watch out for distractions in the structures with which you are familiar. Instead of *J'ai visité*, you may see *J'ai déjà visité* or instead of *Tu as demandé*, you may see *Tu m'as demandé.*
- Learn standard phrases such as *Je viens de* (+infinitive), which means to have just done something.
- Little words like *de* or *en/à* can be tricky, so become familiar with them. Remember that when you are saying that you are going to a town/city, you use *à*: *Je vais à Dublin le week-end.* and when you are saying that you are going to a feminine country, you say *Je vais en France.*
- Look out for any clues given in the sentences. Often structures are repeated within the same sentence to guide the student to the correct answer. For example, *Il y a beaucoup à faire et à voir*. If *voir* is the missing word, you can see in the first part of the sentence, that *à* is followed by an infinitive so the same is therefore true for the gap.
- Learn tense rules and endings.

Cloze Test
Practice questions

1 Complétez la lettre ci-dessous en écrivant les mots suivants dans les espaces appropriés. (N.B. Cette liste n'est pas dans le bon ordre.)

père irons lui français invité veux remercier nouvelles parents la

Navan, le 15 mai

Cher Guillaume,

Je voulais te .... pour ton accueil pendant mon séjour chez toi et ta famille. J'ai adoré : la nourriture et la musique françaises, ... plage, la pêche, les randonnées à pied, à vélo et à cheval. Tout était parfait. Ta maman est une fine cuisinière et ton .... est très drôle.

Tu es .... chez moi l'année prochaine, tu peux rester deux semaines si tu .... Je te présenterai à tous mes amis. Nous .... voir de beaux sites historiques avec mes .... et tu découvriras Dublin. Tu vas les adorer.

Mon professeur de .... parle très bien le français. J'aime beaucoup parler français avec .... après les cours.

Merci pour tout. N'oublie pas de me donner des .... Vivement l'été prochain.

Bises

Marie

2 Complétez la lettre ci-dessous en écrivant les mots suivants dans les espaces appropriés. (N.B. Cette liste n'est pas dans le bon ordre.)

hâte écrit mais ta peux faire demandé tes matière beaucoup

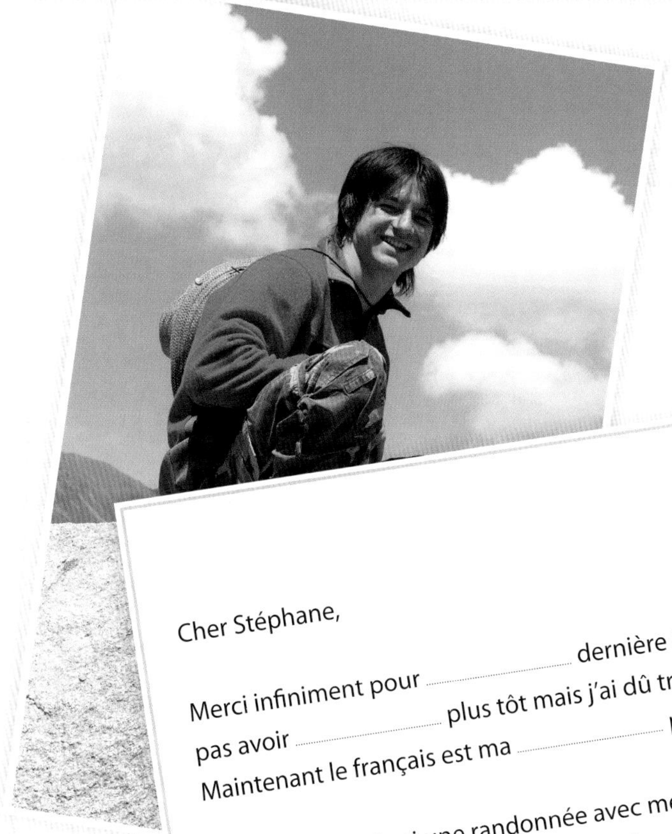

Dublin, le 2 juillet

Cher Stéphane,

Merci infiniment pour .... dernière lettre. Je suis désolé de ne pas avoir .... plus tôt mais j'ai dû travailler pour mes examens. Maintenant le français est ma .... préférée, grâce à toi.

Ce weekend je ferai une randonnée avec mes amis. Et toi ? Qu'est-ce-que tu vas .... ? Aussi, as-tu des plans pour cet été ? Pars-tu en Italie cette année ou bien est-ce que tu vas travailler ? Mes parents t'embrassent. Ils ont .... de tes nouvelles. Ma mère s'est cassé la cheville en descendant l'escalier .... elle va bien.

Mon père, comme tu le sais, est à la retraite et il jardine et lit .... maintenant qu'il a le temps.

J'ai .... d'avoir de .... nouvelles.

Écris moi dès que tu ....

Mark

3 Complétez la lettre ci-dessous en écrivant les mots suivants dans les espaces appropriés. (N.B. Cette liste n'est pas dans le bon ordre.)

même vas belles autres progresse avons sont voir est musées

Nantes, le 17 juin

Chère Carole,

J'espère que tu .... bien. Le voyage jusqu'en France s'est très bien passé. J'espère que c'est la .... chose pour toi. Ma famille d'accueil .... géniale.

Ils m'emmènent voir les .... , des films français au cinéma et des plages qui sont très .... Hier, nous .... fait les magasins et ils m'ont acheté une super jolie robe, ils .... très généreux.

Les professeurs à l'école sont stricts mais je sens que je .... vite en français grâce aux .... élèves qui m'aident beaucoup. Dis bonjour de ma part à Marc. J'espère pouvoir venir te .... bientôt.

Je t'embrasse,

Caroline

4 Complétez la lettre ci-dessous en écrivant les mots suivants dans les espaces appropriés. (N.B. Cette liste n'est pas dans le bon ordre.)

chercherai fait deux moi bac que nous difficile l' étudier

Drogheda, le 24 janvier

Cher Didier,

Nous avons eu .... semaines de vacances à Noël et j'en ai profité pour me détendre en famille. Nous avons bien mangé et prendre du repos était formidable. J'ai fait les magasins début janvier et comme prévu, j'ai acheté pas mal de choses. Et toi, qu'est-ce-que tu as .... ? J'espère .... tu t'es bien amusé.

Malheureusement je dois passer mon .... au mois de juin alors je dois passer une bonne partie du temps à .... dès que je rentre de l'école. J'adore l'anglais et .... allemand mais je suis nul en commerce. Je trouve ça très .... Est-ce que tu as un petit boulot pour l'été ? Je .... un petit boulot après mes examens. J'espère te rendre visite au mois d'août. Que ferons-.................... cette année ?

Ecris-.................... pour me le dire.

Amitiés,

Cillian

5 Complétez la lettre ci-dessous en écrivant les mots suivants dans les espaces appropriés. (N.B. Cette liste n'est pas dans le bon ordre.)

fois passer prochaine reçue pas mer avec irai pensé regarderas

Dingle, le 3 juin

Cher Richard,

Merci de ta lettre que j'ai .... il y a trois semaines. Je m'excuse de ne pas avoir écrit plus tôt mais j'étais en train de .... mes examens. Je suis ravi maintenant qu'ils sont finis.

J' .... à l'étranger en vacances avec ma famille dans cinq jours, j'attends ça .... impatience. Mon meilleur ami Cathal vient aussi avec nous. Comme moi, il est membre de l'équipe de rugby de l'école et il n'est jamais allé en Espagne. Cette année sera la troisième .... pour moi.

Tu .... les matchs de tennis de Roland Garros cette année ? Tu n'as .... quitté la télé l'année dernière, tu te souviens ?

Eh bien, as-tu .... aux vacances ? Je suppose que tu passeras tes vacances au bord de la .... chez ta grand-mère comme l'été dernier ? Dans ta .... lettre raconte-moi ce que tu fais. Je guette le courrier.

Amitiés,

Paul

6 Complétez la lettre ci-dessous en écrivant les mots suivants dans les espaces appropriés. (N.B. Cette liste n'est pas dans le bon ordre.)

va prévu toute visiter restons épuisé était irons ennuyeux choses

Nantes, le 8 juin

Cher Grant,

Me voici à Nantes avec ma famille et je suis vraiment .... après le voyage jusqu'ici. Nous .... dans un bel hôtel dans le centre-ville où il y a plein de .... à faire. C'est une ville vivante et demain nous allons découvrir le château et toute la ville. Comme tu le sais, j'habite un petit village, c'est un peu .... pour les ados et moi j'adore l'ambiance en ville.

Il fait très chaud ici et il y a beaucoup de monde. Ma sœur va fêter son anniversaire ce weekend et nous .... à un concert. Comment se passent tes vacances ? Est-ce que tu vas à Paris comme .... ? Il faut .... la Tour Eiffel, Eurodisney et le musée du Louvre. Tu vas être très occupé sans doute.

Comment .... ton père ? Tu m'as dit qu'il .... à l'hôpital. J'espère qu'il se remet bien.

Bon, c'est tout pour l'instant. Dis bonjour à .... ta famille pour moi et écris-moi bientôt,

Ton ami,

Maurice

7 Complétez la lettre ci-dessous en écrivant les mots suivants dans les espaces appropriés. (N.B. Cette liste n'est pas dans le bon ordre.)

ferai hâte ta pas passe tôt sont durent viens viendras

Limoges, le 24 septembre

Chère Marie-Ange,

Je .... de commencer mon échange avec une jeune fille française. Sa famille est très sympathique mais je n'aime .... son école ! On commence à huit heures du matin ici, les cours .... une heure et nous avons deux heures de récréation. C'est trop à mon avis et j'aimerais bien finir une heure plus .... , pourquoi pas une heure pour déjeuner ?

J'ai une heure trois fois par semaine où il n'y a pas de cours et je vais à la bibliothèque avec mes camarades de classe. Ils .... amicaux mais ils parlent le français très vite, je .... de mon mieux pour perfectionner mon français avant mon départ d'ici.

Quant aux matières, je trouve l'anglais facile bien sûr, mais je ne comprends pas du tout la poésie française. Comment se .... l'école pour toi en ce moment ? Peut-être que tu .... me rendre visite ?

Dans .... prochaine lettre, parle-moi un peu de ton nouveau petit-ami. J'ai .... d'avoir de tes nouvelles.

Amitiés,

Mairéad

8 Complétez la lettre ci-dessous en écrivant les mots suivants dans les espaces appropriés. (N.B. Cette liste n'est pas dans le bon ordre.)

faire promenades visité partage distractions reçue sommes voir tes enverrai

Besançon, le 15 juin

Chère Maman,

Merci de ta lettre que j'ai .... il y a deux semaines. Je passe des vacances merveilleuses ici à Besançon. La famille Laduc est très sympa et j'adore leur chien : il garde la maison, il est très affectueux et je peux faire de longues .... avec lui.

Nous avons déjà .... Dijon, j'ai pris plein de photos, je te les .... bientôt. Ici, je .... une chambre avec Philippe qui a le même âge que moi. Il a un tempérament fort mais il m'aide beaucoup en français.

J'ai eu la grippe la semaine dernière et je me sentais absolument épuisé mais je vais mieux et tout se passe bien pour moi en France. Avant-hier, nous .... allés en ville .... un spectacle, c'était formidable. Il y a pas mal de .... ici.

Qu'est ce que tu vas .... pour tes vacances ? Tu vas chez Louise pour quelques jours comme d'habitude ? Écris-moi vite et donne moi de .... nouvelles.

Je t'embrasse,
Ton fils,

Gary

9 Complétez la lettre ci-dessous en écrivant les mots suivants dans les espaces appropriés. (N.B. Cette liste n'est pas dans le bon ordre.)

aller bonne ton chaque dois attends sortir chez quelle serai

Dublin, le 4 mai

Cher Gérald,

J'ai été fou de joie de recevoir ta lettre et .... invitation à passer deux semaines chez toi cet été, quelle .... surprise ! J'en ai parlé avec mes parents et j'accepte ta gentille invitation, merci bien. Tu penses à .... date pour le séjour ?

Je .... libre dès que j'aurai passé mes examens, après le 20 juin. Je sais qu'un séjour chez toi me fera du bien. Et, j' .... les repas français avec impatience : tu sais comme j'adore manger ! J'aimerais offrir un cadeau à ta mère. Qu'en penses–tu ? Qu'est-ce qu'elle aime ?

Je dois donner un coup de main .... moi pour gagner de l'argent pour mon séjour en France. Maman a une liste : je .... faire la lessive, laver la voiture et je dois faire du babysitting .... week-end mais cela ne me dérange pas si je peux .... en France !

Je dois .... maintenant, nous allons au restaurant chinois ce soir pour l'anniversaire de mon père. Mais je t'écris bientôt et je te remercie encore pour ton invitation.

Ton ami,

Richard

10 Complétez la lettre ci-dessous en écrivant les mots suivants dans les espaces appropriés. (N.B. Cette liste n'est pas dans le bon ordre.)

rentrerai fait pas visitent dur en photos une sortons toujours

Paris, le 8 juillet

Chère Julie,

Comment ça va ? Je m'excuse de ne .... avoir écrit plus tôt mais depuis mon arrivée ici, je n'ai pas eu un moment de libre. Je travaille très .... au musée Grévin. Ils ont récemment fait une imitation de Brad Pitt qui est vraiment amusante, les clients viennent toujours la voir pour s'amuser. Il y a .... ambiance de grande camaraderie au musée et nous sommes .... très occupés parce qu'il y a beaucoup de touristes ici. Des milliers de gens .... Paris chaque année, surtout .... été.

Je partage un appartement avec une fille française. Elle est patiente et bavarde, et en plus elle .... de son mieux pour améliorer mon français : elle me corrige toujours. Je suis sûre que je fais des progrès. Nous .... en ville ensemble quand nous ne sommes pas trop fatiguées après la journée.

Je joins à cette lettre quelques .... prises à Montmartre la semaine dernière.

J'espère te voir quand je .... en août.

Amitiés,

Marie

11 Complétez la lettre ci-dessous en écrivant les mots suivants dans les espaces appropriés. (N.B. Cette liste n'est pas dans le bon ordre.)

faut l' étudier mangerai notes le fais en être points

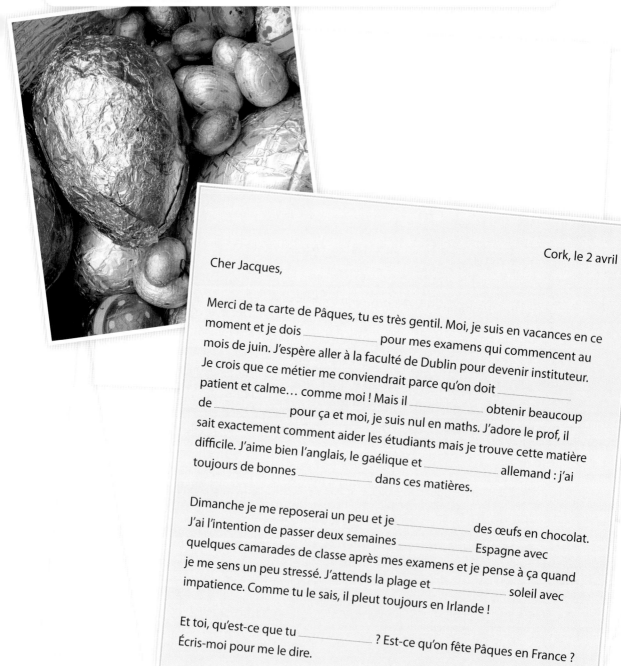

Cork, le 2 avril

Cher Jacques,

Merci de ta carte de Pâques, tu es très gentil. Moi, je suis en vacances en ce moment et je dois .... pour mes examens qui commencent au mois de juin. J'espère aller à la faculté de Dublin pour devenir instituteur. Je crois que ce métier me conviendrait parce qu'on doit .... patient et calme… comme moi ! Mais il .... obtenir beaucoup de .... pour ça et moi, je suis nul en maths. J'adore le prof, il sait exactement comment aider les étudiants mais je trouve cette matière difficile. J'aime bien l'anglais, le gaélique et .... allemand : j'ai toujours de bonnes .... dans ces matières.

Dimanche je me reposerai un peu et je .... des œufs en chocolat. J'ai l'intention de passer deux semaines .... Espagne avec quelques camarades de classe après mes examens et je pense à ça quand je me sens un peu stressé. J'attends la plage et .... soleil avec impatience. Comme tu le sais, il pleut toujours en Irlande !

Et toi, qu'est-ce que tu .... ? Est-ce qu'on fête Pâques en France ? Écris-moi pour me le dire.

Amitiés,

Pierce

12 Complétez la lettre ci-dessous en écrivant les mots suivants dans les espaces appropriés. (N.B. Cette liste n'est pas dans le bon ordre.)

lève ai part faire déjà suis en vais vite rouges

Nice, le 12 juillet

Chère Nathalie,

Merci pour ta lettre et ton petit cadeau que j' .... reçus vendredi. J'ai .... commencé le roman qui est trop marrant. J'espère que tu vas bien. Je me suis bien installée ici à Nice. J'adore la France et ma nouvelle famille me plaît beaucoup, Madame Dubois est tellement gentille et ses deux petits sont pleins d'énergie. Ils adorent les animaux : ils ont un perroquet, un hamster et des poissons .... !

Je me .... avec les enfants à sept heures et quart normalement et je dois .... un peu de ménage pendant la journée. Je passe l'aspirateur et je fais le repassage, mais la plupart du temps, je m'occupe des enfants.

Il fait très chaud ici et comme je .... irlandaise je supporte mal le soleil, j'attrape des coups de soleil très facilement. Demain je suis libre et je .... faire de l'équitation avec une autre jeune fille au pair.

Et toi ? Tu comptes aller .... vacances avec ta famille ou peut-être avec tes amies cet été ? Vous avez un appartement dans un petit village au pied des montagnes, n'est-pas ? Écris-moi .... avec de tes nouvelles. Dis bonjour de ma .... à ta famille.

Amitiés,

Anne

13 Complétez la lettre ci-dessous en écrivant les mots suivants dans les espaces appropriés. (N.B. Cette liste n'est pas dans le bon ordre.)

fait séjour pour allons sommes pas serai vais loué s'

Marseille, le 8 août

Cher Guy,

Comment vas-tu ? Moi, je passe un .... inoubliable ici à Marseille avec mes amis. Nous avons .... un gîte au bord de la mer, c'est un endroit très reposant. Nos portables ne marchent pas ici donc c'est très tranquille, mais on .... amuse bien ensemble. Chaque jour nous .... à la plage prendre des bains de soleil et nous avons .... de la planche à voile et du ski nautique aussi.

Tu aimerais nous rejoindre ici .... quelques jours ? Tu pourras me présenter tes amis et nous pourrions aller en boîte ensemble. Les autres filles ne parlent .... le français mais elles peuvent essayer. Qu'en penses-tu ? Nous .... ici à Marseille pour encore deux semaines. Je .... aller en ville dans quelques jours et je te téléphonerai.

Je .... triste de rentrer chez moi après ces vacances merveilleuses et bien que j'aime l'école, j'ai horreur de la rentrée. Mais n'en parlons pas. Pour l'instant, il y a plein choses à faire en France.

On se parle bientôt,

Christine

14 Complétez la lettre ci-dessous en écrivant les mots suivants dans les espaces appropriés. (N.B. Cette liste n'est pas dans le bon ordre.)

mixte habiller ne ce pourra sont demandé toutes installations une

Wicklow, le 5 avril

Cher Guillaume,

Voilà des semaines que je .... t'ai pas écrit et je m'excuse du retard de cette lettre. Je suis débordé de travail en .... moment et je viens de passer des examens pratiques pour mon bac. Je suis absolument épuisé maintenant. J'espère que tu vas bien. Eh bien, tu m'as .... dans ta dernière lettre de parler un peu de mon école.

Je vais dans une école .... et cela fait maintenant cinq ans que j'y suis. Il y a une bonne ambiance et les profs sont compréhensifs, ils .... souvent là pour nous donner un coup de main quand il faut. L'école me plaît bien et il y a de bonnes .... J'adore mon prof d'anglais, il y a toujours .... ambiance décontractée dans sa classe.

On porte un uniforme scolaire ici. Vous, vous ne portez pas d'uniforme : je sais que vous pouvez vous .... comme vous voulez et j'aimerais bien ça, moi.

J'espère que j'ai répondu à .... tes questions. Et toi, tu aimes ton école ? Tu t'entends bien avec tes professeurs ? Est-ce que tu vas t'inscrire sur Facebook ? On .... chatter quand on aura le temps, d'accord?

Amitiés,

Adrian

Formulaires / Forms

Task

- In this section you must fill in a form or questionnaire.
- The nature of the form varies from year to year. Students may be required to apply for a position as an au pair, a job in a hotel or restaurant, a place on a language course or exchange programme, or other areas where the completion of a form may be necessary.
- The form is in two parts: Questions 1–5 that require short answers, and Questions 6–9 that require complete sentences.
- Questions 1–5 are straightforward and generally ask for details regarding the applicant's name, age, date/place of birth and level of French.
- Students are provided with a name, and the nature of the form is outlined at the beginning of the question. The option of filling out the form as a boy or a girl is given. Since marks are lost for incorrect agreements, choose the male alternative if you feel you may be at risk in terms of using incorrect agreements.
- The common-sense approach to this question is to provide information you know is correct and with which you are comfortable. Students are writing under a fictitious name and the details can also be fictitious so long as the message is communicated and correct French is used.
- Questions 6–9 may ask students to provide details regarding their personalities, hobbies, families, their reasons for applying for said job/course/location, previous work experience, intended start date and other relevant information.
- Much of the information required for the *Forms* question includes details covered by the topics in the oral examination. It is a good idea to hold onto the notebook used for the oral work as revision for this question. You can use exactly the same information regarding family, hobbies and school where it is relevant to the questions asked.
- Follow the three sentence answer as a rule. Any more is unnecessary and you should certainly be able to write three sentences without difficulty once you follow the guidelines in this section.

Questions 1–5: most commonly requested details

Heading	Information	Example
Nom *(Surname)*	**Use the surname provided on the exam paper**	*O'Reilly*
Prénom *(First name)*	**Use the first name provided on the exam paper**	*Paul*
Âge *(Age)*	**Any reasonable age is acceptable.**	*J'ai dix-sept ans.*
Date de naissance *(Date of Birth)*	**Any date is acceptable so keep it simple. The year can be written in figures.**	*Je suis né(e) le trois mai 1995.*
Lieu/Pays de naissance *(Place/Country of Birth)*	**Any town/city/country is acceptable.**	*Je suis né(e) à Dublin.* *Je suis né(e) en Irlande.*
Nationalité *(Nationality)*	**Any nationality is acceptable. Make sure you know the correct spelling.**	*Je suis Irlandais(e).*
Langue(s) parlée(s) *(Languages spoken)*	**Any languages are acceptable. Make sure you know the correct spelling.**	*Je parle le gaélique.* *Je parle le français.*
Niveau de français *(Level of French)*	______________	*J'ai un bon/très bon niveau de français.*
Nombres d'années d'étude de français *(Number of years studying French)*	**Any reasonable answer is acceptable.**	*J'étudie le français depuis trois ans.*
Mois préféré pour l'échange/le travail *(Preferred date of exchange/work)*	**Choose one you can spell and stick with it.**	*Le mois de mai/juin/juillet.*
Quelle est votre nourriture préférée *(Your favourite food)*	**Any reasonable and correct answer is acceptable.**	*J'aime les fruits/les légumes/le poulet.*

Questions 6–9: most commonly requested details

• Quelles sont vos qualités ?/Parlez un peu de vous.

This question asks you for some personal details to indicate what kind of person you are or whether you would be a suitable candidate for the course or job advertised. Although you are not applying for a real job, you are expected to be realistic in your responses. You should use positive adjectives to describe your personality. In most cases any job/course would require you to work well with others so saying you are friendly, hardworking or outgoing would be a suitable response.

Je suis sociable/raisonnable/travailleur (travailleuse)/calme/ouvert(e).

I am outgoing/reasonable/hardworking/calm/ open-minded.

Je m'entends bien avec tout le monde.

I get on well with everyone.

• Pourquoi désirez-vous travailler pour cette entreprise/famille ?

Without repeating anything you have already said, you should consider the type of work you are applying for and answer appropriately. For example, if you wish to work as an au pair, it may be a good idea to say that you like to work with children, that you have brothers or sisters of your own or that you babysit for your neighbours at weekends. If you are applying for a job in a restaurant, you might say that you get on well with people, that you are very sociable or that you have heard a lot about the restaurant in question.

J'aime bien communiquer avec les gens.

I like communicating with others.

Je m'entends bien avec les enfants.

I get on well with children.

Je suis compréhensif (compréhensive) et généreux (généreuse).

I am understanding and generous.

Je fais du repassage/Je passe l'aspirateur chez moi.

I do the ironing/hoovering at home.

• Décrivez brièvement de votre expérience de travail.

When referring to work experience, choose information that is suitable to the nature of the work. If applying for a job as a waiter/waitress, say that you worked in a restaurant the summer before, or use the same points about babysitting experience and family when applying for a job as an au pair.

J'ai travaillé comme au pair/serveur (serveuse) l'été dernier.
I worked as an au pair/waiter/waitress last summer.
Je fais du baby-sitting le weekend pour mes voisins.
I babysit at weekends for my neighbours.
J'adore travailler avec les enfants.
I love working with children.
J'espère devenir instituteur/institutrice après la fac.
I hope to work as a primary school teacher after college.
J'ai déjà travaillé à la caisse.
I have already worked at a checkout.
J'ai acquis de l'expérience en tant que…
I have gained experience as a…
J'aime aider les autres.
I like helping others.

• Quels sont vos loisirs/passe-temps/sports favoris ?

If you intend to work as a sports assistant in a summer camp, you should say that you participate in several sports or that you are a member of a team. If the job involves using a computer, consider saying that you enjoy uploading photos onto your Facebook page or surfing the net to show that you are familiar and comfortable with using computers.

Je fais partie d'une équipe de rugby/foot/basket/hockey.
I am a member of a rugby/football/basketball/hockey team.
Ma passion, c'est la natation/la voile/l'équitation.
My passion is swimming/sailing/horse riding.
J'aime apprendre de nouvelles choses.
I love to learn new things.
Je télécharge mes photos sur ma page Facebook.
I upload my photos onto my Facebook page.
Je surfe Internet.
I surf the net.
Je bavarde avec mes amis sur Facebook.
I chat with my friends on Facebook.
J'aime de nouvelles aventures.
I like new adventures.

• Décrivez la ville/région ou vous habitez.

You can essentially use the same information for your town or your region since it is unlikely that the two questions would appear in any one form. Adapt your answer to suit the specific question.
C'est un beau/grand quartier.
It is a pretty/big area.
C'est un quartier multi-culturel/bien desservi/élégant/animé.
It is a multicultural/well-serviced/elegant/lively area.
Il y a pas mal de distractions pour les jeunes.
There are lots of things for young people to do.

• Pourquoi avez-vous choisi de visiter cette region ?

Think of the general reasons why students would choose to do an exchange or a language course in another country.
J'aimerais améliorer mon français.
I would like to improve my French.
J'espère rencontrer de jeunes français.
I hope to meet young French people.
J'adore voyager.
I love to travel.
Je veux découvrir la culture française.
I want to explore French culture.

• À part les langues, quelles sont vos matières préférées à l'école ?

J'aime/l'histoire/la chimie/l'informatique.
I like History/Chemistry/Computers.
Je suis fort(e) en…
I'm good at…
Pour moi, c'est un sujet facile.
It's an easy subject for me.

- **Décrivez votre famille.**

Only write what you know, and remember that you can be creative with the truth. You are filling in details that answer the questions asked, so they don't have to be real or exactly the same as for other sections of the exam but it's a good starting point.

J'ai deux frères et trois sœurs.
I have two brothers and three sisters.
Je m'entends très bien avec mes parents.
I get on very well with my parents.
Ils me traitent comme un(e) adult(e).
They treat me like an adult.
Mon frère/Ma sœur s'appelle…
My brother's/sister's name is…
Mon frère/Ma soeur a 20 ans.
My brother/sister is 20.
J'aime beaucoup ma famille.
I really like my family.
On se dispute très rarement.
We rarely argue.
Nous sommes six chez nous.
There are six people at home.

- **Quand est-ce que vous pouvez commencer le travail ?/Quand serez-vous disponible ?**

Only use the months and dates you can spell without difficulty. Remember that there are a number of ways for any question to be asked and if you are unsure as to the nature of the question, look to key words for guidance.

Je serai disponible du 20 juin au 30 juillet.
I will be available from 20th June to 30th July.
Je serai libre à partir du 22 juin.
I will be free from 22nd June.
Je peux commencer le cinq juin.
I can start on 5th June.

- **Quand comptez-vous venir en France ?**

Je peux prendre l'avion/le ferry le 3 juillet.
I can take a flight/ferry on 3rd July.
J'arrive en France le 5 juin et je peux commencer le travail immédiatement.
I arrive in France on 5th June and I can start work straight away.
Je peux venir quand vous le voulez.
I can come when you want me to.

Sample form

Vous vous appelez Donal/Denise Flaherty. Vous voulez travailler pendant l'été comme au pair pour une famille française. Remplissez le formulaire suivant. N.B. Répondez à 6, 7, 8 & 9 par des phrases complètes.

1 Nom :

Flaherty

2 Prénom :

Donal

3 Lieu de naissance :

Irlande

4 Date de naissance :

Je suis né le dix juin 1996.

5 Nombres d'années d'étude de français :

J'étudie le français depuis cinq ans.

6 Parlez un peu de vous.

Je suis sociable et ouvert. Je suis presque toujours de bonne humeur. Je m'entends super bien avec tout le monde.

7 Quels sports pratiquez-vous ?

Je fais partie d'une équipe de basket. On s'entraine deux fois par semaine. Je fais de la natation et je joue au tennis aussi.

8 Quand serez-vous disponible ?

Je serai disponible du 20 juin au 30 juillet. Je peux commencer immédiatement.

9 Comment voyagerez-vous en France ?

Je peux prendre l'avion de Dublin. J'attends mon séjour avec impatience.

Form
Practice questions

1 Vous vous appelez Michael/Michelle Flynn. Vous désirez travailler dans un camping en Bretagne pour l'été.

Remplissez le formulaire suivant.
N.B. Répondez à 6, 7, 8 & 9 par des phrases complètes.

1 Nom : ....

....

2 Prénom : ....

....

3 Date de naissance : ....

....

4 Lieu de naissance : ....

....

5 Nombres d'années d'étude de français : ....

....

....

6 À part le français, quelles langues parlez-vous ? ....

....

....

7 Quels sont vos sports favoris ? ....

....

....

8 Pourquoi souhaitez-vous travailler dans un camping français ? ....

....

....

9 Comment voyagerez-vous jusqu'en France ? ....

....

....

2 Vous vous appelez Cathal/Christine Allen. Vous allez passer trois semaines chez une famille française.

Remplissez le formulaire suivant.
N.B. Répondez à 6, 7, 8 & 9 par des phrases complètes.

1 Nom :

2 Prénom :

3 Âge :

4 Lieu de naissance :

5 Langue(s) parlée(s) :

6 Quelles sont vos qualités ?

7 Quels sont vos loisirs favoris ?

8 Décrivez votre famille.

9 Quand comptez-vous venir en France ?

3 Vous vous appelez Mark/Maria O'Neill. Vous souhaitez travailler en tant qu'animateur chargé des sports dans un camp de vacances cet été à Dijon.

Remplissez le formulaire suivant.
N.B. Répondez à 6, 7, 8 & 9 par des phrases complètes.

1 Nom :

2 Prénom :

3 Âge :

4 Lieu de naissance :

5 Date de naissance :

6 Quels sont vos passe-temps préférés ?

7 Pourquoi souhaitez-vous travailler comme animateur chargé des sports ?

8 Décrivez brièvement votre expérience dans le monde du travail.

9 Pourquoi avez-vous choisi de visiter Dijon ?

4 Vous vous appelez Paul/Paula Ronan. Vous cherchez un travail comme serveur/serveuse dans une brasserie en Bourgogne.

Remplissez le formulaire suivant.
N.B. Répondez à 6, 7, 8 & 9 par des phrases complètes.

1 Nom :

2 Prénom :

3 Nationalité :

4 Date de naissance :

5 Niveau de français :

6 Décrivez la ville/région oú vous habitez.

7 À part les langues, quelles sont vos matières préférées à l'école ?

8 Décrivez brièvement votre expérience dans le monde du travail.

9 Quand est-ce que vous pouvez commencer à travailler ?

5 Vous vous appelez Robert/Rebecca Keane. Vous voulez travailler pendant l'été comme garçon ou jeune fille au-pair pour une famille française.

Remplissez le formulaire suivant.
N.B. Répondez à 6, 7, 8 & 9 par des phrases complètes.

1 Nom : ....

....

2 Prénom : ....

....

3 Lieu de naissance : ....

....

4 Quelle est votre nourriture préférée : ....

....

5 Nombres d'années d'étude de français : ....

....

....

6 Décrivez votre famille. ....

....

....

7 Quels sont vos passe-temps préférés ? ....

....

....

8 Pourquoi désirez-vous travailler pour cette famille ? ....

....

....

9 Quand serez-vous disponible ? ....

....

....

6 Vous vous appelez Thomas/Tracey O'Leary. Vous souhaitez faire un échange avec un(e) jeune français(e) de Nantes.

Remplissez le formulaire suivant.
N.B. Répondez à 6, 7, 8 & 9 par des phrases complètes.

1 Nom :

2 Prénom :

3 Âge :

4 Nationalité :

5 Niveau de français :

6 Parlez un peu de vous.

7 Quels sont vos sports préférés ?

8 Pourquoi voulez-vous faire cet échange ?

9 Pourquoi avez-vous choisi de visiter cette région ?

7 **Vous vous appelez Nathan/Niamh Murphy. Vous souhaitez travailler dans une librairie au centre de Paris pour les vacances d'été.**

Remplissez le formulaire suivant.
N.B. Répondez à 6, 7, 8 & 9 par des phrases complètes.

1 Nom :

2 Prénom :

3 Lieu de naissance :

4 Date de naissance :

5 Langue(s) parlée(s) :

6 Quelles sont vos qualités ?

7 Décrivez la ville/région où vous habitez.

8 Pourquoi désirez-vous travailler à Paris ?

9 Quand est-ce que vous pouvez commencer à travailler ?

8 Vous vous appelez John/Jane Kearns. Vous espérez faire un stage d'été dans une école à Strasbourg.

Remplissez le formulaire suivant.
N.B. Répondez à 6, 7, 8 & 9 par des phrases complètes.

1 Prénom :

2 Nom :

3 Âge :

4 Lieu de naissance :

5 Niveau de français :

6 Faites une brève description de vous même.

7 Quels sont vos loisirs favoris ?

8 Pourquoi voulez-vous faire ce stage ?

9 Quand espérez-vous venir à Strasbourg ?

9 Vous vous appelez Philip/Pamela Roche. Vous souhaitez travailler en tant que vendeur/vendeuse dans un magasin français.

Remplissez le formulaire suivant.
N.B. Répondez à 6, 7, 8 & 9 par des phrases complètes.

1 Nom :

2 Prénom :

3 Date de naissance :

4 Lieu de naissance :

5 Mois préféré pour travailler :

6 Décrivez la ville/région où vous habitez.

7 Quelles sont vos matières préférées à l'école ?

8 Décrivez brièvement votre expérience dans le monde du travail.

9 Comment voyagerez-vous jusqu'en France ?

10 **Vous vous appelez Martin/Monica Murphy. Vous posez votre candidature pour travailler dans un lycée français l'année prochaine.**

Remplissez le formulaire suivant.
N.B. Répondez à 6, 7, 8 & 9 par des phrases complètes.

1 Nom :

....

....

2 Prénom :

....

....

3 Lieu de naissance :

....

....

4 Âge :

....

....

5 Nombres d'années d'étude de français :

....

....

....

6 Quelles sont vos qualités ?

....

....

....

7 Quels sports pratiquez-vous ?

....

....

....

8 Pourquoi voulez-vous faire ce travail ?

....

....

....

9 Quand serez-vous disponible ?

....

....

....

11 Vous vous appelez Lee/Leanne Morgan. Vous souhaitez travailler comme moniteur/monitrice de natation dans une colonie de vacances.

Remplissez le formulaire suivant.
N.B. Répondez à 6, 7, 8 & 9 par des phrases complètes.

1 Nom :

2 Prénom :

3 Date de naissance :

4 Nationalité :

5 Niveau de français :

6 Décrivez brièvement votre personnalité :

7 Décrivez brièvement votre expérience dans le monde du travail.

8 Quels autres sports pratiquez-vous ?

9 Comment voyagerez-vous jusqu'en France ?

12 **Vous vous appelez Peter/Pauline Brennan. Vous cherchez un travail au Musée Grévin – la version parisienne de Madame Tussauds – pour l'été.**

Remplissez le formulaire suivant.
N.B. Répondez à 6, 7, 8 & 9 par des phrases complètes.

1 Nom :

2 Prénom :

3 Âge :

4 Nationalité :

5 Mois préférés pour travailler :

6 Parlez un peu de vous.

7 Pourquoi avez-vous choisi de travailler à Paris ?

8 Décrivez brièvement votre expérience dans le monde du travail.

9 Pourquoi voulez-vous faire ce travail ?

Messages / Messages

Task

- The message option requires you to leave a note regarding the intentions you or someone else have and how this affects the person for whom the note is being left.

- The message question often asks you to say what you have done or what you are doing at that moment. It is always a good idea to revise your tenses for this part of the exam.

- You may be asked to pass on a message to a third person.

- You may be asked to share the day's plans with someone, for example, a trip to the library, a party, a meeting with friends, etc. You will often be expected to indicate the time of your expected return home from the given meeting or trip.

- Messages can either be written in the informal *tu* form or the formal *vous* form. The *tu* form is used when leaving a message to inform a friend or family member that someone called looking for them or to relay a specific message. The *vous* form is used when you are leaving a note for more than one person, your parents or friends. When you are leaving a note for the *Monsieur* or *Madame* with whom you are staying, you must also use the *vous* form.

Method

- You are not required to write the date in a message, but keep in mind that if you do write it and it is written correctly, you are **not** awarded any additional marks, but if you write it and it is written incorrectly, you may lose marks. It is better therefore to simply write the time on the top right-hand corner where you would expect to see the date in a standard postcard. In doing so remember that the French use the 24 hour clock and present it as 14h 20 or 16h 40 (or the best time to suit the message).

- Open with: *Cher Marc, Chère Sophie, Chers maman et papa, Chers M. et Mme Beaugard*, etc.

Useful language

- You should know some standard phrases which are useful for beginning or relaying a message. For example:

Juste un petit mot pour te/vous dire que pendant ton absence…
Just a note to let you know that while you were out …
Il/Elle m'a invité(e)/Il/elle t'a invité(e)…
He/She invited me/He/she invited you…
Il/Elle m'a téléphoné/Il/elle t'a téléphoné…
He/She phoned me/He/she phoned you…
Je suis passé(e).
I called around.
Il/Elle est passé(e).
He/She called around.

- You should know some standard phrases for giving details in a message. For example:

Il/Elle veut savoir si…
He/She wants to know if…
Il/Elle a dit que…
He/She said that…
Personne n'a répondu.
Nobody answered.
Je suis désolé(e).
I am sorry.
Il/Elle est désolé(e).
He/She is sorry.
Il n' y avait personne.
No-one was there.
Il y a une heure/deux heures…
One/two hours ago…
Il/Elle veut annuler…
He/She wants to cancel…
Il/Elle veut emprunter…
He/She wants to borrow…
Il/Elle a raté l'autobus.
He/She has missed the bus.
Il/Elle a perdu son portable.
He/She has lost his/her mobile.

- You should know some standard phrases for saying that you have gone out and where you have gone. For example:

Je suis parti(e) :
I have gone:
à la plage/à la bibliothèque.
to the beach/the library.
au marché.
to the market.
à la piscine.
to the pool.
chez Lucien/Sophie.
to Lucien's/Sophie's house.
au cinéma.
to the cinema.
en ville.
into town.
à une fête chez Marcel.
to a party at Marcel's house.
Je suis allé(e) :
I have gone:
à la pharmacie.
to the pharmacy.
aux magasins.
to the shops.
rencontrer des amis.
to meet my friends.
faire les courses.
shopping.

- You should know some standard phrases for saying where you are going. For example:

Je sors maintenant.
I am going out now.
Je vais :
I am going:
prendre un café avec un ami.
to have coffee with a friend.
à l'hôpital.
to the hospital.
prendre un taxi.
to take a taxi.
me promener.
for a walk.
faire du vélo.
for a cycle.
jouer au golf.
to play golf.
acheter un cadeau.
to buy a present.
manger à la pizzeria.
to eat at a pizzeria.
louer un DVD.
to rent a DVD.
à l'aéroport.
to the airport.

- The verbs *vouloir, pouvoir* and *devoir* can be very useful in the message section. It is important to remember to use the full verb after any auxiliary verb. The verbs can also be inverted to ask questions.

vouloir	pouvoir	devoir
je veux	je peux	je dois
tu veux	tu peux	tu dois
il veut	il peut	il doit
elle veut	elle peut	elle doit

- It is worth learning some set phrases and questions with *vouloir, pouvoir* and *avoir* for the messages section. For example:

Je dois retarder ma visite.
I have to postpone my visit.
Il/Elle doit annuler le rendez-vous.
He/She has to cancel the meeting.
Il/Elle doit rester au lit.
He/She has to stay in bed.
Il/Elle a mal à la gorge/à la tête.
He/She has a sore throat/headache.
Je peux aller au cinéma.
I can go to the cinema.
Il/Elle veut rester chez lui/elle.
He/She wants to stay at home.
Il/Elle doit étudier ce matin.
He/She has to study this morning.
Je dois organiser une fête pour ce soir.
I have to organise a party this evening.
Peux-tu venir avec nous ?
Can you come with us?
Veux-tu qu'on se rencontre/retrouve devant la bibliothèque ?
Do you want to meet in front of the library?
Peux-tu me téléphoner plus tard ?
Can you ring me later?
Aimerais-tu me rencontrer ?
Would you like to meet me?
Veux-tu m'accompagner ?
Would you like to accompany me?
Veux-tu venir faire du shopping ?
Would you like to come shopping?
Est-ce qu'on peut se retrouver chez… ?
Can we meet at _____'s house?

- You may also find these set phrases useful for the messages section.

Si j'avais su…
If I had known…
Tant pis.
Tough luck.
Quand même.
Still.
Sans trop de mal.
Without too much trouble.
Je viens d'apprendre que…
I have just learned that…
Du coup.
So.
Quel dommage.
What a pity.
On verra bien.
We'll see.
N'oublie pas d'apporter ton sac de couchage/ton maillot de bain/tes lunettes de soleil/de l'argent.
Don't forget to bring your sleeping bag/swimsuit/ sunglasses/money.
Je vais me coucher tôt.
I'm going to bed early.
Je t'envoie cet e-mail/SMS/fax parce que…
I'm sending this e-mail/text message/fax because…
Je me suis disputé avec…
I've had an argument with…
Je ferai de mon mieux.
I'll do my best.
Je rappellerai avant midi.
I'll call back before midday.
Je rentrerai à/vers/pour…
I'll be back at/around/for (follow with a time/reason for returning, i.e. breakfast/dinner)
Je serai de retour à…
I'll be home at…

- And finally, you should know some standard phrases for ending your message. For example:

Je te téléphonerai ce soir.
I'll ring you this evening.
À tout à l'heure.
See you soon.
Je t'enverrai un SMS plus tard.
I'll send you a text later.
On se voit bientôt.
I will see you soon.

- As with all of the questions in the written section, you must sign off. You can use any name.

Sample formal message 1

In this message, Mme Durand writes a note to her son's teacher explaining his absence from school due to a cold.

Madame le professeur,

Paul ne pourra pas venir à l'école aujourd'hui. Il a attrapé un mauvais rhume. Il ne peut pas se lever de son lit. Je ne pense pas qu'il soit remis avant lundi prochain. Aussi veuillez excuser son absence.

Très cordialement,

Mme Durant

Sample formal message 2

In this message, M. Gireau gives permission for his son to go on a school tour and agrees to pick him up on the return date.

Monsieur le directeur,

J'autorise mon fils Thomas à participer au voyage scolaire du 1er au 4 juillet. Comme convenu je viendrai le chercher moi-même au lieu de rendez-vous le 4 devant l'hôtel de ville.

M. Gireau

Message
Practice questions

1 Leave the following message for Justine/Damien with whom you are staying in Perpignan.

- Your friend Fabienne came to the house this afternoon.
- He cannot go to the concert because he has to go to the hospital after an accident at home.
- He will phone you on Saturday evening at 8:00 p.m.

2 You are staying with your pen-friend, Laurent, in Amiens. Leave the following message.

- You have gone to the library in town to prepare for a school project.
- You will be home to see Marc who arrives from the airport at 6:00 p.m.
- You will buy a large cake from a nearby bakery.

3 You are staying with Stéphane/Nadia in Orléans. Leave the following message.

- You have gone out because the weather is beautiful.
- You are meeting your friends at the swimming pool in town.
- You will be back home at 7:00 p.m.

4 Leave the following message for Loïc/Laura with whom you are staying in Brittany.

- While you were out, your friend Alex phoned.
- He is going to the cinema this evening if you want to go.
- He will phone again after he has finished work.

5 Leave the following message for Charles/Magali with whom you are staying in Bourges.

- Your brother phoned to say that there is a party for his best friend this evening.
- If you want to go he will send a taxi to the house for you.
- Please ring him back before 7:00 p.m.

6 You are staying with your pen-friend Toni/Laure, in Toulouse. Leave the following message.

- While you were out, your father called around.
- He is going to London for the weekend and wants you to go.
- He will phone you after the match at 9:00 p.m.

7 Leave a message for Julien/Manon with whom you are staying in Paris. Say that:

- You have gone into town to meet your friends.
- You have an extra ticket for a show this evening.
- Ask if he/she would like to join you.

8 Leave the following message for Malika with whom you are staying in Tours.

- While you were out, your friend Mathilde phoned.
- She has finished her exams and is overjoyed.
- She is going to organise a party this evening to celebrate and wants you to go.

9 Leave the following message for Alexis with whom you are staying in Metz.

- You have just returned from your stay in Switzerland.
- You are broke and will look for a part-time job this afternoon.
- You will be back before dinner and will show him your holiday pictures afterwards.

10 You are staying with your pen-friend, Aimée, in Provence. Leave the following message.

- You have gone to the post office to post some letters.
- There is a music festival in town later and you are going with some friends.
- Ask if she would like to join you after work.

11 Leave a message for Ali/Catherine with whom you are staying in Grenoble. Say that:

- You have gone to the shop to buy some food for a special dinner this evening.
- Your parents are coming for a visit and you would like him/her to meet them.
- You will stay in their hotel tomorrow night before they return home.

12 Leave the following message for Nicolas with whom you are staying in Vannes.

- While he was out, his friend Pierre called.
- He has broken his leg and cannot play in the match this weekend.
- He wants to know if you will inform the team manager this evening.

13 Leave the following message for Aurélie with whom you are staying. Say that:

- You have just returned from school and you have an exam in the morning.
- You have invited some friends to the house to study.
- You will be finished at 11:00 p.m. and will tidy up the kitchen before going to bed.

14 You are staying with your pen-friend, François, in Nantes. Leave the following message.

- You have gone to the supermarket to buy some bread for lunch.
- You are meeting your friends at the café at 3:00 p.m.
- You will phone him later to see if he needs anything before you return home.

15 Leave the following message for Georges/Amélie with whom you are staying in Bordeaux. Say that:

- You have finished your homework and you are going to meet your friends.
- You will be going to the market at 3:00 p.m.
- He/she can ring you when he/she returns if they want you to buy anything.

16 Leave the following message for Caroline who is staying in your house in Dublin.

- While she was out, her parents phoned and they will phone back this evening.
- They would like to visit you for a weekend.
- They will phone back at 7:00 p.m.

17 Leave the following message for Sophie with whom you are staying.

- You will be home late from school this evening.
- You are going to the library with some classmates.
- Ask if she wishes to meet you for dinner at 7:00 p.m. in town.

18 You are working as an au pair for Mme Réaubourg. Leave a message saying that:

- The children went to bed at 8:30 p.m.
- You are not feeling well and would like to go to a doctor tomorrow.
- Her friend called by earlier to leave a present for her husband's birthday.

Cartes postales / Postcards

Task

⇨ The postcard option often requires information about:

- your holiday location/destination
- your family, friends, penpals, etc
- accommodation
- weather
- local people/sights/entertainment
- food
- daily activities
- leisure/sporting activities/events
- atmosphere
- prices
- personal information
- further holiday plans
- question asking
- return date

⇨ You may be asked to write to a family member, parents, penpal, friend(s) and the name of a friend or penpal is usually provided.

Method

- Begin your postcard with your location followed by a comma and the date. For example:
  Paris, le trois mai.
  Paris, 3rd May.
- Use *Cher* when writing to a boy, *Chère* when writing to a girl and *Chers* when writing to more than one person. For example:
  Cher Marc
  Dear Marc
  Chère Sophie
  Dear Sophie
  Chers maman et papa
  Dear Mum and Dad
- End your postcard with a suitable closing phrase. For example:
  À bientôt
  See you soon
  Amitiés
  Best wishes
  Écris-moi bientôt.
  Write to me soon.
- Don't forget to sign your name at the end.

Useful language

- You should know some standard phrases which are useful for beginning your postcard. For example:
  Me voici :
  Here I am:
  en France
  in France
  en Bretagne
  in Brittany
  en Italie
  in Italy
  à Paris
  in Paris
  à Dublin
  in Dublin

- Remember to use *en* when writing from a feminine country, *au* when writing from a masculine country and *aux* for plural countries. Use *-à* for towns or cities. Keep in mind that you may also have to say what part of a country you are in:
  Me voici :
  Here I am:
  dans l'ouest de l'Irlande
  in the west of Ireland
  dans l'est de l'Espagne
  in the east of Spain
  dans le nord de la France
  in the north of France
  dans le sud de l'Italie
  in the south of Italy
  au bord de la mer
  by the sea
  à la campagne
  in the countryside
  sur la côte
  on the coast

- After you have said where you are, you can give a time frame. For example:
  pour une/deux semaine(s)
  for one/two weeks
  pour quelques jours
  for a few days

- You should be able to describe your companions on your holiday. For example:
  Me voici en France avec :
  Here I am in France with:
  ma famille
  my family
  mes parents
  my parents
  ma sœur
  my sister
  mon frère
  my brother
  ma cousine (f)
  my cousin (girl)
  mon cousin (m)
  my cousin (boy)
  mes camarades de classe
  my classmates
  mon école
  my school
  mon meilleur ami (m)
  my best friend (boy)
  ma meilleure amie (f)
  my best friend (girl)

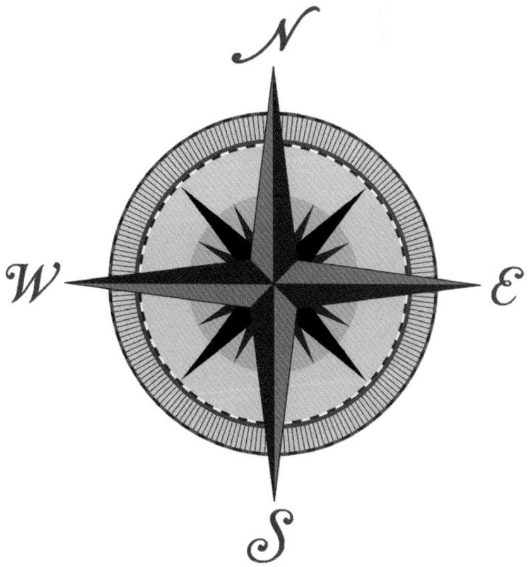

- You may be asked to say when you arrived or to talk about your journey. For example:
  Je suis arrivé(e) :
  I arrived:
  hier
  yesterday
  hier soir
  yesterday evening
  vendredi dernier
  last Friday
  dimanche matin
  Sunday morning
  mardi
  Tuesday
  Je suis arrivé(e) sain(e) et sauf(ve).
  I've arrived safe and sound.
  Le voyage/Le vol s'est bien passé.
  The journey/The flight was fine.

- You should be able to talk about your accommodation. For example:
  Nous habitons :
  We are staying:
  une auberge de jeunesse
  in a youth hostel
  un hôtel
  in a hotel
  un camping
  at a campsite

- You should know some standard phrases to talk about the weather. For example:
  Il fait beau/chaud/un temps magnifique.
  The weather is good/warm/magnificent.
  Il fait mauvais/froid.
  The weather is bad/cold.
  Il neige.
  It's snowing.
  Il pleut.
  It's raining.

- You should know some standard phrases to talk about people. For example:
  Jean/Marie/Tout le monde/La famille/Le personnel est…
  Jean/Marie/Everyone/The family/The staff is…
  Les gens/Les jeunes sont…
  The people/The young people are…
  bavarde(s).
  chatty
  sympa(s).
  nice
  agréable(s).
  pleasant
  aimable(s).
  friendly
  serviable(s).
  helpful
  impolis.
  rude
  J'ai rencontré une fille française hier et elle est super sympa.
  I met a French girl yesterday and she is really nice.
  J'ai rencontré un garçon italien la semaine dernière et il est vraiment gentil.
  I met an Italian boy last week and he is really kind.
  Le personnel ici est très serviable.
  The staff here are very helpful.
  La famille dans laquelle je travaille comme au pair est tellement sympa.
  The family for whom I work as an au pair is so nice.

- Learn some vocabulary to describe sights and entertainment. For example:
  Je me trouve/Je suis dans une région très belle.
  I am in a very beautiful region.
  Ici, il y a :
  Here, there is:
  un parc d'attractions
  a theme park
  un petit village
  a small village
  une belle plage
  a beautiful beach
  un grand château
  a large castle
  une vielle cathédrale
  an old cathedral
  un vignoble
  a vineyard
  une salle de concerts
  a concert hall
  un grand stade
  a large stadium
  un musée
  a museum
  un cybercafé
  an Internet café
  une fête de la musique
  a music festival
  des montagnes russes
  roller-coasters
  de beaux tableaux
  beautiful paintings

  On peut :
  You can:
  voir les momies au musée.
  see mummies at the museum.
  faire un tour de la vielle ville.
  do a tour of the old town.
  faire une visite guidée.
  have a guided visit.
  faire du parapente.
  go paragliding.
  voir les feux d'artifice.
  watch fireworks.
  prendre le funiculaire.
  take the funicular railway.

- Learn some vocabulary to describe food, restaurants and hotels. For example:
  La cuisine/La nourriture est delicieuse/fade.
  The cuisine/The food is delicious/bland.
  L'ambiance est super.
  The atmosphere is super.
  Il y a tant à faire et à voir.
  There is so much to do and see.
  L'hôtel n'est pas bon marché.
  The hotel is not cheap.
  L'hôtel est cher.
  The hotel is expensive.
  La nourriture est chère.
  The food is expensive.
  C'est une affaire.
  It's a bargain.
  L'auberge de jeunesse est bon marché.
  The youth hostel is cheap.

- You may be asked to include some personal information. For example:
  Je viens de finir mes examens.
  I've just finished my exams.
  Je passerai mes examens au mois de juin.
  I will take my exams in June.
  Je viens d'acheter un cadeau pour ma sœur.
  I have just bought a present for my sister.

J'espère aller au marché demain acheter des cadeaux.
I hope to go to the market tomorrow to buy presents.
Je suis très occupé(e) en ce moment.
I am very busy at the moment.
J'étais malade toute la journée d'hier.
I was sick all day yesterday.
J'ai dû aller chez le dentiste il y a deux jours.
I had to go to the dentist two days ago.
J'ai perdu mon porte monnaie.
I lost my wallet.
J'aime lire à mes moments perdus.
I like reading in my free time.
J'espère prendre quelques belles photos de la France.
I hope to take some beautiful photos of France.
J'en ai marre.
I'm sick of it.
Je suis ravi(e).
I am delighted.
Dommage que tu ne sois pas ici.
It's a pity you aren't here.
Je m'amuse bien.
I'm having a good time.
Je me suis bien amusé(e).
I had a good time.
Ce sont des vacances vraiment merveilleuses.
These holidays are really fantastic.
C'est vraiment chouette.
It's really great.

- You should know some phrases to talk about the rest of your holiday plans. For example:
  Demain/La semaine prochaine/Samedi…
  Tomorrow/Next week/On Saturday…
  J'espère/Je vais…
  I am hoping to/I am going to…
  aller à Paris.
  go to Paris.
  faire de l'équitation.
  go horse riding.
  louer un vélo.
  rent a bike.
  faire de la planche à voile.
  go windsurfing.
  visiter un musée.
  visit a museum.
  acheter un cadeau d'anniversaire pour mon ami.
  buy a birthday present for my friend.
  jouer au tennis avec mon frère.
  play tennis with my brother.
  aller au stade de foot voir un match.
  go to the football stadium to watch a match.
  louer une voiture.
  rent a car.
  voir la Tour Eiffel.
  see the Eiffel tower.
  faire du camping.
  go camping.
  prendre des photos de la région.
  take photos of the region.
  faire une promenade au bord de la mer.
  take a walk by the sea.
  prendre un bain de soleil.
  go sunbathing.

- You may need to ask questions in your postcard. For example:
  Veux-tu passer quelques jours avec nous en Bretagne ?
  Do you want to spend a few days with us in Brittany?
  Veux-tu nous rejoindre à Lyon ?
  Do you want to join us in Lyon?
  Peux-tu venir chez moi pour une semaine ?
  Can you come to my house for a week?
  Qu'en penses-tu ?
  What do you think?

- You should know some standard phrases to talk about your return home. For example:
  Je vais partir d'ici le 15 juin.
  I will leave here on 15th June.
  Je rentrerai le weekend prochain.
  I will return next weekend.

- End your postcard with a standard closing phrase. For example:
  À bientôt.
  See you soon.
  Amitiés.
  All the best.
  Bon été.
  Have a good summer.
  À lundi.
  Til Monday.

Nice, le 10 juin

Je passe de très bons moments à Nice. Le soleil est au rendez-vous, les français sont adorables, la nourriture est délicieuse. J'adore la baguette, le fromage mais je n'ai pas encore testé les cuisses de grenouilles.

C'est magnifique ici. Ce sera triste de repartir lundi prochain.

Je t'embrasse,

Charlotte

1 What does Charlotte like about France?

....

2 What has Charlotte not yet tasted?

....

3 When does Charlotte return from France?

....

Toulouse, le 5 juillet

Je déteste la France. Il fait trop chaud dans le sud. La mer est belle mais il y a trop de touristes. Qu'il pleuve, pitié !

La nourriture est bizarre mais heureusement ils ont McDonald. Hier nous sommes allés au cinéma pour être au frais !!

Je reviendrai pas de sitôt.

J'ai hâte de te revoir,

Oliver

1 Why does Oliver hate France?

2 What does Oliver find strange?

3 Why did he go to the cinema the previous day?

Postcard
Practice questions

1 You are on holidays in Rennes.
Write a postcard to your pen-friend Marie, in which you say that:

- You are on holiday with your family for two weeks.
- The area is beautiful and everyone is friendly.
- You hope to return next year before your French oral examinations.

2 You are on holidays in France.
Write a postcard to your pen-friend Patrick/Patricia, in which you say that:

- You are spending a week in Toulouse with your sister and her friends.
- The weather is really hot and you went to the beach yesterday.
- You hope to go into town on Friday to buy presents.

3 You are staying in Bordeaux with your pen-friend François/Sophie.
Write a postcard to your parents in which you say that:

- Your pen friend lives in a large house in the countryside.
- You went hiking yesterday with some new friends.
- You will go to the market on Wednesday evening.

4 You are on holidays in Marseille.
Write a postcard to your pen-friend Éric, in which you say that:

- The weather is really hot.
- You go swimming every day.
- You went water-skiing yesterday.

5 Write a postcard to your friend Marc/Monique, in which you say that:

- You are working in a restaurant in Dijon for the summer.
- Your colleagues are lovely and your French is improving.
- You hope to visit Paris before you return home.

6 Write a postcard to your pen-friend Laurent/Laure, in which you say that:

- You are on holidays in Nantes with your aunt and her daughters.
- You love the area and there's lots to do.
- You would like him/her to join you for a few days in Nantes, if possible.

7 Write a postcard to your pen-friend Caroline/Carl in which you say that:

- You are spending a week in Nice with your friends.
- You go to the beach every day.
- You hope to do some shopping for presents before you come home.

8 You are on holidays in Montpellier.
Write a postcard to your friend in which you say that:

- You arrived safely on Sunday evening.
- You are staying with a friend of your mother's and she is lovely.
- You hope to visit your best friend, who is working as an au pair nearby, tomorrow.

9 Write a postcard to your friend Loïc/Sandrine, in which you say that:

- You arrived at Le Bono in Brittany yesterday with your family.
- You are staying in a hotel but it is not too expensive.
- You will ring him/her for his/her birthday next week.

10 You are on holidays in Paris with your friends.
Write a postcard to your mother in which you say that:

- Paris is a very busy city and there's lots to see and do.
- You went to the Louvre Museum yesterday.
- You hope to see the Eiffel Tower tomorrow.

11 You are on holidays in Clare in Ireland.
Write a postcard to your pen-friend Lee, in which you say that:

- You are camping with some friends, but the weather is bad.
- The people are very friendly and the area is lively.
- You hope to rent a bicycle to see more of the countryside tomorrow.

12 Write a postcard to your pen-friend Fréderic, in which you say that:

- You are very busy because you are doing your exams.
- Yesterday, you had your French exam and it was easy.
- Next week, you will go on holidays to Spain with your family.

13 Write a postcard to your friend André, in which you say that:

- You are spending two weeks in Italy with your sister.
- The food is cheap and the weather is beautiful.
- You hope to visit Sorrento tomorrow.

14 Write a postcard to your pen-friend Claire, in which you say that:

- You are on holidays in Lyon with your best friend.
- The people are welcoming and the town is lovely.
- You hope to meet her once you've returned home.

15 Write a postcard to your pen-friend Erwan, in which you say that:

- You are on holidays in Spain with your friends.
- Yesterday, you went sailing and the weather was beautiful.
- Tomorrow, you hope to go to a market to buy some presents for your family.

16 Write a postcard to your sister Patricia, in which you say that:

- You arrived safe and sound in Spain on Thursday evening.
- Barcelona is very lively, but it is expensive.
- You hope to rent a car to go to the mountains in a few days.

17 You are on a school tour in Paris with your class. Write a postcard to your friend Marie-Claire, in which you say that:

- You are in Paris with your class for one week.
- Yesterday you went to Disneyland Paris and had a great time.
- Tomorrow, you will visit some museums.

18 Write a postcard to your mother, in which you say that:

- You arrived safely in Nantes on Sunday morning.
- The area is lovely and the youth hostel in which you are staying is cheap.
- Yesterday, you went into town for a free concert.

Journal / Diary entries

Task

- In this section, students are required to describe their feelings and thoughts on a variety of different topics. You may have to write an entry to describe your anger after an argument with a friend, your disappointment at being refused permission to attend an event, your happiness at the prospect of school ending and your summer beginning, or simply your response to an experience or a recent occurrence in your personal life.
- The note at the beginning of the diary question will provide you with some information about the event that you've just attended or the experience you've just had.

Useful language

- Begin your diary entry, *Cher journal intime*.
- You will usually be required to respond to something negative or something positive. These expressions can be useful as a beginning.

Quelle surprise !
What a surprise!
Quelle malchance !
What bad luck!
Quel cauchemar !
What a nightmare!
Quel désastre !
What a disaster!
Quel dommage !
What a pity!
Quelles bonnes/mauvaises nouvelles !
What good/bad news!

- You could continue by saying what you have just done. For example:

Je viens d'apprendre que…
I've just learned that…
Je viens de finir mes devoirs.
I have just finished my homework.
Je viens de rentrer de France.
I have just returned from France.
Je viens de rentrer d'un concert.
I have just returned from a concert.
Je viens de me disputer avec mes parents.
I have just argued with my parents.

- You may be asked to describe your day/experience/journey or general reaction to something, so choose a number of adjectives or adverbs that will improve the quality of your French.

Le concert/le film/le spectacle/le voyage était intéressant/troublant/long/fatiguant/formidable/super.
The concert/film/show/journey was interesting/disturbing/long/tiring/great/super.
L'expérience était inoubliable/mémorable/incroyable.
The experience was unforgettable/memorable/incredible.

- Useful adverbs may include:

absolument
absolutely
simplement
simply
désespérément
desperately
vraiment
really
profondément
deeply

- You may have to include information about other people. For example:

Mes parents m'énervent.
My parents annoy me.
Le directeur/La directrice est strict(e).
The principal is strict.
Mes professeurs me font confiance.
My teachers trust me.
Mes amis sont généreux.
My friends are generous.
Il est malchanceux/malhonnéte/irresponsable/malheuruex/impossible/serviable.
He is unlucky/dishonest/irresponsible/unhappy/impossible/helpful.

- Phrases which include the verb *être* can be useful for the diary entry. For example:

être malade
to be sick
être faché(e)
to be angry
être occupé(e)
to be busy
être nerveux/euse
to be nervous
être heureux/euse
to be happy
être triste
to be sad
être fatigué(e)
to be tired
être épuisé(e)
to be exhausted
être ravi(e)
to be thrilled
être fauché(e)
to be broke
être déprimé(e)
to be down
être inquiet(ète)
to be worried
être déçue(e)
to be disappointed

- Phrases which express positive or negative feelings may also help with this question. For example:

être fou de joie
to be very happy
être bloqué(e) à la maison
to be stuck at home
être en retard
to be late
être au septième ciel
to be on cloud nine
J'en ai marre.
I'm fed up.
Il vaut mieux…
It's better to…
J'attends ça avec impatience.
I can't wait.
Je m'ennuie
I'm bored
J'ai honte
I'm ashamed
J'ai peur
I'm afraid
J'ai envie de…
I want to…
La nuit porte conseil.
Sleep on it.

- It may also be useful to know a couple of proverbs, but only use them where they may serve to enhance the nature of something you are saying. For example, if you are making the point that you find mathematics difficult as a subject, you may support that point by adding that 'practise makes perfect' and following with a further point about studying for extra hours. Here are some useful proverbs:

Quand on veut, on peut.
Where there's a will, there's a way.
Paris ne s'est pas fait en un jour.
Rome wasn't built in a day.
Un malheur ne vient jamais seul.
It never rains but it pours.
Petit à petit, l'oiseau fait son nid.
Practise makes perfect.
Pas de nouvelles, bonnes nouvelles.
No news is good news.

- These verbs may be useful for talking about everyday activities, for example, exams, sports, etc.:

réussir
to pass/succeed
échouer
to fail
redoubler
to repeat
gagner
to win
perdre
to lose
annuler
to cancel
se dépêcher
to hurry
s'arrêter
to stop
se disputer
to argue

- The following verbs may also be useful for diary entries but remember that they must be followed by *à*.

demander à
to ask someone for
donner à
to give to someone
expliquer à
to explain to someone
parler à
to speak to someone
répondre à
to reply to someone

- These phrases are useful for ending a diary entry:

À plus tard
Later
À demain
Chat tomorrow
À tout à l'heure
See you later

Diary Entry
Practice questions

1 You have just returned from a concert in Dublin.

Note the following in your diary:

- You have been to a concert for your birthday.
- Describe the atmosphere and the experience.
- Say what time you arrived home and that you are now exhausted.

2 You have just returned home after a day of shopping in town with your friend.

Note the following in your diary:

- You have just bought new clothes for your holiday next week.
- You are broke but will look for a part-time job after your holidays.
- You are very tired and will go to bed early this evening.

3 You have just returned home from a school tour in Spain.

Note the following in your diary:

- You arrived home yesterday evening at 8:00 p.m.
- You really enjoyed yourself in Spain and the weather was very hot.
- You were very busy everyday on the trip and you are very tired.

4 You have had a tough day at school.

Note the following in your diary:

- You failed your Mathematics exam and you are very disappointed.
- You have to repeat it next week.
- You will have to cancel your night out on Saturday with your friends in order to study.

5 You have just returned from a rugby match.

Note the following in your diary:

- You are thrilled after the game.
- You were at the stadium with all your friends and the atmosphere was great.
- You hope your team will win the game in two weeks' time.

6 You have just finished your exams.

Note the following in your diary:

- You have just finished your Leaving Certificate examinations and you are a little disappointed.
- Mathematics and English are your favourite subjects, but they were difficult.
- You are going to go to bed for an hour as you are going out that night with your friends.

7 You've just returned from the cinema where you saw a new film with your boyfriend/girlfriend.

Note the following in your diary:

- The film was terrible.
- You are disappointed because the lead actor is usually very good.
- Mention where you went afterwards and the time you returned home.

8 It's the end of your summer holidays and you are about to return to school.

Note the following in your diary:

- You have just returned from two weeks in France.
- You are sad you have to return to school.
- You will be exhausted in the morning after arriving back late from your holiday.

9 You've just returned from a tennis tournament.

Note the following in your diary:

- You are very happy because your best friend won the tournament.
- You are tired because it was a very hot day.
- You will go out tomorrow night to celebrate with your friend.

10 You've just had a great day in school.

Note the following in your diary:

- You are on cloud nine because you did really well in your exams last week.
- Your parents will be delighted and you can't wait to tell them the news.
- You hope to go to university in Dublin next year.

11 You have just had an argument with your best friend.

Note the following in your diary:

- You are feeling angry after the argument.
- Say what the argument was about and that you will ring him/her in an hour.
- You have to go to his/her birthday party at the weekend.

12 Your best friend has just invited you to join her family on their holiday to Spain.

Note the following in your diary:

- You were really excited about the invitation to Spain.
- Your parents won't allow you to go and you are very disappointed.
- You will visit your sister who lives in Enniscorthy next week instead.

13 Your Leaving Certificate exams are due to take place next week.

Note the following in your diary:

- Your exams will start next week and you are very nervous.
- You hope to do well and you want to go to university next year.
- You will study every evening for three to four hours after school next week to prepare for the exams.

14 Your parents have just told you that they have organised a family holiday to Paris.

Note the following in your diary:

- You are overjoyed because your parents have organised a trip to France.
- You went to France two years ago and really enjoyed yourself.
- You will go to the Louvre Museum to see the Mona Lisa and you can't wait.

15 Your best friend has just told you that he/she is moving to America.

Note the following in your diary:

- You have known this friend since you started school.
- You are sad and you will miss him/her very much.
- He/she has invited you to visit him/her in America next summer for two weeks.

16 Your brother has just won an exciting prize.

Note the following in your diary:

- Your brother has just won two tickets to a big football match in Dublin.
- He asked you to go and you can't wait.
- You will have to borrow some money from your mother for the train fare as you are broke at the moment.

17 You are at home on your own.

Note the following in your diary:

- You have been watching TV all night and you are bored.
- All your friends are out and you are stuck at home because you have no money.
- You will look for a part-time job tomorrow because you want to go on holidays at the end of the summer.

18 You have just found out that you have a French exam tomorrow.

Note the following in your diary:

- You have found out that it is first thing in the morning.
- You find French difficult and you are a little worried.
- You have to play a match this evening and you won't have time to study.

Lettres officielles / Formal letters

Task

- Avoid overcomplicating the content. The simple approach is always the best one when addressing the required points and communicating the message of the letter.
- The content of the letter varies, but you can expect to outline your reasons for writing the letter and ask any necessary questions before signing off in the appropriate manner.
- You may add some details that enhance the required content, but don't deviate too much.
- You must cover all three points included in the question or you will lose marks.
- The structure at the top of the page is worth 3 marks and the closing formula is also worth 3 marks. Learn to use set phrases for opening and closing a formal letter in order to avoid losing any marks.
- The content varies from year to year, but the most popular questions include:

⇨ Making a reservation/booking a hotel/a campsite
⇨ Applying for a job in France
⇨ Requesting information from a tourist information office
⇨ Cancelling a reservation/booking
⇨ Writing a letter of complaint
⇨ Requesting a place on a French course
⇨ Requesting a house exchange with a French family

Method

The town name and the date are written in the top right-hand corner, exactly like the format for postcards.

- The sender's address differs from formal letters written in English and is found on the top left-hand corner of the letter.
- Include *Irlande* in the sender's address but *Ireland* or *Éire* will be accepted.
- Opposite the sender's address and directly below the date, you'll find the name of the person to whom you are writing, the *destinataire*.
- The *destinataire* is provided for you along with a corresponding address.
- Begin by greeting your correspondant, for example, *Monsieur le directeur,* or *Monsieur/Madame/Mademoiselle*. It is considered impolite to use abbreviations like *M.*, *Mme* or *Mlle* in formal letters.

The *vous* form (as opposed to the *tu* form of informal (friendly) letters) is always used in formal writing.

- A formal ending is required. For example,:
  Male: *Je vous prie d'agréer, Monsieur, l'expression de mes sentiments distingués.*
  Female: *Je vous prie d'agréer, Madame, l'expression de mes respectueaux sentiments.*

Useful language

- You should learn some phrases and vocabulary for making a booking. For example,:

Nous avons l'intention de passer deux/trois semaines en France dans votre hôtel/camping/auberge de jeunesse.
We plan on spending two/three weeks in France in your hotel/camp site/youth hostel
Je compte/nous comptons passer…
I/We intend to spend…
Nous sommes cinq.
There are five of us.
Je voudrais réserver une chambre.
I would like to book a room.
J'aimerais faire une réservation pour une chambre à un lit/deux lits/deux chambres à deux lits… du (2 septembre) au (16 septembre).
I would like to make a reservation for a single room/a twin room/two twin rooms… from (2 September) to (16 September).
J'aimerais savoir s'il y a…
I'd like to know if there is a…
Y a-t-il un supermarché près de l'auberge ?
Is there a supermarket near the hostel?
Pourriez-vous m'envoyer des détails sur les installations du camping ?
Could you send me information on the campsite's facilities?
Est-ce que le petit déjeuner est compris ?
Is breakfast included?
Pourriez-vous m'envoyer un dépliant sur la région ?
Could you send me a leaflet on the area?

- You should learn some phrases and vocabulary for applying for a job. For example:

Je voudrais poser ma candidature pour le poste de… serveur/serveuse/vendeur/vendeuse dans votre…
I would like to apply for the job of waiter/waitress/salesperson in your…
Suite à votre annonce parue dans Le Monde/Le Figaro…
In response to your advert in Le Monde/Le Figaro.
J'ai déjà travaillé comme serveur/serveuse…
I have already worked as a waiter/waitress.
Je viens de passer mes examens.
I have just sat my exams.
Je cherche un emploi d'été en France.
I'm looking for a summer job in France.
J'apprends le français depuis cinq ans.
I have been studying French for five years.
J'aimerais bien perfectionner/améliorer mon français pendant l'été.
I would really like to improve my French over the summer.
Je voudrais quelques renseignements supplémentaires.
I would like some additional information.
Je vais commencer mes études à la fac en septembre.
I start college in September.
Je serai disponible du 20 julliet jusqu'au 27 août.
I will be available from July 20 until August 27.
Veuillez trouver ci-joint mon CV.
Je vous prie de trouver ci-joint mon CV.
Please find enclosed my CV.

- The following vocabulary items and phrases will help you with writing a letter asking for information.

L'office de tourisme/Le syndicat d'initiative
The tourist information office
Je vous serais reconnaissant de bien vouloir m'envoyer…
I would be very grateful if you could send me…
Pourriez-vous m'envoyer…
Could you please send me…
…une liste de/une carte de/un dépliant sur/l'adresse de/des renseignements sur la région/la ville/les hôtels/les locations de voitures/vélos.
…a list of /a map of /a brochure of /the address of/ some information on the area/the town/the hotels/car/ bicycle hire.
Je voudrais des renseignements sur votre hôtel/auberge de jeunesse/lycée/vos tarifs/vos installations.
I'm looking for information about your hotel/hostel/ school/prices/facilities.
Je vous serais obligé de…
I would be grateful if…
Je vous remercie de votre aide.
Thank you for your help.

- These phrases may also be helpful for this section of the exam:

Je suis tout à fait désolé(e).
I am very sorry.
Je vous avais demandé de réserver…
I had asked you to book…
J'ai le regret de vous dire que…
I regret to inform you that…
Je vous serais obligé de bien vouloir annuler cette réservation.
I would be grateful if you could cancel this reservation.
Je suis au regret de vous informer qu'il y avait trop de bruit dans votre hôtel.
I regret to inform you that there was too much noise in your hotel.
Je vais consulter votre site Internet pour poster mes commentaires.
I'm going to post my comments on your website.
Le jour de mon départ/mon arrivée…
My departure/arrival date…

Sample letter

This is a letter from Sheila O'Shea, an Irish girl seeking part time employment in a Parisian hotel.

Castlebar, le douze mai 2011

Sheila O'Shea,
13 The View,
Kilcock,
Co. Kildare,
Irlande

M. René Delage
6, Rue Des Archives,
75004 Paris

Monsieur le Directeur,

Je m'appelle Sheila O'Shea, je suis Irlandaise. J'aimerais travailler dans votre hôtel cet été. J'ai un peu d'expérience dans l'hôtellerie, j'ai travaillé dans trois hôtels différents à Dublin. Cette année, j'aimerais poser ma candidature pour un poste en France afin d'améliorer mon français. J'ai quelques amis à Paris qui pourront m'héberger pour l'été.

Pourriez-vous me donner quelques renseignements sur mes heures de travail ? Je suis travailleuse et je n'ai pas peur de me lever tôt. Je ferai de mon mieux pour être à la hauteur des tâches demandées.

Veuillez agréer M. le Directeur mes sentiments les plus distingués,

Sheila O'Shea

Formal Letter Practice questions

1 You are Colm/Agnes McCaffrey from 2 Heathfield, Kinnegad, Co. Westmeath.

Write a formal letter to Monsieur le Directeur, Office du Tourisme d'Avranches, 2 Rue du General de Gaulle, 50000 Saint-Lô, France:

- Say that you plan to go to Mont Saint-Michel with your sister/brother in July.
- Say that you would like some information on the history of Mont Saint-Michel and the events planned for that time.
- Ask about the possibility of staying there for two weeks and the cost involved.

2 You are Fionn/Emma Ryan from 20 Blackcastle Avenue, Cootehill, Co. Cavan.

Write a formal letter to Monsieur le Directeur, Château de Locguénolé, 56700 Kervignac, France:

- Say that you are applying for a part-time job as a waitress in this château and mention that you are already 18 years old.
- Say that you already worked as a waitress in Paris the summer before and you loved it.
- Inform him that you will be able to work as soon as your exams are finished in June.

3 You are Kevin/Katherine MacCabe from 15 The Cloisters, Collon, Co. Louth.

You and your family have decided to do a house exchange this summer with a French family. Write a formal letter to Mme Dubois from 26 Rue des Ratacas, 11100 Narbonne, France, a family with whom you came into contact through a friend on Facebook:

- Say that your family would love to do a house exchange for the month of August.
- Mention that you have already uploaded photos of your house onto Facebook and you would appreciate if they would do the same.
- Ask them to send you some leaflets or information on their area.

4 You are John/Jennifer Wall from High Street, Bandon, Co. Cork.

You have just returned from a week-long stay in Paris and since your experience of the hotel in which you were staying was not a pleasant one, you have decided to write a letter of complaint to the manager. Write a formal letter to Monsieur le Gérant at Hôtel Paris, 45 Avenue Pierre 1er de Serbie, 75008 Paris, France and say that:

- You and your family stayed in his hotel from July 1st to July 7th.
- The hotel was extremely noisy and you got very little sleep.
- Mention that the rooms were overpriced considering the service and unfriendly staff.

5 You are James/Louise Prior from Termonbarry, Co. Roscommon.

Write a formal letter to Monsieur le Gérant, at Hôtel Campanile Lille Nord-Roubaix, 36 Rue de la Communauté Urbaine, 59100 Roubaix, France and say that:

- You intend to spend one week in France with your family during the Easter holidays.
- You would like to book two rooms for that time.
- You would like him to send you menu samples and prices from the hotel restaurant.

6 You are Michael/Michelle Mulhern from Oldgrange, Monasterevin, Co. Kildare.

You have decided to work as an au pair in France for the summer.
Write a formal letter to France Au Pair Eurojob, 6 Allée des Saules, Bp2917420 Saint Palais Sur Mer, France and say that:

- You are 18 years old, you were born in Poland and you will sit your Leaving Certificate exams next year.
- You wish to improve your French and you hope to study French at university the year after.
- You have two brothers and two sisters and love children and would be free to begin work straight away.

7 You are Gerard/Geraldine McGoldrick from 1 The View, Edwardstown, Co. Longford.

Write a formal letter to Camp Municipal les Cent Vignes, 10 rue Auguste Dubois, 21200 Beaune, France and say that:

- You intend to go to France in August with your aunt and her three children.
- You would like to book a caravan for a week.
- You would like some information about prices and you want to know whether the swimming pool has a full-time lifeguard.

8 You are Matthew/Mairead Smith from 113 Clonmullen, Edenderry, Co. Offaly.

Your family had planned to spend three nights in a hotel in Bouaye. Due to unforeseen circumstances you must cancel the reservation.
Write a formal letter to Monsieur le Directeur in Hôtel Kyriad, Nantes Sud, Route de Nantes-Pornic, 44830 Bouaye, France in which you say that:

- You had reserved two rooms from Friday, June 22nd to Monday June 25th .
- You must cancel this reservation and you apologise for doing so.
- You intend to post positive comments on the hotel website if he can help you with this issue.

9 You are Denis/Denise Tormey from 21 Burgage Manor, Blessington, Co. Wicklow.

Write a formal letter to Monsieur le Directeur in Citadine Antigone Monpellier, 588 Boulevard d'Antigone, 34000 Montpellier, France:

- Say that you would like to work in his hotel and that you had stayed there last year on a family holiday.
- Mention that you have been studying French for five years but would like to improve your French before starting college in September.
- Say that you are enclosing your CV and you are available to start work immediately.

10 You are Alan/Anne Toole from 25 Maudlins, Naas, Co. Kildare.

Write a formal letter to Monsieur le Directeur, Lycée Saint Nicolas, La Camargue, 42310 Bas en Basset, France:

- Say that you would like to apply for a place on their French summer course.
- Mention that you are sitting your Leaving Certificate exams next year and would like to improve your French.
- Say that you would like them to send you information on class times and the local area.

11 You are Fintan/Fiona O'Connor from Walderstown, Athlone, Co. Westmeath.

Write a formal letter to Monsieur le Gérant, Bibliothèque Cujas, 2 rue Cujas, 75005 Paris, France and say that:

- You would like to work in his library in Paris.
- You have completed your Leaving Certificate and you already work part-time in your local library.
- You love to read, have always loved books and have lots of good ideas on how to encourage young people to read.

12 You are Liam/Leona Murray from 20 Woodfield, Ballivor, Co. Meath.

Write a formal letter to Monsieur le Gérant, Hôtel Paradis, 1 rue de Paradis, Nice, France. In the letter:

- Say that you intend to stay in his hotel for one week with three friends.
- Ask if there is somewhere near by to rent a car.
- Ask if he could send you information on local restaurants and amenities.

13 You are Raymond/Rachel Dunphy from 2 The Drive, Enniscorthy, Co. Wexford.

Write a formal letter to a shop located at Avenue du Languedoc, 66000 Perpignan, France. In the letter:

- Say that you would like to apply for the position of sales assistant in his shop.
- Say that your level of French is good and that you have previous experience working in a shop.
- Say you will be available to work from 25th June and you are enclosing your CV.

14 You are Sean/Siobhan Cronin from 8 The Park, Swinford, Co. Mayo.

Write a formal letter to Monsieur le Directeur at Maison de la France, 20 Avenue de l'Opéra, 75401 Paris, France. In the letter:

- Say that you intend to spend one month in Paris.
- Say that you would like information on train and bus times.
- Ask if he could send you some leaflets on local accommodation.

15 You are Cormac/Lisa Flynn from Tallanstown, Dundalk, Co. Louth.

Write a formal letter to Monsieur le Directeur, Camping du Pont De Bussy, Saône-et-Loire, 71550 Anost, France. In the letter:

- Say that you and some friends intend to go camping this summer and wish to book a place at his campsite for three weeks.
- Ask about the facilities in the campsite and say that you would like him to send you any relevant leaflets/information as soon as possible.
- Say that you have an interest in hiking and ask if there are any guided hikes offered in the area.

Oral expression

Learning outcomes

Learning relevant topic vocabulary

- My family, my friends and me
- Pocket money
- My area and my home
- School
- Daily routines
- Part-time job
- Hobbies
- My future
- France and the French language
- Holidays
- The conditional question

Expression orale

On the day of the exam

- Before the examination begins, candidates are reminded that the examiner is there in a supportive role and wishes to give the candidate as many marks as possible. The purpose of this introductory talk is to explain the examination process and to put the candidates at ease.
- On entering the examination room, candidates will be asked for their name and exam number in English. Candidates will also be asked to sign the roll. Candidates should be aware that the conversation is recorded. This is common practice in the event of an appeal at a later date.
- All candidates should make sure they have a *document* with them. This could be a photograph, a postcard or an article. You should think about what questions the examiner might ask you in relation to your *document* and prepare any relevant vocabulary or phrases.
- The examination will last for approximately twelve minutes.
- It is possible that an external examiner might attend the centre. He/She is there to ensure that the examination process is running smoothly and will not question you in any way.

Le Document

- The examiner will normally spend about two minutes of the overall time on the *document* (photo, graph, illustration, text or article).
- Make sure that you have prepared well. Never choose your article or photo at the last minute.
- There are a number of possibilities for your picture of choice: it could be a postcard or cartoon, a poster of your favourite group or a recent concert, an image from an advert or a picture from your own personal collection.
- Choose your photograph carefully. Don't choose a picture of you with your friends on a night out for example, if you're not willing to discuss the issue of underage drinking. You must look closely at the photograph and anticipate the areas about which the examiner may ask questions. You may choose a picture of you and your family at the beach but think about the following: Is there any litter on the ground? Is anyone holding a cigarette? Is there any food, specifically traditional, in the picture? These considerations would bring a different dimension to your family photo.
- Although students may choose *un texte littéraire* like a play, short story or novel, *articles de journaux* or *un dossier* (project work on some aspect of French life), the photo option is undoubtedly the easiest option for Ordinary Level.

Ma famille, mes amis et moi

Parlez-moi un peu de vous.

When you are first invited to speak about yourself, give details such as:

- your name
- your age
- your birthday
- a physical description
- a personality description
- where you come in the family
- the number of brothers and sisters you have

Je m'appelle…
My name is…
J'ai… ans.
I am… years old.
Mon anniversaire est le…
My birthday is the…
Je suis grand(e)/petit(e)/mince/sportif/sportive.
I am tall/small/slim/athletic.
J'ai les yeux bleus/marrons/gris/verts.
I have blue/brown/grey/green eyes.
J'ai les cheveux noirs/blonds/bruns/roux.
I have black/blond/brown/red hair.
Je suis ouvert (e)/compréhensif(ve)/raisonnable/attentionné(e)/têtu(e).
I am open minded/understanding/sensible/thoughtful/stubborn.
J'ai un frère plus âgé que moi.
I have one older brother.
Je suis l'aîné(e)/le cadet/la cadette de ma famille.
I am the oldest/youngest in my family.
J'ai un frère jumeau/une soeur jumelle.
I have a twin brother/sister.
Je suis fils/fille unique.
I am an only child.

Sample answer

Je m'appelle Mary. J'ai dix-sept ans. Mon anniversaire est le onze septembre. Je suis assez grande. J'ai les yeux bleus et les cheveux blonds et courts. Je suis patiente, fidèle et drôle. Mais j'ai aussi des défauts – je suis parfois un peu têtue. Je suis la cadette de ma famille. J'ai deux frères.
My name is Mary. I'm seventeen years old. My birthday is on September 11th. I'm quite tall. I have blue eyes and short, blond hair. I am patient, loyal and funny. However, I do have faults as well – I can be a little stubborn sometimes. I am the youngest member of my family. I have two brothers.

Parlez-moi de votre famille.

You could talk about
- members of your family
- how many people there are in your family
- their names

mon père/ma mère
my father/my mother
mon beau-père/ma belle-mère
my step-father/step-mother
mon grand-père/ma grand-mère
my grandfather/my grandmother
mon frère/ma sœur
my brother/my sister
mon beau-frère/ma belle-sœur
my brother in law/my sister in law
mon demi-frère/ma demi-sœur
my half-brother/my half-sister
mon frère jumeau/ma sœur jumelle
my twin brother/my twin sister
mon grand/petit frère/ma grande/petite soeur
my older/younger brother/my older/younger sister
Nous sommes six – mon père, ma belle-mère, mes deux sœurs, mon demi-frère et moi.
In my family there are six people – my father, my step-mother, my two sisters, my half-brother and me.
Mon père/frère s'appelle…
My father/brother is called…
Ma mère/ma soeur s'appelle…
My mother/sister is called…
Mes frères s'appellent…
My brothers are called…
Mes sœurs s'appellent…
My sisters are called…

Sample answer

Nous sommes cinq chez nous, mon père, Michael, ma mère, Elaine, mes deux sœurs et moi. Mes sœurs s'appellent Grace et Maria. Grace a six ans et elle va à l'école primaire et Maria a treize ans et elle va au lycée en ville. Moi, je m'entends super bien avec mes sœurs. Je me dispute de temps en temps avec mes parents mais je crois que c'est normal ça, non ? Ils sont stricts mais, en même temps ils me font confiance et ils font tout pour nous.

There are five people in my house, my father Michael, my mother Elaine, my two sisters and I. My sisters are called Grace and Maria. Grace is six years old and she goes to primary school, and Maria is thirteen years old and she goes to a secondary school in town. I get on very well with my sisters. I do argue sometimes with my parents, but that's normal isn't it? They are strict, but they do trust me and they do everything for us.

Décrivez votre père/mère/frère/soeur.

When asked to describe someone else, talk about:

- name
- age
- physical description
- personality description
- personal details (school/college/work; likes/ dislikes)

Use *avoir* to talk about age and to describe hair and eye colours. Use *être* to talk about physical and personal characteristics.
Il/Elle a dix-huit ans.
He/She is eighteen years old.
Il a les yeux bleus.
He has blue eyes.
Elle a les cheveux roux.
She has red hair.
Il est mince.
He is slim.
Elle est grande.
She is tall.

Use these phrases to talk about someone's personal life and interests :
Il va à l'école primaire/au lycée/à la fac.
He goes to primary school/secondary school/college.
Elle fait des études de droit/commerce/médécine/ musique.
She is studying law/business/medicine/music.
Il est au chômage/sans-emploi.
He is unemployed.
Je m'entends bien/super bien/assez bien/mal avec lui/elle/eux.
I get on well/very well/quite well/badly with him/her/ them.
Il aime/n'aime pas…
He likes/doesn't like…
Je me dispute souvent/rarement/quelquefois avec lui/elle/eux.
I often/rarely/sometimes argue with him/her/them.
On se dispute à propos de nos vêtements/la télé/qui fait la vaisselle.
We argue about our clothes/the TV/who does the dishes.

Use a variety of interesting adjectives to describe someone's personality:

Positive character traits	
bosseur/bosseuse	*hard-working*
travailleur/travailleuse	*hard-working*
intelligent(e)	*clever*
bavard(e)	*chatty*
sérieux/sérieuse	*serious*
drôle	*funny*
fidèle	*loyal*
agréable	*pleasant*
ouvert(e)	*outgoing*
amical(e)	*friendly*
généreux/généreuse	*generous*
indépendant(e)	*independent*
raisonnable	*sensible*
honnête	*honest*
patient(e)	*patient*
sympathique/sympa	*nice*
content(e)	*happy*
sportif(ive)	*athletic*
réaliste	*realistic*
timide	*shy*
poli(e)	*polite*
extraverti(e)	*outgoing*
de bonne humeur	*good-humoured*
sans préjugés	*open-minded*
intéressant(e)	*interesting*
optimiste	*optimistic*

Negative character traits	
méchant(e)	*mean*
gourmand	*greedy*
désagréable	*unpleasant*
impoli(e)	*impolite*
impatient(e)	*impatient*
fou/folle	*mad*
stupide	*stupid*
effronté	*cheeky*
paresseux/paresseuse	*lazy*
inquiet(ète)	*anxious*
ennuyuex/ennuyeuse	*boring*
têtu(e)	*stubborn*
pessimiste	*pessimistic*
de mauvaise humeur	*bad-tempered*
pénible/casse-pied	*annoying*

Sample answer

Mon frère s'appelle John. Il a seize ans. Il est grand et mince. Il a les yeux bruns et les cheveux noirs. John est toujours de bonne humeur. Il est optimiste et honnête, mais parfois il est un peu effronté. Il va au même lycée que moi. L'année prochaine il sera en terminale. Il adore jouer au foot. Il joue avec une équipe en ville. Il est gardien de but.

My brother's name is John. He is sixteen years old. He is tall and thin. He has brown eyes and dark hair. John is always in a good mood. He is optimistic and honest, but sometimes he can be a little cheeky. He goes to the same school I do. Next year will be his final year. He loves playing football. He plays for a team in town. He is a goalie.

Est-ce que vous vous entendez bien avec vos parents?

If asked whether you get on well with your parents, try to give at least three sentences so that you've fully answered the question and the examiner will have no need to press you further on this question. Choose some sentences that you feel best describe your parents or your relationship with your parents from the list below.

Je m'entends bien/mal avec mes parents.
I get on well/badly with my parents.
Ils sont stricts/décontractés.
They are strict/laid-back.
Ils m'écoutent.
They listen to me.
Ils me respectent et je les respecte.
They respect me and I respect them.
Ils me soutiennent toujours.
They always support me.
Ils me demandent mon avis ce que j'aime bien.
They ask for my opinion which I really like.
Ils ont de grandes attentes pour moi cette année.
They have high hopes for me this year.
Il/Elle s'inquiète trop.
He/She worries too much.
Ils me traitent comme un enfant et je déteste ça.
They treat me like a child and I hate that.
Ils me traitent comme un adulte et j'aime ça.
They treat me like an adult and I like that.
Ils se plaignent de trop de devoirs.
They complain too much about homework.
Ils m'agacent.
They annoy me.
Ils travaillent beaucoup.
They work very hard.
Mon père/Ma mère est très exigeant(e).
My father/mother is very demanding.
Nous avons les mêmes personnalités.
We have the same personalities.
Nous avons des personnalités très différentes.
We have very different personalities.
Je ressemble à mon père/à ma mère.
I take after my father/mother.
Je comprends qu'il est très difficile d'être parent aujourd'hui.
I understand that it's difficult to be a parent nowadays.
J'espère que mes parents seront fiers de moi.
I hope that my parents will be proud of me.

Sample answer

Moi, j'adore mes parents. Ils ont l'esprit ouvert et ils me soutiennent toujours. Ma mère dit que je ressemble à mon père parce que je peux être très têtue quand je veux mais la pression des examens m'énerve de temps en temps et mes parents se plaignent de trop de devoirs cette année. Mais en général, ils me traitent comme une adulte et j'aime ça.

I think my parents are great. They are open-minded and they always support me. My mother says that I'm like my father because I can be really stubborn when I want to be but exam pressure gets to me sometimes and my parents are complaining too much about homework this year. But, in general, they treat me like an adult and I like that.

Décrivez votre meilleur ami./Est-ce que vous avez un petit copain/une petite copine?

Use these words and phrases to begin:
Mon/Ma meilleur(e) ami s'appelle…
My best friend is called…
Mon petit copain/Ma petite copine s'appelle…
My boyfriend/My girlfriend is called…
See the earlier vocabulary and phrases for describing age, appearance, personality, etc.
Il/Elle est beau/belle.
He/She is handsome/beautiful.
Il est romantique.
He is romantic.
Elle est gentille.
She is thoughtful.
Je le/la connais depuis… ans.
I've known him/her for… years.
Nous nous sommes rencontrés à l'école primaire/au lycée/au cours de musique.
We met at primary school/secondary school/music class.
Son anniversaire est le…
His/Her birthday is the…
You might want to describe the activites you do together:
Nous nous envoyons des messages/textos/sms.
We send texts to each other.
Nous bavardons sur MSN.
We chat on MSN.
Nous aimons les mêmes choses.
We both like the same things.
Nous voyons nos ami(e)s.
We see our friends.
Nous téléchargeons de la musique sur iTunes.
We download music from iTunes.
Nous allons au cinéma parce qu'il/elle est fan de cinéma.
We go to the cinema because he/she is mad about the cinema.
Nous surfons sur Internet – nous pouvons passer des heures à faire ça.
We surf the net – we could spend hours doing that.
Nous faisons nos devoirs ensemble.
We do our homework together.
Nous jouons à des jeux électroniques.
We play computer games.

Sample answer

Ma meilleure amie s'appelle Anne. Comme moi, elle a dix-sept ans. Son anniversaire est le dix juillet. Elle a les yeux verts et les cheveux roux. Elle est petite et mince. Elle est généreuse, ouverte et gentille. Je la connais depuis cinq ans. Nous nous somme rencontrées au cours de danse. Elle est très douée pour la danse. On ne va pas au même lycée. Elle va à une école de filles près d'ici. Le week-end nous faisons du lèche-vitrine en ville et on va souvent à la bibliothèque, surtout quand on a un projet à faire. Anne m'aide aussi à faire mes devoirs – elle est très intelligente. C'est une très bonne amie. Je serais perdue sans elle.

My best friend is Anne. Like me, she is seventeen. Her birthday is July 10. She has green eyes and red hair. She is small and slim. She is generous, open-minded and kind. I've known her for five years. We met at dance class. She is very good at dancing. We don't go to the same school. She goes to a girls' school near here. At the weekend we go window shopping in town and we often go to the library, especially when we have a project to do. Anne helps me with my homework too – she is very clever. She is a very good friend. I would be lost without her.

Parlez-moi de votre anniversaire.

You bring up the topic of your birthday yourself in the introductory section. You could start with:
Mon anniversaire est le (sept mars).
My birthday is the seventh of March.
Je suis né(e) en mille neuf cent quatre-vingt-treize.
I was born in 1993.

Sample answer

Je suis né(e) le onze septembre et pour mon anniversaire j'ai assisté à un concert de Michael Bublé au stade Aviva à Dublin. J'adore la musique en général mais Michael Bublé est mon artiste préféré. J'ai des tonnes de CDs chez moi et j'ai tous ses CDs. Le stade était incroyable aussi. En 2010, il a été réagencé et a maintenant une capacité de 50 000 personnes. Le stade offre de superbes installations, un éclairage extraordinaire et plein d'espace. J'étais très excité d'y aller avec mes amis. C'est un anniversaire que je n'oublierai jamais.
I was born on 11th September and for my birthday, I attended a Michael Bublé concert at the Aviva stadium in Dublin. I love music in general, but Michael Bublé is my favourite performer. I have lots of CDs at home and I have all of his. The stadium was incredible too. In 2010, it was redesigned and now has a seating capacity of 50,000. The stadium provides superb facilities for spectators with amazing lighting and plenty of space. I was very excited to go there with my friends. It's a birthday I'll never forget.

A birthday celebration of this nature may prompt the examiner to ask questions like:

Qui a acheté les billets ? *Who bought the tickets?*
C'était pour un cadeau ? *Were they a birthday gift?*
Quelle était l'ambiance le soir du concert ?
What was the atmosphere like on the night of the concert?
Vous allez souvent aux concerts ?
Do you go to concerts often?
Allez-vous retourner au stade pour regarder un match ?
Will you go back to the stadium to watch a match?

Another popular topic is your birthday party:
Mes parents vont organiser…
My parents will organise…
Ils vont inviter… *They will invite…*
Il y aura un DJ. *There will be a DJ.*

The examiner may ask you:
Il y avait combien de personnes ?
How many people attended the party?
Quel genre de musique a joué le DJ ?
What kind of music did the DJ play?
La nuit a-t-elle été longue ?
Was it a late night?
Avez-vous invité vos voisins ?
Did you invite your neighbours?

Sample answer

Pour mon anniversaire, mes parents ont organisé une grande fête chez moi. Ils ont invité beaucoup de mes amis et quelques membres de la famille. Quelle surprise ! Ils ont fait venir un DJ, un peu de nourriture et un énorme gâteau. J'étais tellement comblée. Nous avons tous passé une bonne soirée. La plus grande surprise a été quand mes parents m'ont dit que je pouvais aller en vacances en Espagne avec mes amis pendant l'été. Je ne suis jamais allée en vacances avec tous mes amis. Vive les vacances !
For my birthday, my parents organised a big party for me at my house. They invited lots of my friends and some family members. What a surprise! They had a D.J, some food and a huge cake. I was so overwhelmed. We all had a great night. The biggest surprise was when my parents told me that I could go on holiday to Spain with my friends during the summer. I've never been on holiday with all my friends. Holidays, here I come!

If this is a topic you would rather not prepare in detail, you could just say:
Je n'ai pas fait grand-chose.
I didn't do an awful lot.
Je ne ferai pas grand-chose.
I won't do an awful lot.

L'argent de poche

Est-ce que vous recevez de l'argent de poche ?

Mes parents me donnent… euros par semaine.
My parents give me €… per week.
Je reçois… euros par semaine.
I receive €… per week.
Avec ça, j'achète mon déjeuner.
With that I buy my lunch.
De temps en temps je loue un DVD dans un club vidéo près de chez moi.
I sometimes rent a DVD from a video shop near my house.
J'ai dû mettre ma vie sociale en attente. Il est plus important pour moi de faire de mon mieux aux examens.
I have had to put my social life on hold. It's more important for me to do the best I can in my exams.
Comme disent mes parents, j'aurai plein d'occasions de sortir après mon bac.
As my parents say, there will be time for going out after my Leaving Cert.

Est-ce que vous devez travailler pour gagner de l'argent de poche ?

Je donne un coup de main chez moi.
I lend a hand at home.
Je m'occupe de mon petit frère/ma petite sœur.
I look after my little brother/little sister.
Je fais la cuisine.
I do the cooking.
Je tonds la pelouse.
I mow the lawn.
Je fais la vaisselle de temps en temps.
I do the washing up sometimes.
Je dois aussi avoir de bonnes notes pour avoir mon argent de poche.
I also have to have good grades to get my pocket money.
Mes parents ne veulent pas que je travaille.
My parents don't want me to work.
Je dois me concentrer sur mes études.
I have to concentrate on my studies.
J'ai vraiment envie de bien réussir cette année.
I really want to do well this year.

Sample answer

Heureusement, mes parents me donnent 30 € par semaine. Avec ça, j'achète mon déjeuner en ville chaque jour et je vais aussi de temps en temps au cinéma avec mon petit ami. Pour ça, je dois faire la vaisselle tous les soirs et m'occuper de mon petit frère, Denis, quand mes parents sortent. Cela ne me dérange pas du tout, il est calme et, comme moi, il adore regarder les matchs de foot. Arsenal est son équipe préférée et c'est pénible quand ils gagnent. Mes parents ne veulent pas que je travaille parce que je suis en terminale et si je vais à l'université l'année prochaine, je dois bien me préparer aux examens.
Fortunately, my parents give me €30 a week. With that I buy my lunch every day in town and I go to the cinema with my boyfriend sometimes as well. To get pocket money, I do the dishes every evening and I look after my little brother, Denis, when my parents go out. I don't mind that at all because he's quiet and, like me, he loves watching football matches. His favourite team is Arsenal and it's painful when they win. My parents don't want me to work because it's my Leaving Cert year, and if I'm going to continue with my studies at university next year, I'll have to prepare well for my exams.

Mon quartier et ma maison

Où habitez-vous?

Start off by giving some basic information about the kind of house you live in:

J'habite…
I live…
une petite/grande maison
in a small/big house
un pavillon
in a bungalow
un appartement
in an apartment
une maison dans un lotissement
in a house on a housing estate
une maison individuelle
in a detached house

Décrivez votre maison.

Talk about the location of your home:
à la campagne
in the country
en centre-ville
in the town centre
à cinq minutes d'ici
five minutes from here
en banlieue
on the outskirts of town

Describe your home in detail:
Il y a… pièces chez nous/moi.
There are… rooms in our/my house.
la salle à manger
the dining room
la cuisine
the kitchen
la salle de bains
the bathroom
ma chambre
my room
la chambre de mes parents
my parents' room
la chambre de ma sœur/mon frère
my sister's/brother's room
J'ai ma propre chambre.
I have my own room.
Je partage une chambre avec…
I share a room with…

Sample answer

Dans ma chambre j'ai des posters, l'ordinateur portable que mes parents m'ont donné pour Noël et mon chargeur de téléphone portable. Je ne pourrai pas vivre sans mon portable. Il y a aussi mon lecteur CD. Ma chambre est la pièce où j'étudie et où j'écoute de la musique. J'aime avoir mon propre espace.
In my bedroom I have posters, the laptop my parents gave me for Christmas and my mobile phone charger. I couldn't live without my mobile phone. There is also my CD player. My bedroom is where I study and I listen to music. I love having my own space.

Décrivez votre région.

Talk about the area where you live:
J'adore mon quartier/mon village/ma ville.
I love my area/my village/my town.
Mon village est charmant.
My village is charming.
Ma ville est très animée. Il s'y passe beaucoup de choses.
My town is very lively. There is a lot going on here.
Je connais la ville comme ma poche.
I know the town like the back of my hand.

Use a variety of expressions to say '*There's lots to do*':
Il y a beaucoup de choses à faire.
Il y a pas mal de choses à faire.
Il y a tant à faire.
Il y a un tas de choses à faire.
Il y a toujours quelque chose à faire.
Il y a plusieurs choses à faire.

Quels sont les avantages ou les inconvénients d'habiter en ville ou à la campagne ?

Talk about the advantages and disadvantages of city life:
Il y a tant à faire.
There are lots of things to do.
On est à côté de tout.
We are near everything.
Il est très facile de trouver un taxi ici.
It is very easy to find a taxi here.
C'est un endroit qui est animé.
It is a lively place.
On y trouve pas mal d'installations.
There are lots of facilities.
C'est bondé.
It's very crowded.
Il y a trop de bruit/circulation/pollution.
There's too much noise/traffic/pollution.

Talk about the advantages and disadvantages of country life:
Il y a une ambiance décontractée.
There's a relaxed atmosphere.
Il y a beaucoup d'espace.
There's lots of space.
Il n'y a pas de bruit/circulation/pollution.
There's no noise/traffic/pollution.
Il n'y a rien à faire.
There's nothing to do.
On est loin de tout.
We are far from everything.
Il est très difficile de trouver un taxi ici.
It is very difficult to find a taxi here.
Il y a peu d'installations.
There are few facilities.

Sample answer

Moi, j'habite un appartement en ville à dix minutes à pied de mon école. Il y a plein d'installations mais surtout il y a une piscine chauffée près de chez nous que j'adore parce que j'aime bien nager. Nous sommes à portée de tout en fait et il y a un grand choix de magasins à deux minutes d'ici. C'est tellement pratique mais je suis sûre qu'il y a moins de bruit et que c'est quand même plus tranquille à la campagne. Je n'aimerais pas habiter là-bas parce que tous mes amis habitent près de chez moi en ce moment, mais quelquefois je rêve d'échapper à la circulation de la ville.
I live in an apartment in town which is ten minutes on foot to my school. There are lots of facilities but, in particular, there is a heated swimming pool near by which is great for me because I love swimming. In fact, everything is near at hand and there is a big selection of shops not two minutes from here. It is really practical but I'm certain that there is less noise and it is much more peaceful in the countryside. I wouldn't like to live in the country because all my friends live near near by now but sometimes I dream of escaping from the traffic that we have in town.

Talk about the facilities available in your area:
Il y a…

des cinémas	*cinemas*
des coiffeurs	*hairdressers*
des boutiques de mode	*clothes shops*
des pharmacies	*pharmacies*
une piscine chauffée	*a heated swimming pool*
une complexe sportif	*a sports centre*
des cafés	*coffee shops*
des boîtes de nuit	*nightclubs*

Talk about the popular tourist attractions in your area:
Beaucoup de touristes viennent ici en été.
Lots of tourists come here in the summer.
En Irlande il y a une population sympathique et des sites historiques partout.
In Ireland, the people are friendly and there are historic sites everywhere.

Sample answer

Croagh Patrick est une montagne près de la ville de Westport dans le comté de Mayo. C'est le lieu de pèlerinage le plus célèbre d'Irlande. À environ 640 mètres d'altitude, près d'un million de visiteurs montent au sommet chaque année. Des milliers de pèlerins font le voyage le dernier dimanche de juillet. Selon la tradition chrétienne, Saint Patrick est allé jusqu'à la montagne sacrée et après quarante jours, il a banni tous les serpents d'Irlande. C'est fantastique pour le tourisme dans la région.
Croagh Patrick is a mountain near the town of Westport in County Mayo. It is the most celebrated pilgrimage destination in Ireland. At around 640 metres high, nearly one million visitors climb to the top every year. Thousands of pilgrims make the trek on the last Sunday in July. According to tradition, Saint Patrick went up the sacred mountain and after forty days, he banished all the snakes from Ireland. It's great for tourism in the area.

L'école

Décrivez votre école.

Give some general information about your school:
Mon école s'appelle…
My school is called…
Je vais dans une école mixte/de filles/de garçons.
I go to a mixed/all girls/all boys school.
Je vais à l'école à pied/en vélo/en bus/en taxi/avec mes parents.
I go to school on foot/by bicycle/by bus/by taxi/with my parents.
J'habite à… kilomètres du lycée.
I live… kilometres from the school.
C'est une petite/grande école.
It is a small/large school.
C'est une école moderne/bien équipée.
It is a modern/well-equipped school.
Il y a… d'élèves.
There are… pupils.
L'ambiance est détendue/bonne.
The atmosphere is relaxed/good.
Les profs sont dévoués, et font de leur mieux pour aider leurs élèves.
The teachers are dedicated, and do their best to help their students.
On a beaucoup d'installations ici.
There are lots of facilities here.

Talk about the facilities at your school:

Il y a…	*There is/are…*
des terrains de sport	*sports pitches*
une piscine	*a swimming pool*
une bibliothèque	*a library*
une salle d'études	*a study hall*
des laboratoires de science	*science labs*
une cantine	*a canteen*
des salles d'informatique	*computer rooms*
un gymnase	*a gym*

You could talk about any after-school clubs and activities which the school offers:

un club d'aide aux devoirs	*a homework club*
des cours de danse	*dance classes*
des cours de boxe	*boxing classes*
un groupe littéraire	*a literary society*
un conseil des élèves	*a Student Council*

Sample answer

Je vais à une école mixte qui est moderne et bien équipée. Nous avons une cantine où je mange tous les jours, des terrains de sport, des salles d'informatique et même une bibliothèque que nous avons la chance d'avoir surtout pour ceux qui passent beaucoup de temps à lire. Les élèves peuvent faire plein de choses. Moi, je prends des cours de boxe avec mes camarades de classe le lundi soir après les cours. Je m'entends bien avec la plupart de mes profs. À mon avis, ils font de leur mieux pour aider leurs élèves.
I go to a mixed school which is modern and well equipped. We have a canteen where I eat every day, sports pitches, computer rooms and even a library which we are very lucky to have, especially for those who spend a lot of time reading. There are several things for students to do here. I take boxing classes with my classmates on Monday evenings after school. I get on well with most of my teachers. In my opinion, they do their very best for their students.

Décrivez votre uniforme.

Describe your uniform:
Je porte… *I wear…*
une chemise bleue/blanche/grise.
a blue/white/grey shirt.
un pantalon noir/gris/bleu marine.
black/grey/navy trousers.
une cravate bleue/grise/rouge/noire.
a blue/grey/red/black tie.
un pull noir/bleu/vert/gris.
a black/blue/green/grey jumper.
un chemisier blanc/bleu/gris.
a white/blue/grey blouse.
une jupe bleue marine/grise/noire.
a navy/grey/black skirt.

Don't forget to change the colour adjectives according to the gender of the item you're talking about:

vert/verte	gris/grise
blanc/blanche	noir/noire
orange	jaune
rouge	marron
violet/violette	foncé/foncée
bleu/bleue	clair/claire

Sample answer

À l'école je porte une jupe grise (les garçons ont le droit de porter un pantalon gris), une chemise blanche, un pull gris et une cravate rouge. Moi, je suis pour le port de l'uniforme qui n'est pas toujours attrayant mais c'est pratique. Si nous ne portons pas notre uniforme à l'école, nous devons faire une retenue.

In school I wear a grey skirt (the boys can wear grey trousers), a white shirt, a grey jumper and a red tie. I'm in favour of wearing a school uniform which I know is not always attractive but it's practical. If we don't wear a uniform in school, we have to do detention.

Êtes-vous pour ou contre le port de l'uniforme ?

Points in favour of school uniform:
Moi, je suis pour le port de l'uniforme.
I'm in favour of wearing a uniform.
C'est pratique.
It's practical.
Il encourage l'esprit scolaire.
It promotes the school spirit.
Il aide à maintenir la discipline à l'école.
It helps maintain discipline in school.

Points against school uniforms:
Moi, je suis contre le port de l'uniforme.
I'm against wearing a uniform.
Il coûte parfois cher.
It can be expensive.
L'uniforme n'est pas toujours attrayant.
The uniform is not always attractive.
À mon avis le port d'un uniforme scolaire n'a rien de positif !
In my opinion, there aren't any positive aspects to wearing a school uniform.

Parlez-moi de vos matières scolaires.

Say what subjects you study:
J'étudie/Je fais huit matières...
I study/I do eight subjects...
...dont quatre au niveau supérieur et quatre au niveau ordinaire.
...four higher and four ordinary level subjects.

le latin	*Latin*
l'histoire	*History*
le travail des métaux	*Metalwork*
les arts ménagers	*Home Economics*
les sciences	*Science*
la chimie	*Chemistry*
l'éducation physique et sportive (EPS)	*PE*
l'instruction religieuse	*Religious Studies*
l'anglais	*English*
le français	*French*
les mathématiques	*Maths*
le dessin	*Art*
l'espagnol	*Spanish*
la géographie	*Geography*
le commerce	*Business*
la physique	*Physics*
l'informatique	*Computer Studies*
la biologie	*Biology*
le travail sur bois	*Woodwork*
le grec	*Greek*
l'allemand	*German*
la comptabilité	*Accounting*

Quelle est votre matière préférée ?

Talk about your favourite or worst subjects and why you like/don't like them:
Ma matière préférée est...
My favourite subject is...
Je n'aime pas le/la...
I don't like...
C'est une matière facile/difficile/utile.
It's an easy/difficult/useful subject.
On a trop à apprendre.
There's too much to learn.
Le prof nous donne un tas de devoirs.
Our teacher gives us lots of homework.
J'adore mes cours de...
I love my... class.
Je dois faire des progrès en...
I have to improve in...
Je suis nul/nulle en...
I'm bad at...
Je trouve la matière difficile à suivre.
I find the subject difficult to follow.
Je m'entends mal avec mon prof.
I don't get on with my teacher.
Le prof est trop strict.
The teacher is too strict.
Je suis fort/forte en...
I'm good at...
Je m'entends bien avec mon/ma prof.
I get on well with my teacher.
Il/Elle sait comment inspirer les jeunes.
He/She knows how to inspire young people.
J'espère continuer à étudier le français à la fac.
I hope to continue my study of French in college.

Sample answer

J'aime bien les cours de géographie, mon professeur est évidemment passionné par son sujet et du coup, ses cours sont passionnants. Je déteste les maths, je les trouve très difficiles mais c'est une matière importante pour la vie. L'informatique est un sujet très passionnant. J'ai un ordinateur portable chez moi et c'est tellement plus facile d'avoir une application pratique pour une matière comme celle-ci.
I really like my Geography classes, my teacher is obviously passionate about his subject and he makes the classes very exciting as a result. I hate Maths, I find it very difficult, but it's an important subject for life. Computer Studies is a very exciting subject. I have a laptop at home, and it's so much easier to have a practical application for a subject like Computer Studies.

Quels sont les avantages ou les désavantages de l'éducation mixte ?

Les écoles mixtes… *Mixed schools…*
- contribuent au développement de la maturité.
help to develop maturity.
- permettent de mieux comprendre les relations hommes/femmes.
provide better insight into male/female relationships.
- permettent aux élèves de comprendre la nature de la diversité.
allow students to understand the nature of diversity.
- peuvent distraire les élèves.
can prove distracting for pupils.

Dans les écoles non mixtes… *In single sex schools…*
- il y a moins de distractions.
there are fewer distractions.
- on peut souvent se concentrer davantage sur les études.
there can often be more focus on study.

D'un autre côté… *On the other hand…*
- elles ne prépare pas les étudiants à la vraie vie.
it does not prepare students for real life.
- l'environnement est souvent plus concurrentiel dans les écoles du même sexe.
there's often a more competitive environment in single-sex schools.

Est-ce que le règlement de l'école est raisonnable à votre avis ?

Les règles de l'école sont là pour notre bien.
School rules are for our own good.
Oui, je crois que le règlement est raisonnable.
Yes, I think that the rules are reasonable.
Il est interdit de fumer à l'école.
It is forbidden to smoke in school.
Il est interdit de se maquiller.
We are not allowed to wear make-up.
Il est défendu de mâcher du chewing-gum en classe.
It's forbidden to chew gum in class.
On est obligé d'arriver en classe à l'heure.
We must arrive in class on time.
On doit respecter les profs.
We have to respect our teachers.
Il faut porter correctement l'uniforme.
You have to wear the uniform correctly.
On ne peut pas embêter les autres élèves.
We cannot annoy other students.
Il faut écouter le prof en classe en restant assis tranquillement.
We have to sit calmly and listen to the teacher in class.

Quelles sont les sanctions si vous ne respectez pas le règlement ?

Si on ne respecte pas le règlement on est puni.
If we don't respect the school rules, we are punished.
Si on sèche les cours, on est puni.
If we miss class, we are punished.
En générale, Il y a des sanctions comme…
In general, there are sanctions like…
- les devoirs supplémentaires *extra homework*
- les heures de colle *detention*
- l'exclusion temporaire *suspension*

Si on fume à l'école, on est exclu pendant deux ou trois jours.
If we smoke in school, we are suspended for two or three days.
Si on perturbe la classe, on est envoyé chez le directeur.
If we disturb the class, we have to go to the principal's office.

Sample answer

À mon avis, le règlement de l'école est raisonnable. Il faut respecter les profs comme il faut respecter les autres. Le règlement qui concerne les élèves qui embêtent les autres est raisonnable. Si on ne respecte pas le règlement, il y a des sanctions mais si on veut réussir à l'école, il faut s'y plier.

In my opinion, the school rules are fair. We have to respect the teachers the same way we have to respect people in life in general. The rule regarding students who annoy others is reasonable. If we don't respect the rules, there are sanctions but if we want to succeed in school, it has to be done.

La routine quotidienne

Décrivez-moi une de vos journées.

Time will be mentioned a lot here as you are giving details on getting up, leaving the house and so on, so a quick revision of time words may be needed:

du matin	*in the morning*
de l'après-midi	*in the afternoon*
du soir	*in the evening*
à sept heures du matin	*at seven in the morning*
à trois heures de l'après-midi	*at three in the afternoon*
à dix-neuf heures	*at seven in the evening*
et quart	*quarter past*
et demi(e)	*half past*
moins le quart	*quarter to*
midi	*midday*
minuit	*midnight*
le samedi matin	*on Saturday mornings*
le dimanche après-midi	*on Sunday afternoons*

Talk about your daily routine:

Je me réveille à…	*I wake up at…*
Je me lève à…	*I get up at…*
Je me douche à…	*I shower at…*
Je me lave à…	*I wash at…*
Je pars de chez moi à…	*I leave my house at…*

Je vais à l'école à pied/à vélo/en voiture/en bus.
I go to school on foot/by bicycle/by car/by bus.

J'arrive à l'école à…	*I arrive at school at…*
Je bavarde avec mes amis.	*I chat with my friends.*

Mes cours commencent à…
My classes start at…

J'ai neuf cours par jour.	*I have nine classes per day.*
Mes cours finissent à…	*My classes finish at…*
Je rentre à…	*I come home at…*

Sample answer

Je me lève à sept heures. Je me lave et je prends mon petit déjeuner. Je quitte la maison à huit heures et je vais à l'école à pied. J'arrive à l'école à huit heures et demie et je rencontre mes amis. Mes cours commencent à neuf heures et j'ai neuf cours par jour. Mes cours finissent à quatre heures moins le quart et je rentre chez moi.
I get up at 7:00. I wash and then I have my breakfast. I leave the house at 8:00 and I walk to school. I arrive at school at 8:30 and I meet my friends. My classes start at 9:00 and I have nine classes a day. My classes finish at 3:45 and then I head home.

Décrivez-moi un de vos weekends.

You may be asked to describe a typical weekend (present), a recent weekend (past) or your plans for next weekend (future):

Je fais/J'ai fait/Je ferai la grasse matinée.
I have/had/will have a lie in.
J'aide/J'ai aidé/J'aiderai à la maison.
I help/helped/will help at home.
Je rencontre/J'ai rencontré/Je rencontrerai mes amis.
I meet/met/will meet my friends.
Je regarde/J'ai regardé/Je regarderai la télé.
I watch/watched/will watch TV.
Je ne fais pas/Je n'ai pas fait/Je ne ferai pas grand-chose.
I don't do/didn't do/won't do a lot.
J'écoute/J'ai écouté/J'écouterai mon iPod.
I listen/listened/will listen to my iPod.
Je télécharge/J'ai téléchargé/Je téléchargerai des photos sur ma page Facebook.
I upload/uploaded/will upload pictures onto my Facebook page.
Je fais/J'ai fait/Je ferai mes devoirs.
I do/did/will do my homework.
J'étudie/J'ai étudié/Je vais étudier un peu.
I study/studied/will study a little.
Je me couche/Je me suis couché/Je vais me coucher à…
I go/went/will go to bed at…

It is a good idea to prepare answers to some of the following questions which the examiner might ask you:
Comment avez-vous aidé à la maison ?
How did you help at home?
Qu'avez-vous regardé à la télé ?
What did you watch on TV?
Est-ce que vous regardez souvent la télévision ?
Do you watch TV often?
Quelle est votre émission préférée ?
What is your favourite TV programme?
Combien de chansons sont sur votre iPod ?
How many songs are on your iPod?
Quel genre de musique préférez-vous ?
What type of music do you prefer?
Avez-vous beaucoup d'amis sur Facebook ?
Do you have many friends on Facebook?
Avez-vous beaucoup de devoirs à faire ?
How much homework did you have to do?
Avez-vous des sites Internet préférés ?
Do you have some favourite Internet sites?
Combien d'heures avez-vous passé à étudier ?
For how many hours did you study?

A regular revision of the tenses is essential since each of the tenses will be tested separately. It is up to you to lead the examiner into the areas with which you are most comfortable or that you've prepared well to improve your chances of doing well. Make sure you are familiar with time phrases:

- hier	*yesterday*
- hier soir	*yesterday evening*
- avant-hier	*the day before yesterday*
- demain	*tomorrow*
- demain soir	*tomorrow evening*
- demain matin	*tomorrow morning*
- aujourd'hui	*today*
- cet après-midi	*this afternoon*
- ce soir	*this evening*
- le week-end dernier	*last weekend*
- le week-end prochain	*next weekend*
- cette semaine	*this week*
- la semaine prochaine	*next week*
- la semaine dernière	*last week*
- le mois prochain	*next month*
- le mois dernier	*last month*
- l'année prochaine	*next year*
- l'année dernière	*last year*
- maintes fois	*time and time again*
- de temps en temps	*from time to time*
- il y a deux jours	*two days ago*
- tôt	*early*
- tard	*late*

Sample answer

Le vendredi soir, je fais mes devoirs et le samedi matin, je fais la grasse matinée. Et puis je m'occupe de ma petite sœur quand ma mère va en ville pour faire les courses. Après ça, je commence à étudier. Après trois heures, je télécharge des photos sur ma page Facebook et je me détends un peu. Le samedi soir je sors parfois avec mes amis. Le dimanche je m'entraine avec mon équipe de foot, j'aide chez moi, je continue à étudier et je me prépare pour le lendemain.
On Friday evenings, I do my homework and on Saturday mornings, I have a lie-in. Then I look after my little sister while my mother goes into town to do the shopping. After that, I start to study. Once I've done three hours, I upload photos onto Facebook and I relax for a bit. I sometimes go out on Saturday evenings with my friends. On Sundays, I go training with my football team and then I help out at home, continue with study and prepare for the following day.

L'été dernier et un petit boulot

Est-ce que vous avez travaillé l'été dernier ?

Oui, j'ai travaillé à temps partiel.
I worked part time.
Oui, j'ai trouvé un petit boulot.
I found a job.
C'était une expérience formidable.
It was a great experience.
Les heures étaient longues/courtes.
The hours were long/short.
Le salaire n'était pas mauvais.
The salary wasn't bad.
J'ai beaucoup économisé.
I saved a lot of money.
Il a été très satisfaisant de gagner mon propre argent.
It was very satisfying to earn my own money.
J'ai pu acheter des CDs, des vêtements, des billets de concert et du crédit de téléphone.
I was able to buy CDs, clothes, concert tickets and phone credit.
Mes parents étaient très fiers de me voir faire du bon travail.
My parents were very proud to see me doing good work.
J'ai appris à mieux communiquer et résoudre les problèmes.
I learned how to improve my communication skills and my problem-solving skills.
J'étais tellement heureux de pouvoir dépenser de l'argent en achetant ce que j'aime.
I was so happy to have my own money to spend on whatever I liked.
J'ai travaillé dans un magasin de vêtements.
I worked in a clothes shop.
J'ai servi les clients.
I served the customers.
J'ai travaillé à la caisse.
I worked at the till.
J'ai mis les vêtements sur des étagères ou sur des cintres.
I organised the clothes on shelves or hangers.
J'ai distribué des bons d'achat pour le magasin.
I distributed vouchers for the store.
J'ai balayé le sol et j'ai rangé la boutique tous les jours.
I swept the floor and tidied the shop every day.
J'ai loué des films et des CDs à des clients.
I rented movies and CDs to customers.
J'ai mis à jour les comptes des clients
I updated customer accounts.

Qu'est-ce que vous avez fait l'été dernier ?

You could also talk about your holidays:
L'été dernier je suis allé en vacances en…
Last summer I went on holiday to…
Nearly all countries that end in *e* in French are feminine and take *en* before the country name. Masculine countries take *au*. Plural countries take *aux*.

en Suisse	*in Switzerland*
au Maroc	*in Morocco*
aux Etats Unis	*in the United States*

Sample answer

L'été dernier je suis allé en vacances à Barcelone en Espagne avec ma famille. Nous avons visité le musée de Gaudi et la « Sagrada Familia », une église que Gaudi a commencé à construire en 1882. C'était incroyable. Il y avait tellement de gens. Nous avons marché le long de Las Ramblas, une rue populaire à Barcelone où il y avait des artistes de rue et des cracheurs de feu.
Last summer I went on holidays to Barcelona in Spain with my family. We visited the Gaudi museum and the 'Sagrada Familia', a church that Gaudi started building in 1882. It was amazing. There were so many people. We walked along Las Ramblas, a popular street in Barcelona where there were street performers and fire eaters.

Les passe-temps

Est-ce-que c'est nécessaire d'avoir un passe-temps, à votre avis ?

Talking about hobbies in general:
Il est important d'avoir un centre d'intérêt qui vous tienne à cœur.
It's important to have an interest which you really like.
Les passe-temps… *Hobbies…*
- vous donnent quelque chose à attendre après une longue journée à l'école.
give you something to look forward to after a long day in school.
- génèrent un sain esprit de compétition.
generate a healthy sense of competition.
- vous mettent au défi. *challenge you.*
- stimulent le corps et l'esprit.
stimulate your body and mind.
- vous permettent de créer des liens avec d'autres.
allow you to bond with others.
- vous permettent de faire rencontres de nouvelles personnes.
or to meet new people.

Quel est votre passe-temps préféré ?

There are a large number of options that you can choose from when discussing a pastime or hobby. Ultimately, you should choose to discuss something in which you genuinely have an interest so that you may talk more naturally in the exam.
It's a good idea for you to have a second choice too, in case the examiner asks you whether you have another pastime apart from the one you may have already discussed. It's better to over-prepare than under-prepare. You may also consider preparing a document on your favourite hobby.
Je fais du vélo/du VTT/du foot gaelique/du patin à roulettes/du judo.
I go cycling/go mountain biking/go skiing/do roller skating/do judo.
Je fais de la voile/de la pêche/de la natation.
I go sailing/fishing/swimming.
Je participe à des concours hippiques.
I enter show-jumping competitions.
Je fais de l'athlétisme/de l'équitation de l'alpinisme.
I do athletics/go horse riding/go mountaineering.
J'aime faire du ski nautique/du jogging/du vélo.
I like water skiing/jogging/cycling.

It is useful to be able to talk about what you like and dislike:

J'aime…	*I like…*
J'adore…	*I love…*
Je préfère…	*I prefer…*
Je n'aime pas…	*I don't like…*
Je déteste…	*I hate…*

Sample answer

J'adore les ordinateurs. Mes parents m'ont offert mon premier ordinateur l'année dernière en préparation pour mes examens. Il y a plusieurs sites que j'utilise quand je dois étudier pour un examen ou lorsque je veux apprendre quelque chose sur mon poète préféré. Ma matière favorite à l'école est l'anglais et j'ai toujours été fasciné par la vie de Shakespeare. Bien sûr, j'aime surfer et chatter sur Internet aussi. J'aime partager avec mes amis, mes photos d'excursions scolaires et de ma vie en général. Je crois que Facebook est une invention super. Je pourrais passer des heures à jouer et chatter avec mes amis tous les soirs. Chez nous on n'est pas préoccupé par le problème des dangers de l'utilisation des ordinateurs et mes parents me font confiance. Je sais que j'ai de la chance d'avoir un ordinateur et je n'abuserai jamais de cela.
I love computers and my parents gave me my first computer last year to help prepare for exams. There are lots of websites that I use when I'm studying for an exam or I want to learn something about my favourite poet. English is my favourite subject in school and I've always been fascinated by the life of Shakespeare. Of course, I surf the web and I chat online also. I like to share pictures of school tours or photos of my life in general with my friends. I think that Facebook was a great invention. I could spend hours playing games and chatting with my friends in the evenings. In my house we are not preoccupied with the problem of the dangers of computer usage and my parents trust me. I know that I'm lucky to have a computer in the first place and I would never exploit that.

Here is some vocabulary for common pastimes:

- le snooker *snooker*
- le foot *football*
- le badminton *badminton*
- faire les magasins *go shopping*
- les promenades *walks*
- la peinture *painting*
- jouer à des jeux électroniques *playing computer games*
- le dessin *drawing*
- le théâtre *drama*
- la lecture *reading*
- bavarder avec mes amis sur MSN *chatting with my friends on MSN*
- faire du camping *camping*

You may want to talk about your favourite sports:

Je joue au … *I play …*

- basket *basketball*
- foot *football*
- hockey *hockey*
- football gaélique *Gaelic football*
- golf *golf*
- hurling *hurling*
- rugby *rugby*
- tennis *tennis*

Mon sport préféré est le/la…
My favourite sport is…
Je fais partie d'une équipe de…
I'm a member of a… team.
Je m'entraîne…
I train…
Je joue pour notre école.
I play for our school.
Je fais du sport presque tous les jours.
I practise sport nearly every day.
Je suis gardien de but/milieu de terrain/défenseur/ailier/avant.
I am a goal keeper/midfielder/defender/wing/forward.
J'espère être joueur professionnel un jour.
I hope to be a professional footballer one day.
Ronaldo est le footballeur le mieux payé au monde. Il a un salaire d'environ 12M € !
Ronaldo is the best paid player in the world at the moment. He earns a salary of around €12 million!
Le sport vous offre la liberté et l'occasion de vous détendre et d'échapper à la pression des examens.
Sport offers freedom and an opportunity to relax and escape from the pressures of exams.
Mon école est bien connue pour son équipe de rugby.
My school is well known for its rugby team.
Nous avons gagné.
We won.
Nous avons perdu.
We lost.
Nous avons joué la semaine dernière.
We played last week.
Nous allons jouer la semaine prochaine.
We are going to play next week.

Est-ce que vous aimez la musique ?

Another popular topic for this section is music:
J'adore la musique.
I love music.
J'aime surtout le jazz/rock/hip-hop/rap.
I especially like jazz/rock/hip hop/rap music.
Mon groupe préféré s'appelle…
My favourite group is called…
Mon chanteur/ma chanteuse préférée(e) est…
My favourite singer is…
J'écoute la musique à la maison, dans les clubs ou sur mon iPod.
I listen to music at home, in nightclubs or on my iPod.

Je joue…	I play…
- de la guitare	*guitar*
- de la guitare acoustique	*acoustic guitar*
- de la guitare électrique	*electric guitar*
- de l'orgue	*organ*
- du piano	*piano*
- du piano électrique	*electric piano*
- de la flûte	*flute*
- de la clarinette	*clarinet*

J'ai commencé à jouer quand j'avais…
I started playing when I was…
Je m'entraîne tous les jours…
I practise every day…
Je joue souvent à la messe de l'école ou dans l'église du quartier.
I often play at the school mass or the local church.
Je joue souvent dans les discothèques de l'école.
I often play at school discos.
J'aime écrire mes propres chansons.
I love to write my own songs.
Je suis accro aux séries comme « American Idol » et « X Factor ».
I'm addicted to shows like American Idol *and* X Factor.
Le chant et la musique sont un défoulement pour moi.
Singing and music is such a release for me.
La musique joue un rôle important dans ma vie.
Music plays an important part in my life.
J'apporte mon iPod partout avec moi.
I bring my iPod everywhere with me.
Je passe des heures à choisir les chansons à télécharger sur mon iPod.
I spend hours choosing the songs to upload onto my iPod.
J'adore les concerts.
I love concerts.
La musique peut élever l'esprit.
Music has the power to raise the spirit.
La musique a la capacité d'exprimer nos vrais sentiments.
Music has the ability to express our innermost feelings.

Sample answer

J'adore la musique. Mon groupe préféré s'appelle 'Florence + the Machine'. La chanteuse principale chante super bien. Mes amis savent que j'adore ce groupe et on va essayer de les voir en concert après le Bac. Moi, je ne joue pas d'un instrument mais j'aimerais bien… un jour peut-être. Le week-end je passe des heures à choisir les chansons à télécharger sur mon iPod. À mon avis, la musique peut élever l'esprit et ça m'aide à me détendre.

I love music. My favourite group is 'Florence + the Machine'. The lead singer has a great voice. My friends know that I love this group and we are going to try to see them in concert after the Leaving Cert. I don't play a musical instrument but I would like to… maybe one day. On weekends I spend hours choosing music to upload onto my iPod. In my opinion, music can raise the spirit and it helps me to relax.

Est-ce que vous aimez la télévision ?

The examiner may ask you what kind of programmes you enjoy watching:

J'aime bien regarder les…	*I like watching…*
- feuilletons	*serials*
- documentaires	*documentaries*
- émissions de musique	*music shows*

- dessins animés *cartoons*
- actualités/informations *the news*
- comédies *comedies*
- émissions de sport *sports programmes*
- concerts *concerts*
- émissions de télé-réalité *reality TV programmes*

Je passe… par jour devant la télé.
I spend… hours every day watching TV.

You may be asked to discuss some advantages and disadvantages of television:
La télévision peut :
Television can:
- informer les gens sur l'actualité.
inform people about current affairs.
- aider les jeunes à partager des expériences culturelles avec les autres.
help young people to share cultural experiences with others.
- donner aux membres de la famille l'occasion de passer du temps ensemble.
give family members an opportunity to spend time together.
- améliorer la connaissance des autres cultures et peuples.
improve awareness of other cultures and people.
- enseigner aux jeunes des valeurs importantes.
teach young people important values.
- examiner des sujets controversés ou sensibles d'une manière pratique.
examine controversial or sensitive issues in a practical way.

Mais les feuilletons peuvent être déprimants, ils ne sont pas réalistes.
But soaps can be depressing, they are not very realistic.
Les émissions sont souvent décevantes ou ennuyeuses. Moi, je préfère être en plein air.
Programmes are sometimes disappointing or boring. Personally, I prefer to be outdoors.

You could also be asked to talk about the kind of films you like:
J'adore regarder les films…
I love watching … films.

- d'action *action*
- comiques *comedy*
- sur le sport *sport*
- sur les crimes *crime*
- des catastrophes *disaster*
- musicaux *musical*
- dramatiques *drama*
- d'horreur *horror*
- de science-fiction *science fiction*
- d'aventure *adventure*
- à suspens *mystery*
- d'amour *romance*
- de guerre *war*
- policiers *thriller*

These phrases can be used to talk about the cinema and films in general:
J'aime bien le cinéma.
I love the cinema.
J'y vais le vendredi soir/chaque semaine/rarement/souvent.
I go there on Friday evenings/every week/rarely/often.
Je vais au cinéma avec mes amis/mon petit ami/ma petite amie/ma sœur.
I go to the cinema with my friends/my boyfriend/my girlfriend/my sister.

Mon film préféré est…	*My favourite film is…*
Il s'agit…	*It's about…*
Il se déroule à…	*It takes place in…*

…est l'acteur/l'actrice principal(e).
…is the main actor/actress.
L'intrigue est triste/incroyable/puissante.
The plot is sad/incredible/powerful.
…est mon réalisateur préféré.
…is my favourite director.

Use these adjectives to describe a particular film:

Il est…	*It is…*
- drôle	*funny*
- intuitif	*insightful*
- surprenant	*surprising*
- charmant	*charming*
- puissant	*powerful*
- comique	*comical*
- imaginatif	*imaginative*
- original	*original*
- agréable	*agreeable*
- fascinant	*fascinating*

Sample answer

J'adore regarder la télévision surtout les programmes sportifs. À la maison nous avons Sky Sports et je peux passer des heures à regarder les matchs de foot. Mon père et moi passons ainsi du temps ensemble. Bien sûr cette année je la regarde moins à cause des examens mais je suis quand même l'actualité. Par contre, je déteste les émissions de télé-réalité et les feuilletons.
I love watching television, especially sports programmes. We have Sky Sports at home and I can spend hours watching soccer matches. My father and I have the opportunity to spend time together. This year I watch less of it, of course, because of the exams, but I nevertherless follow the news. However I hate reality TV programmes and soap operas.

Est-ce que la photographie vous intéresse ?

Here are some useful phrases to talk about photography as a hobby :
J'aime la photographie.
I like photography.
Mes parents m'ont acheté un appareil-photo numérique pour Noël.
My parents bought me a digital camera for Christmas.
Je dois télécharger les photos sur Facebook.
I have to upload the photos onto Facebook.
J'achète le *National Geographic* avec mon argent de poche.
I buy the National Geographic *with my pocket money.*
Les photos sont incroyables.
The photos are incredible.

L'avenir

Qu'est-ce que vous allez faire après vos études secondaires ?

Talk about your work or study plans in general:
J'ai toujours rêvé de cette carrière.
I've always dreamed of that career.
Je ne sais vraiment pas ce que je veux faire.
I don't really know what I want to do.
Cela dépend de mes résultats d'examen.
It depends on my exam results.
Il serait mieux d'avoir un système de contrôle continu.
I would be better to have continuous assessment.
Il y a beaucoup de concurrence pour les places à l'université. Pour le moment je vais attendre.
There's a lot of competition for university places so for the moment I'm going to wait and see.
Je ne suis pas vraiment un intello.
I'm not that academic really.
J'ai toujours été plus habile de mes mains.
I've always been better with my hands.
Il est difficile pour un jeune de savoir quoi faire pour le reste de sa vie.
It's difficult for a young person to know what to do with the rest of their life.
Comme il est maintenant plus cher d'aller à l'université je travaillerai peut-être pendant un an.
It's more expensive now for people to go to college so I might work for a year.

Talk about the job you would like to do in the future:
J'espère devenir… *I hope to be…*
J'aimerais devenir… *I would like to become…*
Je veux/voudrais être…
I want/would like to become…
- programmeur informatique
a computer programmer
- conseiller financier *a financial advisor*
- médecin *a doctor*
- infirmière *a nurse*
- comptable *an accountant*
- dentiste *a dentist*
- fonctionnaire *a civil servant*
- notaire *a solicitor*
- plombier *a plumber*
- policier *a police officer*
- ergothérapeute *an occupational therapist*
- agent de sécurité *a security guard*
- météorologue *a meteorologist*
- masseur/se *a massage therapist*
- écrivain *a writer*
- journaliste *a journalist*
- mécanicien *a mechanic*
- bibliothécaire *a librarian*
- assistant(e) social(e) *a social worker*
- chauffeur de camion *a lorry driver*
- esthéticienne *a beautician*
- enseignant du secondaire
a secondary school teacher
- professeur des écoles/instituteur/trice
a primary school teacher
- vétérinaire *a vet*
- ingénieur *an engineer*
- coiffeur/coiffeuse *a hairdresser*
- pompier *a firefighter*
- chef *a chef*
- pharmacien *a pharmacist*

Je vais faire un apprentissage/une licence.
I'm going to do an apprenticeship/a degree.
Je vais préparer un diplôme.
I'm going to do a diploma.

Sample answer

J'espère devenir professeur des écoles et j'ai toujours rêvé de cette carrière. Mon père est enseignant dans le secondaire et il adore son travail. Je sais que ce sera fatigant et parfois exigeant mais j'aimerais bien aider les jeunes. Je suppose que cela dépend de mes résultats d'examen. L'année dernière il fallait avoir 470 points pour faire ça et maintenant il y a beaucoup de concurrence pour les places à l'université. Pour le moment, je vais attendre et espérer réussir.
I hope to become a primary school teacher and I've always dreamt of this. My father is a secondary school teacher and he loves his work. I know that the work can be tiring and demanding sometimes, but I would really like to help young people. I suppose that it depends on my exam results. Last year 470 points were needed to get a place on this course and there's a lot of competition for college places at the moment. For now, I'm just going to wait and see and hopefully I'll get on well.

Pourquoi est-ce que vous aimez ce travail/cette carrière ?

Think about the reasons why you are choosing this area of work:
Je veux être agriculteur. Nous avons une grande ferme chez nous et je vais en être responsable plus tard.
I want to be farmer. We have a large farm and I am going to be responsible for it later on.
Je voudrais être vétérinaire parce que j'aime les animaux.
I would like to be a vet because I love animals.
J'espère être professeur parce que je voudrais travailler avec des enfants/jeunes.
I hope to be teacher because I would like to work with children/young people.
Je voudrais devenir technicien en informatique parce que j'aime les ordinateurs.
I would like to become a computer technician because I love computers.
C'est un emploi bien payé.
It's a well-paid job.
J'ai un don/Je suis doué pour…
I have a gift for/I'm good at…
J'ai toujours de bonnes notes en…
I always have good grades in…

Est-ce que vous aimeriez aller à la fac ?

If you plan to go to university, these phrases may be useful:
J'espère aller à la fac/à l'université à…
I hope to go to college/university in…
Je dois obtenir… cents points pour y entrer.
I need to gain… hundred points to get in.
J'ai choisi cet endroit parce que…
I chose this place because…
Il y a d'excellentes installations.
It has excellent facilities.
C'est loin/près de chez moi.
It's far from/near my home.
Cette fac a une bonne réputation.
This university has a good reputation.
Je suis allé(e) à une journée porte ouverte là-bas.
I went to an open day there.
Certains de mes amis y sont déjà.
Some of my friends are already there.
Je pense que je vais répondre aux exigences de cette université.
I think I'll be able to meet the college requirements.
Je pourrais prendre le bus pour rentrer chez moi chaque jour.
I could take the bus home every day.

You can use question forms to talk about this subject:
Il y a tellement de questions.
There are so many questions.
Est-ce que je vais bien faire ?
Will I do well?
Aurai-je assez de points ?
Will I get enough points?
Vais-je obtenir la formation que je veux ?
Will I get the course I want?
Est-ce que mes parents peuvent payer mes études ?
Can my parents pay for my studies?
Est-ce que je vais obtenir une bourse ?
Will I get a grant?

La France et le français

Parlez-moi de la langue française.

J'étudie/J'apprends le français depuis… ans.
I've been studying French for… years.
C'est une belle langue.
It's a beautiful language.
Le français est parlé par à peu près 200 millions de personnes.
French is spoken by around 200 million people.
C'est une langue employée en diplomatie et par d'importantes organisations internationales.
It is a language used in diplomacy and by important international organisations.
Elle est considérée comme l'une des langues les plus importantes d'Internet.
It is believed to be one of the most important languages used on the internet.

Êtes-vous déjà allé en France ?

Oui. Je suis allé en France il y a… ans.
I went to France… years ago.

- en voyage scolaire	*on a school trip*
- avec ma famille	*with my family*
- avec mes amis	*with my friends*

Non, je ne suis pas allé en France, mais j'espère y aller.
No, I haven't been to France, but I hope to go there.
J'ai hâte d'y aller.
I can't wait to go there.
J'attends mes vacances avec impatience.
I can't wait for my holidays.

Decrivez-moi un voyage en France.

Sample answers

Je suis allée en France l'année dernière en voyage scolaire. C'était une visite chargée car nous avons eu beaucoup de lieux à visiter en peu de temps. Nous sommes allés au musée du Louvre et j'ai vu La Joconde. Elle était beaucoup plus petite que ce à quoi je m'attendais et j'ai à peine pu voir le tableau parce qu'il y avait énormément de monde ce jour-là.
Nous sommes montés sur la Tour Eiffel. Elle offre une vue magnifique sur la ville. C'était tellement excitant ! Nous avons fait un tour dans un bus à deux étages, une croisière sur la Seine au coucher du soleil et nous avons visité la cathédrale de Notre-Dame et l'Arc de Triomphe. Nous avons eu seulement une demi-heure pour voir le musée d'Orsay. J'ai pris une tonne de photos. Je vais certainement retourner à Paris.
I went to France last year on a school tour. It was a really tight schedule because we had a lot of places to see in a short time. We went to the Louvre and saw the Mona Lisa. *It was much smaller than I expected and I could hardly see the painting because there were so many people there that day. We climbed the Eiffel Tower. It had a wonderful view of the city. It was so exciting! We went on a double decker bus tour, a sunset river cruise on the Seine and we visited Notre Dame and the Arc de Triomphe. We had only about half an hour to see the Musée d'Orsay. I took lots of photos. I will definitely go back to Paris.*

Quelles sont les différences entre la France et l'Irlande ?

You may be asked to describe cultural differences between your own country and France:
La vie scolaire est certainement différente.
School life is certainly different.
En France, la pause déjeuner dure deux heures alors qu'en Irlande, elle dure en moyenne cinquante minutes ou une heure.
In France, the lunch break lasts for two hours compared to an average of fifty minutes or one hour in Ireland.
Les écoles françaises ne terminent souvent qu'à 17h ou 18h.
French schools don't finish until 5:00 or 6:00 p.m.
Les Français connaissent très bien la langue de la cuisine et de la gastronomie.
The French know the language of cuisine and gourmet cooking very well.
En Irlande, les membres de la famille mangent souvent séparément ou devant la télé.
In Ireland, family members often eat separately or in front of the TV.
Les Français aiment manger ensemble et parler de leur journée.
The French love to eat together and talk about their day.

Les vacances

Qu'est-ce que vous avez fait en... ?

Je suis resté(e) dans…	*I stayed…*
- une auberge de jeunesse	*in a youth hostel*
- dans un hôtel	*at a hotel*
- dans un camping	*at a campsite*
Nous avons loué…	*We rented…*
- un gîte rural	*a country cottage*
- une villa	*a villa*
- une maison de vacances	*a holiday home*

J'ai fait des promenades en bateau/des pique-niques.
I went for boat trips/picnics.
J'ai pris des bains de soleil. *I sunbathed.*
J'ai acheté des romans/des serviettes/des cadeaux.
I bought novels/towels/presents.

Je me suis bien amusé(e).	*I enjoyed myself.*
J'ai visité…	*I visited…*
- des musées	*museums*
- des restaurants réputés	*famous restaurants*
- des monuments connus	*well-known sites*

Je suis allé(e) à la plage/à la piscine.
I went to the beach/the pool.
J'ai nagé. *I swam.*
J'ai vraiment adoré la cuisine espagnole/italienne/polonaise.
I loved the Spanish/Italian/Polish food.
J'ai flâné dans les petits villages.
I strolled around the little villages.
J'ai rencontré de nouveaux amis.
I met new friends.
Nous sommes allé(e)s en boîte.
We went to nightclubs.
Je suis allé(e) aux concerts de musique traditionnelle.
I went to traditional music concerts.
Il y avait beaucoup de monde.
There were lots of people.
L'ambiance était fantastique.
The atmosphere was great.
Je me suis reposé(e). *I relaxed.*
J'ai fait des randonnées à vélo/à pied.
I went on bike rides/hikes.
J'avais une très belle vue. *I had a great view.*
J'ai vu des monuments historiques.
I saw historic monuments.
Je n'oublierai jamais ces moments passés en Espagne/en Pologne/en Italie.
I will never forget those times spent in Spain/Poland/Italy.

Sample answer

L'été dernier, je suis allé à Montpellier en France avec mes amis. Nous sommes restés dans une auberge de jeunesse près de la mer. Nous avons passé deux semaines là-bas et nous nous sommes très bien amusés. Nous avons fait des randonnées à vélo, nous sommes allés à la plage et nous nous sommes vraiment reposés. Nous avons aussi diné dans plusieurs restaurants réputés, moi j'ai vraiment adoré la cuisine française. L'ambiance en ville était formidable le soir où nous avons assisté à un concert à Montpellier. On a rencontré des gens sympas. Je sais que je n'oublierai jamais ces moments passés en France.

Last summer, I went to Montpellier in France with my friends. We stayed in a youth hostel near the sea. We spent two weeks there and we enjoyed ourselves very much. We went cycling, we went to the beach and really relaxed. We went to some famous restaurants also, I loved the French food. The atmosphere in the town was fantastic when we went to a concert in Montpellier one evening. We met some lovely people. I know that I will never forget my time spent in France.

La question conditionnelle

Que feriez-vous si vous gagniez au loto ?

Je serais fou de joie.
I would be overjoyed.
J'achèterais une nouvelle maison pour mes parents.
I would buy a new house for my parents.
Je ferais le tour du monde.
I would go on a trip around the world.
J'offrirais des cadeaux à ma famille et mes amis.
I would give presents to my family and friends.
Je ne travaillerais plus au café le week-end.
I would no longer work at the café at weekends.
Mais je sais que l'argent ne fait pas le bonheur.
But I know that money can't buy happiness.
J'irais au stade pour regarder les matchs de mon équipe préférée avec mes amis et je m'y rendrais en hélicoptère.
I would go to the stadium to watch my favourite team's matches with my friends and I would go there by helicopter.

Que feriez-vous si vous étiez directeur de votre lycée ?

Sample answer

J'aimerais bien ça ! Tout d'abord, je commencerais la journée plus tard, à dix heures peut-être parce que j'adore faire la grasse-matinée. Je pense que je finirais la journée plus tôt aussi. Je quitterais l'école à trois heures et demie. Je changerais aussi le règlement en ce qui concerne le port de l'uniforme. On pourrait avoir un vendredi décontracté où on aurait le droit de porter des vêtements normaux. En France ils s'habillent comme ils veulent tous les jours.
I would love that! First, I would start the day later, at ten o'clock maybe, because I love to sleep in. I think I'd end the day early too. I would leave school at half past three. Also, I would change the rules regarding the school uniform. We could have a casual Friday when we get to wear normal clothes. In France they dress as they want every day.

Listening comprehension

Learning outcomes

- Recognising common pitfalls
- Familiarising yourself with the exam layout
- Analysing sample questions
- Learning about the marking scheme

Compréhension auditive

Questions and recordings

- There are five sections in the French listening examination.
- Sections 1–4 contain a mix of formal and informal interviews, conversations and accounts. Each of the sections 1–4 is played three times. First, the recording is played in its entirety, then the recording is played in three or four segments, with a pause between each segment. Finally, students will hear the entire recording again.
- Section 5 contains three short news bulletins. These are considerably shorter than the recordings in Sections 1–4. Each short recording is played twice.
- The topics examined may include: numbers, countries, occupations, weather, natural disasters, sports, food and much of the vocabulary covered in the Junior Cycle mixed with vocabulary associated with road accidents, deaths, injuries, and environmental concerns introduced at Senior Cycle.

Method

- Read the questions carefully. The questions will indicate which material is relevant so students know exactly what information the question is seeking.
- Listen carefully to the first playing of the recording to avoid missing any vital information. You should be beginning to identify your answers and write some down in the second hearing and complete your answers and verify ones already answered in the final hearing. In Section 5, listen carefully the first time and write your answers on the second hearing.
- Be aware of the fact that, as each section is played for the second time, it is broken up into segments that usually correspond to the questions as they are asked. For example, the answer to Question 1 will usually be found in the first segment which is followed by a pause to allow you to answer. The answer to Question 2 will usually be found in the next segment and so on.
- It's a good idea to underline or highlight key words in each question so that you are certain of the details required.
- Answer **all** the questions. Even if you are unsure of the correct answer, never leave a question unanswered. In multiple choice questions you have a 25% chance of finding the correct answer so don't miss out on possible marks by skipping any of these questions. For the questions where an answer must be inserted, make a common-sense guess based on your sense of what the extract may be about.
- Ensure you place the correct answer for multiple choice questions in the box provided and ensure that in writing the answer, that your chosen letter does not resemble another (if an examiner cannot decide if the answer given is a B or a D, you will be awarded no marks. If students use a lower case letter there will be no confusion).
- Write clearly and avoid crossing answers out where possible.
- The questions are asked in English and the answers must be given in English.

Some common pitfalls

- In this section you will be presented with a number of sample listening exercises with the purpose of identifying some of the areas where students regularly make mistakes.

Sample 1

Question: What nationality is the writer who is mentioned in this extract?
(Script on page 309 CD1 T 02)

Analysis

You are listening for a nationality so as soon as you've heard the word *australiens*, you think you've found your answer. However, you then hear another nationality *chinois* and now you have to decide between the two nationalities to arrive at the correct answer. Go back to the question. You will see that the question asks for the nationality of the **writer** in this extract. Listen again. Don't forget that your answer must be written in English or you will not be awarded any marks.

Remember

Even in short extracts, you may hear more than one potential answer for the topic being examined or the question being asked.

Sample 2

Question: For what day is the following news item relevant?
(Script on page 309 CD1 T 03)

Analysis

The question here seems like an easy one and you are simply listening out for a day of the week. However, no day of the week is mentioned. Listen to the repeat of the recording. You will hear the words *demain* and *journée* so *demain* must be the answer.

Remember

Questions may not always be as straightforward as they first seem.

Sample 3

Question:
(i) What item belonging to Justin Bieber was up for sale?
(ii) What sum was paid for this item?

(a) 50,768
(b) 40,668
(c) 40,778
(d) 14,689

(Script on page 309 CD1 T 04)

Analysis

For the first part of the question, we might assume that we are listening for an item of clothing. In fact 'hair' is the answer to the first question. For the second part of the question, you will need to be able to identify a long number. Since you only hear the recording twice in Section 5, you must listen carefully.

> **Remember**
> Numbers can be difficult to identify when only heard twice and must be revised regularly.

Sample 4

Question:
When was Osama Bin Laden killed, according to this news item?
(Script on page 309 CD1 T 05)

Analysis

In this extract, you may wrongly assume that Sunday, 8th May is the correct answer. Listen carefully to determine whether there are other potential options for this answer before writing down yours. The answer is 'one week ago'.

Sample 1
Lundi 9 mai, les organisateurs australiens ont annoncé que « pour des raisons de sécurité, Pékin a interdit à l'écrivain chinois Liao Yiwu, 53 ans, de se rendre au festival des écrivains de Sydney. »

Sample 2
Demain, la journée commencera avec un ciel nuageux ensuite le soleil se fera de plus en plus présent. Les températures ne dépasseront pas les 6 degrés.

Sample 3
La mèche de cheveux de la mini-star Justin Bieber a trouvé preneur. La pièce mise aux enchères a été acquise au prix de 40,668 $ par le site du casino en ligne goldenpalace.com.

Sample 4
Dans un entretien accordé à la chaine de télévision CBS, le dimanche 8 mai, le président américain Barack Obama a annoncé, que les Etats-Unis espéraient porter 'le coup de grâce' à Al-Qaida après la mort, il y a une semaine, d'Oussama Ben Laden, qui a proféré dans un message posthume de nouvelles menaces.

Now let's put it to the test. Attempt sample papers 1-6 and calculate your scores after each sample paper or section completed to track your progress!

Bonne chance et écoutez bien.

	Page	Track
Paper 1		
Section 1	312	CD1 Tk 06-11
Section 2	313	CD1 Tk 12-18
Section 3	314	CD1 Tk 19-25
Section 4	315	CD1 Tk 26-32
Section 5	316	CD1 Tk 33-36
Paper 2		
Section 1	318	CD1 Tk 37-43
Section 2	319	CD1 Tk 44-50
Section 3	320	CD1 Tk 51-57
Section 4	321	CD1 Tk 58-63
Section 5	322	CD1 Tk 64-67
Paper 3		
Section 1	324	CD1 Tk 68-74
Section 2	325	CD1 Tk 75-81
Section 3	326	CD1 Tk 82-87
Section 4	327	CD1 Tk 88-93
Section 5	328	CD1 Tk 94-97
Paper 4		
Section 1	330	CD2 Tk 02-08
Section 2	331	CD2 Tk 09-14
Section 3	332	CD2 Tk 15-20
Section 4	333	CD2 Tk 21-26
Section 5	334	CD2 Tk 27-30
Paper 5		
Section 1	336	CD2 Tk 31-36
Section 2	337	CD2 Tk 37-43
Section 3	338	CD2 Tk 44-49
Section 4	339	CD2 Tk 50-55
Section 5	340	CD2 Tk 56-59
Paper 6		
Section 1	342	CD2 Tk 60-66
Section 2	343	CD2 Tk 67-72
Section 3	344	CD2 Tk 73-78
Section 4	345	CD2 Tk 79-84
Section 5	346	CD2 Tk 85-88

Sample papers

Sample Paper 1

Section 1

You will now hear an interview with a young judo player, Pascal. You will hear the interview **three times**: first right through, then in **three segments** with pauses, and finally right through again.

1 (i) What age is Pascal?

....

(ii) What is his favourite treat?

(a) Homemade crêpes.

(b) Chocolate.

(c) Sugar-topped fruit.

(d) Locally-sourced raspberry jam.

☐

2 When was the last time that Pascal was on holidays?

(a) Two months ago.

(b) He never goes on holidays.

(c) More than a month ago.

(d) On the 1st of the month.

☐

3 What problem does Pascal have with clothes?

(a) He doesn't have time to go shopping for new clothes.

(b) He thinks people are too obsessed with the latest trends.

(c) He spends too much money on them.

(d) He can never get clothes to fit him.

☐

Sample Paper 1

Section 2

Bruno Goodrich talks about his work with the National Police in France.
You will hear the interview **three times**: first right through, then in **four segments** with pauses, and finally right through again.

1 How long has Bruno been a member of the French National Police?

....

2 According to Bruno, what type of places are frequent targets for thieves?
(Note: The word for target is *cible* (f))
(a) Homes where the elderly reside.
(b) Homes where proper security measures are absent.
(c) Holiday homes or secondary residences.
(d) Homes with small families.

☐

3 According to 2010 statistics, what is the average loss once a house has been burgled?
(a) €2,100
(b) €3,600
(c) €6,300
(d) €2,600

☐

4 Name **one** piece of advice Bruno offers to those intending to travel around Europe?

....

Sample Paper 1

Section 3

You will now hear a conversation between Valerie and her brother, Olivier.
You will hear the conversation **three times**: first right through, then in **four segments** with pauses, and finally right through again.

1 Where was Valerie's mother going at the time of the accident?

(a) To meet her friends for lunch.
(b) To a funeral.
(c) To a wedding.
(d) To the hospital.

☐

2 What is the relationship between Marianne and Valerie's mother?

(a) Marianne is her employer's daughter.
(b) Marianne is her daughter-in-law.
(c) Marianne is her employee.
(d) Marianne is her neighbour's daughter.

☐

3 For what reason exactly did the accident occur?

(a) The car that hit her had been driving too fast.
(b) She was driving too fast and lost control.
(c) There was too much fog on the road.
(d) She got lost and ended up on a one-way street.

☐

4 Where is Olivier going this evening?

....

Sample Paper 1

Section 4

The following is an account of Benabar's experience with one of the most anticipated films of 2011.
You will hear the account **three times**: first right through, then in **four segments** with pauses, and finally right through again.

1 For what reason did Benabar go to San Francisco?

(a) To direct Pixar's movie *Cars 2*.

(b) To design a new car for the *Cars 2* movie.

(c) To assist with the writing of a new movie.

(d) To sing in Pixar's *Cars 2*.

2 When was Benabar contacted by the Disney Pixar studios?

(a) Three days ago.

(b) 13 days ago.

(c) Three months ago.

(d) Three weeks ago.

3 Which of the following is not mentioned in section 3?

(a) Soaps

(b) Films

(c) Series

(d) Cars

4 On what date will the film be released?

....

Sample Paper 1

Section 5

You will now hear **three** news items **twice**.

1 **(i)** How many ski stations are mentioned in this news item?

....

(ii) What is the combined length of the slopes referred to in this extract?

(a) 650 km
(b) 615 km
(c) 605 km
(d) 550 km

☐

2 Whose suspicious death is mentioned in this news item?

(a) A journalist
(b) A lawyer
(c) A student
(d) A politician

☐

3 For what reason is Laurent Lesgent leaving at the end of the season?

(a) His contract isn't being renewed.
(b) He has decided to retire.
(c) He clashes with the other trainers.
(d) He has been offered a contract elsewhere.

☐

Calculate your score

Sample Paper 1	Marks (5 per correct answer)
Section 1	
Question 1 (i)	
Question 1 (ii)	
Question 2	
Question 3	
Total marks for Section 1	
Section 2	
Question 1	
Question 2	
Question 3	
Question 4	
Total marks for Section 2	
Section 3	
Question 1	
Question 2	
Question 3	
Question 4	
Total marks for Section 3	
Section 4	
Question 1	
Question 2	
Question 3	
Question 4	
Total marks for Section 4	
Section 5	
Question 1 (i)	
Question 1 (ii)	
Question 2	
Question 3	
Total marks for Section 5	
Overall marks	**/100**

Sample Paper 2

Section 1

You will now hear an interview with Medhi Saïd, a young professional soccer player.
You will hear the interview **three times**: first right through, then in **four segments** with pauses, and finally right through again.

1 In what year was Medhi Saïd born?

....

2 Since he signed pro, what is the atmosphere like with his other team mates?

(a) They are not very welcoming.
(b) They are like one big family.
(c) They are quite competitive.
(d) They are all great friends.

☐

3 Medhi admires the attacking spirit of two countries. Name **one** of them.
(Note: Ensure you write the name of a country here. Towns/Cities will be awarded 0 marks)

....

4 As Medhi remembers his first game representing Tunsia in 2010, which of the following does he **not** mention?

(a) The National Anthem
(b) The crowds
(c) The jersey
(d) The atmosphere

☐

Sample Paper 2

Section 2

Catherine talks about spending a summer working in Disneyland Paris.
You will hear the interview **three times**: first right through, then in **four segments** with pauses, and finally right through again.

1 When did Catherine decide to apply for a job in Disneyland Paris?

(a) In March.
(b) In May.
(c) In April.
(d) When she turned 17.

☐

2 Catherine mentioned several things that she needed to apply for the job. Which of the options below did she not mention?

(a) A cover letter
(b) A full-length photo
(c) A recent CV
(d) A letter from a previous employer

☐

3 What did Catherine have to be capable of doing before she was offered the job?

....

4 What does Catherine describe as the main highlight (advantage) of her time in Disneyland Paris?

(a) Seeing the look on the children's faces.
(b) Being able to go to all the Disney shows.
(c) Being able to invite her friends for a visit.
(d) Dressing up in the Disney costumes.

☐

Sample Paper 2

Section 3

You will now hear a conversation between Laure and her friend Eric who meet at the university library.
You will hear the conversation **three times**: first right through, then in **four segments** with pauses, and finally right through again.

1 What percentage of the students at Oxford University are international students?

....

2 Which of the following does Laure **not** mention as part of the appeal of Oxford town?

(a) Theatres
(b) Historic buildings
(c) Waterways
(d) Museums

☐

3 How does Laure intend to finance her year in England?

(a) She intends to get a job in England.
(b) She hopes to get a scholarship.
(c) She has been saving all year.
(d) Her parents will support her.

☐

4 What does Eric plan to do next year?

(a) He hopes to work in a bar in Greece.
(b) He intends to visit his brother in Greece.
(c) He will work in a Greek restaurant.
(d) He will continue his studies in France.

☐

Sample Paper 2

Section 4

You will now hear an account of some ground-breaking developments.
You will hear the account **three times**: first right through, then in **three segments** with pauses, and finally right through again.

1 (i) To what group of people does this article refer?

(a) The deaf

(b) The visually impaired

(c) Non-drivers

(d) The wheelchair confined

☐

(ii) What is Charline's occupation?

(a) Driving school instructor

(b) Civil servant.

(c) Ski instructor

(d) Minister for Transport.

☐

2 For what reason did Marc stop driving years ago?

....

3 What number of people are set to benefit from the machines on offer?

(a) 1000

(b) 100

(c) 10

(d) 110

☐

Sample Paper 2

Section 5

You will now hear **three** news items **twice**.

1 What was the immediate consequence of the ferry incident in Bangladesh?

(a) Many died and were missing.
(b) 16 people died and many were missing.
(c) No one died and 26 people were missing.
(d) 26 people died and many were missing.

2 Apart from her study of Art in university, what other type of work keeps Sonia Gleis busy?

(a) Writing
(b) Singing
(c) Designing shop windows
(d) Modelling

3 **(i)** At what time of year does this festival take place?

....

(ii) What do organisers recommend visitors bring with them?

(a) Warm clothes
(b) Rain gear
(c) Comfortable walking shoes
(d) Drinking water

Calculate your score

Sample Paper 2	Marks (5 per correct answer)
Section 1	
Question 1	
Question 2	
Question 3	
Question 4	
Total marks for Section 1	
Section 2	
Question 1	
Question 2	
Question 3	
Question 4	
Total marks for Section 2	
Section 3	
Question 1	
Question 2	
Question 3	
Question 4	
Total marks for Section 3	

Section 4	
Question 1 (i)	
Question 1 (ii)	
Question 2	
Question 3	
Total marks for Section 4	
Section 5	
Question 1	
Question 2	
Question 3 (i)	
Question 3 (ii)	
Total marks for Section 5	
Overall marks	**/100**

Sample Paper 3

Section 1

You will now hear an interview with Sophie, a great fan of French singer/songwriter, Jena Lee.
You will hear the interview **three times**: first right through, then in **four segments** with pauses, and finally right through again.

1 When is Jena's first album available for download?

....

2 According to Sophie, how did Jena discover her passion for music?

(a) It was always her natural instinct.
(b) She was inspired by the piano and the violin from the age of 7.
(c) It developed after her parents gave her a piano at the age of 4.
(d) By attending musical workshops in school every week.

☐

3 How many albums has Sheryfa Luna, winner of *Popstars*, produced?

(a) 1
(b) None
(c) 2
(d) She has only released a number of songs.

☐

4 To whom does Jena dedicate her own album?

....

Sample Paper 3

Section 2

You will now hear an interview with André Valbuena, a fan of the popular sport, parkour.
You will hear the interview **three times**: first right through, then in **four segments** with pauses, and finally right through again.

1 Who introduced Andre to the sport?

(a) His girlfriend

(b) His brother

(c) His brother's girlfriend

(d) His girlfriend's brother

2 Name one injury that Andre has **not** sustained since his involvement with the sport?

(a) A broken arm

(b) Torn ligaments

(c) Cut hands

(d) A broken leg

3 Name **one** reason Andre gives for why people choose this dangerous sport.

....

4 What does Andre outline as being one of the reasons for the renewed interest in the sport in recent times?

(a) The use of parkour moves in movies.

(b) The desire for people to take risks.

(c) It's a change from martial arts.

(d) People are getting in touch with their adventurous sides.

Sample Paper 3

Section 3

You will now hear a conversation between Amélie and her best friend, Françoise.
You will hear the conversation **three times**: first right through, then in **three segments** with pauses, and finally right through again.

1 (i) How long had Amélie been waiting for Françoise?

....

(ii) What reason did Françoise give for being late?

(a) Her car had broken down.

(b) She thought she had lost her mobile phone. ☐

(c) She had to buy chewing gum.

(d) She stopped at her sister's house.

2 What adjectives does Amélie use to describe Marc?

(a) Shy but intelligent

(b) Chatty and nice ☐

(c) Nice but nervous

(d) Chatty and nice

3 What has Marc invited Amélie to do next week?

(a) Hiking

(b) Sailing ☐

(c) Skiing

(d) Abseiling

Sample Paper 3

Section 4

Elodie Sorlin, a French female firefighter talks about her experiences.
You will hear the account **three times**: first right through, then in **three segments** with pauses, and finally right through again.

1 (i) When did Elodie decide that she wanted to be a firefighter?

....

(ii) What, according to Elodie, is an important factor in helping her to do her job?

(a) Learning to work as a team.
(b) Being fit and healthy.
(c) Being able to make decisions quickly.
(d) Managing her emotions carefully.

☐

2 How many children were injured in the incident she recalls from 2003?

(a) None
(b) 7
(c) 17
(d) 2

☐

3 What does Elodie identify as one of the most difficult parts of her job?

(a) The intense physical challenge.
(b) The long hours and sleepless nights.
(c) Knowing that you can't save everyone.
(d) Being away from her husband and children.

☐

Sample Paper 3

Section 5

You will now hear **three** news items **twice**.

1 What were the police in this news item on the lookout for?

(a) Drink drivers

(b) Criminal activity

(c) Two masked men

(d) Speeding offenders

☐

2 (i) According to this news item, where did the armed robbery take place?

(a) A pharmaceutical company

(b) A pharmacy

(c) A hairdressers

(d) A beauty parlour

☐

(ii) What sum of money did the men flee with?

....

3 With what type of career was the father of this Monaco inhabitant associated?

(a) Finance

(b) Military

(c) Academic

(d) Sporting

☐

Calculate your score

Sample Paper 3	Marks (5 per correct answer)
Section 1	
Question 1	
Question 2	
Question 3	
Question 4	
Total marks for Section 1	
Section 2	
Question 1	
Question 2	
Question 3	
Question 4	
Total marks for Section 2	
Section 3	
Question 1 (i)	
Question 1 (ii)	
Question 2	
Question 3	
Total marks for Section 3	

Section 4	
Question 1 (i)	
Question 1 (ii)	
Question 2	
Question 3	
Total marks for Section 4	
Section 5	
Question 1	
Question 2 (i)	
Question 2 (ii)	
Question 3	
Total marks for Section 5	
Overall marks	**/100**

Sample Paper 4

Section 1

You will now hear an interview with Paul Durand, who has just created a blog on his favourite French actor and singer, Patrick Bruel.
You will hear the interview **three times**: first right through, then in **four segments** with pauses, and finally right through again.

1 Who was responsible for showing Patrick the newspaper advertisement in 1978?
(a) His brother
(b) A school friend
(c) His father
(d) One of his teachers

2 Why does Paul say that the role in *Comme les cinq doigts de la main* suits Patrick?
(a) Patrick has two younger brothers himself.
(b) Patrick hates making decisions.
(c) Patrick has always been protective of his family.
(d) Patrick's children are important to him.

3 How does Paul describe Patrick?
(a) He has always been a deep thinker.
(b) He is impulsive.
(c) He gets bored easily.
(d) He is ambitious.

4 When will Patrick's next album be released?

....

Sample Paper 4

Section 2

You will now hear an interview with three young people regarding their future plans.
You will hear the interview **three times**: first right through, then in **three segments** with pauses, and finally right through again.

1 (i) What does Marcel hope to do after college?

(a) He wants to work in a science lab.
(b) He wants to travel around Europe.
(c) He wants to teach science.
(d) He hopes to work with his father.

(ii) What made him arrive at his decision?

(a) He hopes to be as happy in life as his father.
(b) His father has always encouraged him to see the world.
(c) He couldn't imagine doing anything else.
(d) His teachers encouraged him to pursue his dreams.

2 What is Sandra's favourite type of programme to watch on TV?

(a) Reality TV shows
(b) Cooking programmes
(c) Restoration programmes
(d) Family shows

3 When does Philippe feel most free?

(a) At concerts.
(b) When he is writing his own music.
(c) In the company of his friends.
(d) When he is listening to music in his bedroom.

Sample Paper 4

Section 3

You will now hear a conversation between Pierre and Mme Dupont, his best friend's mother.
You will hear the conversation **three times**: first right through, then in **three segments** with pauses, and finally right through again.

1 For what reason does Pierre phone Henri's mother?

(a) To ask if Henri could go to a party that evening.
(b) To invite her to his birthday party.
(c) To ask if he could come to her birthday party.
(d) To ask if he could organise a birthday party for Henri.

☐

2 (i) On what day does the birthday in question fall?

....

(ii) Which of the following was not mentioned on the party list?

(a) Invitations
(b) Music
(c) Photographer
(d) Cake

☐

3 What gift is mentioned towards the end of the conversation?

(a) A new mobile phone
(b) A laptop
(c) A new iPod
(d) A book voucher

☐

Sample Paper 4

Section 4

This is an account of the rise of professional hockey player, Stéphane Da Costa.
You will hear the account **three times**: first right through, then in **three segments** with pauses, and finally right through again.

1 What age is Stéphane Da Costa?

....

2 Stéphane is now a professional hockey player, but what did he play at the age of 4?

(a) Snooker
(b) Football
(c) Chess
(d) Handball

☐

3 (i) In which country did Stéphane choose to play?

(a) Canada
(b) China
(c) Spain
(d) America

☐

(ii) For how much did he sign his two-year contract?

(a) €360,000
(b) €660,000
(c) €630,000
(d) €663,000

☐

Sample Paper 4

Section 5

You will now hear **three** news items **twice**.

1 (i) By what percentage did Japanese exports decrease in March?

....

(ii) Which of the following is a reason for this decrease?

(a) Less demand

(b) Nuclear crisis

(c) Economic crisis

(d) Overpriced goods

☐

2 What age is the candidate mentioned in this news item?

....

3 What was the cause of the road accident on September 27?

(a) Frost

(b) Fog

(c) Floods

(d) Snow

☐

Calculate your score

Sample Paper 4	Marks (5 per correct answer)
Section 1	
Question 1	
Question 2	
Question 3	
Question 4	
Total marks for Section 1	
Section 2	
Question 1 (i)	
Question 1 (ii)	
Question 2	
Question 3	
Total marks for Section 2	
Section 3	
Question 1	
Question 2 (i)	
Question 2 (ii)	
Question 3	
Total marks for Section 3	

Section 4	
Question 1	
Question 2	
Question 3 (i)	
Question 3 (ii)	
Total marks for Section 4	
Section 5	
Question 1 (i)	
Question 1 (ii)	
Question 2	
Question 3	
Total marks for Section 5	
Overall marks	**/100**

Sample Paper 5

Section 1

You will now hear an interview with the DJ Laurent Torres, who has come to talk about the French rock star, Matthieu Chedid.
You will hear the interview **three times**: first right through, then in **three segments** with pauses, and finally right through again.

1 (i) In what year was Matthieu born?

....

(ii) What happens if Matthieu is sick at the time of a concert?

(a) He cancels so he can give fans their money's worth.
(b) It's impossible for him to be sick on tour.
(c) As soon as the concert starts, he is no longer sick.
(d) He tries to lead a healthy lifestyle to avoid sickness.

☐

2 What is Matthieu's main objective in life?

(a) To have his family around him always.
(b) To be himself.
(c) To work in America.
(d) To be perfect.

☐

3 Why is his album *Qui de nous deux* on a pink CD?

(a) He recorded it the year his daughter was born.
(b) All his albums are different colours.
(c) Because his daughter asked him if it could be pink.
(d) It represents a happy time in his life.

☐

Sample Paper 5

Section 2

Thierry answers questions posed by his English teacher after his return from a language course.
You will hear the interview **three times**: first right through, then in **four segments** with pauses, and finally right through again.

1 What information did the welcome pack contain?

(a) The school timetable and list of classes.
(b) Details on local activities and facilities.
(c) Details on the host family.
(d) A bus schedule and 24 hour emergency number.

☐

2 What point does Thierry make about the teachers?

(a) They were too strict.
(b) They were different to French teachers.
(c) They didn't participate in activities.
(d) They were passionate about their work.

☐

3 Name **one** activity Thierry liked to do in the afternoons.

....

4 How long did each class last?

(a) 35 minutes
(d) 20 minutes
(c) 40 minutes
(d) 45 minutes

☐

Sample Paper 5

Section 3

You will now hear a conversation between Julie and her sister Alice who attends the University of Montpellier.
You will hear the conversation **three times**: first right through, then in **three segments** with pauses, and finally right through again.

1 What does Julie say the worst thing about moving to Paris would be?
(a) Making new friends.
(b) Starting a new school.
(c) Having to take the metro every day.
(d) Being far away from her sister.

☐

2 What reason does Julie give for not having mentioned anything to Alice about the possible move?
(a) She hates Paris.
(b) She has exams at the moment.
(c) They wanted to tell her face to face.
(d) They haven't yet bought somewhere to live.

☐

3 (i) Why is Alice coming home on Saturday?

....

(ii) What did Julie buy last week?
(a) A photo album
(b) A TV
(c) A travel voucher
(d) A camera

☐

Sample paper 5

Section 4

James De La Vega is a New York street artist.
You will hear the account **three times**: first right through, then in **three segments** with pauses, and finally right through again.

1 (i) What medium does this New York artist use for writing his dreams?

(a) Sand
(b) Graffiti (spraypaint)
(c) Acryllics
(d) Chalk

☐

(ii) At the exit of what place would you see the images De La Vega has created at night?

....

2 How many images does De La Vega create each day?

....

3 When did De La Vega begin his work?

(a) 20 years ago.
(b) When he was 20.
(c) When he was a child.
(d) At the age of 12.

☐

Sample Paper 5

Section 5

You will now hear **three** news items **twice**.

1 According to this news item, in what year did a representative of the English monarchy last visit Ireland?

....

2 What award did Jeff Bridges win for his 2010 role in Scott Cooper's *Crazy Heart*?

....

3 **(i)** When was the announcement from this news item made?

....

(ii) What age was Annie Fargue?

(a) 76

(b) 66

(c) 96

(d) 106

☐

Calculate your score

Sample Paper 5	Marks (5 per correct answer)
Section 1	
Question 1 (i)	
Question 1 (ii)	
Question 2	
Question 3	
Total marks for Section 1	
Section 2	
Question 1	
Question 2	
Question 3	
Question 4	
Total marks for Section 2	
Section 3	
Question 1	
Question 2	
Question 3 (i)	
Question 3 (ii)	
Total marks for Section 3	

Section 4	
Question 1 (i)	
Question 1 (ii)	
Question 2	
Question 3	
Total marks for Section 4	
Section 5	
Question 1	
Question 2	
Question 3 (i)	
Question 3 (ii)	
Total marks for Section 5	
Overall marks	**/100**

Sample Paper 6

Section 1

You will now hear an interview with Jean Costa who lives in a small village and has just created an association to save its olive trees. You will hear the interview **three times**: first right through, then in **four segments** with pauses, and finally right through again.

1 What age is Jean Costa ?

....

2 What does he say about the olive trees?

(a) They cover 20 hectares.

(b) They are situated in the north east.

(c) They have been neglected for years.

(d) They need a small amount of money to treat them.

☐

3 For what purpose does the association use the Internet site?

(a) To show people how olives are picked.

(b) To show its goodwill and determination.

(c) To give information about ways to help the association.

(d) To show its modernity.

☐

4 What kinds of ways does the association suggest to raise money?

(a) Take your ideas from the competitors.

(b) Become a volunteer.

(c) Visit schools and talk about us.

(d) Sponsor a tree.

☐

Sample Paper 6

Section 2

Samuel meets M. Duclos, a local supermarket manager, at the market on Saturday morning.
You will hear the dialogue **three times**: first right through, then in **three segments** with pauses, and finally right through again.

1 Why did Samuel go to the market that morning?

(a) To look for a job.

(b) Because his family were having guests for dinner.

(c) Because he decided to cook a meal for his mother.

(d) They only eat the freshest ingredients at home.

2 Why is M. Duclos looking for a part time worker?

(a) He is going to Australia for three months.

(b) His son is going to Australia for three months.

(c) He hopes to travel for the summer months.

(d) To help students saving for college.

3 (i) Where did Samuel work the previous summer?

(a) In a bakery.

(b) In a bank.

(c) In a butchers.

(d) In his uncle's shop.

(ii) When does M. Duclos wish to meet Samuel?

....

Sample Paper 6

Section 3

You will now hear a conversation between Marie-Claire and her mother.
You will hear the conversation **three times**: first right through, then in **three segments** with pauses, and finally right through again.

1 (i) Where was Marie-Claire at the time of the incident?

(a) At the pool.
(b) At the park.
(c) At her friend's house.
(d) At the beach.

☐

(ii) What happened to Marie-Claire?

(a) She was badly burned.
(b) Her handbag was stolen.
(c) She had an argument with her friend.
(d) She lost her camera.

☐

2 What does her mother advise her to do immediately?

....

3 What does Marie-Claire's mother ask her to do in town?

(a) To pick up her grandfather.
(b) To drop off her grandfather at the train station.
(c) To pick up medicine for her grandfather.
(d) To go to the supermarket.

☐

Sample Paper 6

Section 4

You will now hear an account of the accidental death of a Spanish cyclist.
You will hear the account **three times**: first right through, then in **three segments** with pauses, and finally right through again.

1 What age was Xavier Tondo at the time of his death?

....

2 What was the exact cause of Tondo's death?

(a) His car hit the garage wall.

(b) He lost control of his bicycle and hit a car. ☐

(c) His car went off a cliff.

(d) He was trapped between his car and a garage door.

3 (i) Who else was in the car at the time of the accident?

(a) Another professional Spanish cyclist.

(b) The manager of his Movistar team. ☐

(c) Another cyclist from the Movistar team.

(d) No one else was in the car at the time.

(ii) What was Tondo's finishing position in the Tour of Spain last year?

....

Sample Paper 6

Section 5
You will now hear **three** news items **twice**.

1 (i) What kind of course is referred to in this extract?

....

(ii) How many people may avail of this course?
(a) 202
(b) 112
(c) 122
(d) 102

☐

2 What, according to this extract, was the cause of the soldier's injuries on Wednesday?
(a) Friendly fire
(b) An explosion
(c) A plane crash
(d) A faulty weapon

☐

3 When will the next instalment of the Batman series hit North American screens?

....

Calculate your score

Sample Paper 6	Marks (5 per correct answer)
Section 1	
Question 1	
Question 2	
Question 3	
Question 4	
Total marks for Section 1	
Section 2	
Question 1	
Question 2	
Question 3 (i)	
Question 3 (ii)	
Total marks for Section 2	
Section 3	
Question 1 (i)	
Question 1 (ii)	
Question 2	
Question 3	
Total marks for Section 3	

Section 4	
Question 1	
Question 2	
Question 3 (i)	
Question 3 (ii)	
Total marks for Section 4	
Section 5	
Question 1 (i)	
Question 1 (ii)	
Question 2	
Question 3	
Total marks for Section 5	
Overall marks	**/100**

The day of the exam

The Aural Comprehension section of the French examination takes place after the written examination period. There is a brief break before the start of the aural exam to allow for any necessary movement within examination centres so as to ensure the clear transmission of the contents of the CDs.

On the day of the exam, before the aural exam officially begins, the first two tracks on the CD can be played and replayed by the examination Superintendent for the purpose of adjusting the volume to the satisfaction of the candidates in the centre.

Higher Level and Ordinary Level students have the same CD, but the questions are presented in a different manner, and different answers are expected. As each section begins you will hear the instruction
Maintenant lisez les instructions pour la section un, deux, trois, quatre, cinq.

This simply asks for you to read the instructions for the section in question. Note also that for the French examination, the question paper is also the answer book and you must ensure that all parts are handed in at the end of the examination period. You may also request a four-page supplementary answer book if necessary for rough work or practice answers.

The marking scheme

The exact wording of the answers on any given marking scheme may not always be required for full marks. Alternative wording can receive full marks if it conveys the same meaning or correct answer in each case.

Always read the question carefully to ensure you are answering what the question specifically asked. It is very easy to confuse 'When' for 'Where' if you are simply scanning for key words. All aspects of the question must be given equal attention in determining the correct answer to any question. Although many students find it helpful to listen for key topics, which is an effective technique, it is important to be familiar with all aspects of the question asked.

In most cases, as outlined, any answer which communicates the information sought will be accepted, but be aware of the pitfalls that arise (see *Recognising the pitfalls* at the beginning of this section as revision) when answering questions to avoid losing precious marks. Don't take any unnecessary risks in this section of the exam as every answer in the aural comprehension is worth five marks and can make all the difference in terms of making the grade.

Verbes
Verbs

List of verbs

The table of verbs which follows contain regular verbs, irregular verbs, auxiliary verbs and reflexive verbs and is a valuable reference when preparing for any section of the French examination.

- Acheter
- Aller
- Arriver
- Avoir
- Croire
- Devoir
- Dire
- Donner
- Espérer
- Être
- Faire
- Finir
- Mettre
- Partir
- Pouvoir
- Prendre
- Regarder
- Sortir
- Vendre
- Venir
- Voir
- Vouloir
- S'amuser
- Se laver

Note: Remember that in the *il/elle/on* parts of the verbs, the translation extends to *he/she/it* or *one*.

Table of verbs

ACHETER (to buy) infinitive		French		
Imparfait	Passé Composé	Présent (de l'indicatif)	Futur (future simple)	Conditionnel
Imperfect	Perfect (past)	Present	Future	Conditional
j'achetais	j'ai acheté	j'achète	j'achèterai	j'achèterais
tu achetais	tu as acheté	tu achètes	tu achèteras	tu achèterais
il/elle/on achetait	il/elle/on a acheté	il/elle/on achète	il/elle/on achètera	il/elle/on achèterait
nous achetions	nous avons acheté	nous achetons	nous achèterons	nous achèterions
vous achetiez	vous avez acheté	vous achetez	vous achèterez	vous achèteriez
ils/elles achetaient	ils/elles ont acheté	ils/elles achètent	ils/elles achèteront	ils/elles achèteraient

ACHETER (to buy) infinitive		English		
Imparfait	Passé Composé	Présent (de l'indicatif)	Futur (future simple)	Conditionnel
Imperfect	Perfect (past)	Present	Future	Conditional
I used to buy / was buying	I bought	I am buying / I buy	I will buy	I would buy
you used to buy / were buying	you bought	you are buying / you buy	you will buy	you would buy
he/she/it used to buy / was buying	he/she/it bought	he/she/it is buying / buys	he/she/it will buy	he/she/it would buy
we used to buy / were buying	we bought	we are buying / we buy	we will buy	we would buy
you (pl) used to buy / were buying	you (pl) bought	you (pl) are buying / you buy	you(pl) will buy	you (pl) would buy
they used to buy / were buying	they bought	they are buying / they buy	they will buy	they would buy

ALLER (to go) infinitive		French		
Imparfait	**Passé Composé**	**Présent (de l'indicatif)**	**Futur (future simple)**	**Conditionnel**
Imperfect	**Perfect (past)**	**Present**	**Future**	**Conditional**
j'allais	je suis allé(e)	je vais	j'irai	j'irais
tu allais	tu es allé(e)	tu vas	tu iras	tu irais
il/elle/on allait	il/elle/on est allé(e)	il/elle/on va	il/elle/on ira	il/elle/on irait
nous allions	nous sommes allé(e)s	nous allons	nous irons	nous irions
vous alliez	vous êtes allé(e)(s)	vous allez	vous irez	vous iriez
ils/elles allaient	ils/elles sont allé(e)s	ils/elles vont	ils/elles iront	ils/elles iraient

ALLER (to go) infinitive		English		
Imparfait	**Passé Composé**	**Présent (de l'indicatif)**	**Futur (future simple)**	**Conditionnel**
Imperfect	**Perfect (past)**	**Present**	**Future**	**Conditional**
I used to go / was going	I went	I am going / I go	I will go	I would go
you used to go / were going	you went	you are going / you go	you will go	you would go
he/she/it used to go / was going	he/she/it went	he/she/it is going / goes	he/she/it will go	he/she/it would go
we used to go / were going	we went	we are going / we go	we will go	we would go
you (pl) used to go / were going	you (pl) went	you (pl) are going / you go	you (pl) will go	you (pl) would go
they used to go / were going	they went	they are going / they go	they will go	they would go

ARRIVER (to arrive) infinitive		French		
Imparfait	Passé Composé	Présent (de l'indicatif)	Futur (future simple)	Conditionnel
Imperfect	Perfect (past)	Present	Future	Conditional
j'arrivais	je suis arrivé	j'arrive	j'arriverai	j'arriverais
tu arrivais	tu es arrivé	tu arrives	tu arriveras	tu arriverais
il/elle/on arrivait	il/elle/on est arrivé(e)	il/elle/on arrive	il/elle/on arrivera	il/elle/on arriverait
nous arrivions	nous sommes arrivé(e)s	nous arrivons	nous arriverons	nous arriverions
vous arriviez	vous êtes arrivé(e)(s)	vous arrivez	vous arriverez	vous arriveriez
ils/elles arrivaient	ils/elles sont arrivé(e)s	ils/elles arrivent	ils/elles arriveront	ils/elles arriveraient

ARRIVER (to arrrive) infinitive		English		
Imparfait	Passé Composé	Présent (de l'indicatif)	Futur (future simple)	Conditionnel
Imperfect	Perfect (past)	Present	Future	Conditional
I used to arrive / was arriving	I arrived	I arrive	I will arrive	I would arrive
you used to arrive / were arriving	you arrived	you arrive	you will arrive	you would arrive
he/she/it used to arrive / was arriving	he/she/it arrived	he/she/it arrives	he/she/it will arrive	he/she/it would arrive
we used to arrive / were arriving	we arrived	we arrive	we will arrive	we would arrive
you (pl) used to arrive / were arriving	you (pl) arrived	you (pl) arrive	you (pl) will arrive	you (pl) would arrive
they used to arrive / were arriving	they arrived	they arrive	they will arrive	they would arrive

AVOIR (to have) infinitive		French		
Imparfait	Passé Composé	Présent (de l'indicatif)	Futur (future simple)	Conditionnel
Imperfect	Perfect (past)	Present	Future	Conditional
j'avais	j'ai eu	j'ai	j'aurai	j'aurais
tu avais	tu as eu	tu as	tu auras	tu aurais
il/elle/on avait	il/elle/on a eu	il/elle/on a	il/elle/on aura	il/elle/on aurait
nous avions	nous avons eu	nous avons	nous aurons	nous aurions
vous aviez	vous avez eu	vous avez	vous aurez	vous auriez
ils/elles avaient	ils/elles ont eu	ils/elle ont	ils/elles auront	ils/elles auraient

AVOIR (to have) infinitive		English		
Imparfait	Passé Composé	Présent (de l'indicatif)	Futur (future simple)	Conditionnel
Imperfect	Perfect (past)	Present	Future	Conditional
I used to have / was having	I had	I am having / I have	I will have	I would have
you used to have / were having	you had	you are having / you have	you will have	you would have
he/she/it used to have / was having	he/she/it had	he/she/it is having / has	he/she/it will have	he/she/it would have
we used to have / were having	we had	we are having / have	we will have	we would have
you (pl) used to have / was having	you (pl) had	you (pl) are having / have	you (pl) will have	you (pl) would have
they used to have / were having	they had	they are having / they have	they will have	they would have

CROIRE (to believe) infinitive		French		
Imparfait	Passé Composé	Présent (de l'indicatif)	Futur (future simple)	Conditionnel
Imperfect	Perfect (past)	Present	Future	Conditional
je croyais	j'ai cru	je crois	je croirai	je croirais
tu croyais	tu as cru	tu crois	tu croiras	tu croirais
il/elle/on croyait	il/elle/on a cru	il/elle/on croit	il/elle/on croira	il/elle/on croirait
nous croyions	nous avons cru	nous croyons	nous croirons	nous croirions
vous croyiez	vous avez cru	vous croyez	vous croirez	vous croiriez
ils/elles croyaient	ils/elles ont cru	ils/elles croient	ils/elles croiront	ils/elles croiraient

CROIRE (to believe) infinitive		English		
Imparfait	Passé Composé	Présent (de l'indicatif)	Futur (future simple)	Conditionnel
Imperfect	Perfect (past)	Present	Future	Conditional
I used to believe / was believing	I believed	I am believing / I believe	I will believe	I would believe
you used to believe / were believing	you believed	you are believing / you believe	you will believe	you would believe
he/she/it used to believe / was believing	he/she/it believed	he/she/it is believing / believes	he/she/it will believe	he/she/it would believe
we used to believe / were believing	we believed	we are believing / believe	we will believe	we would believe
you (pl) used to believe / were believing	you (pl) believed	you(pl) are believing / believe	you (pl) will believe	you (pl) would believe
they used to believe / were believing	they believed	they are believing / believe	they will believe	they would believe

DEVOIR (to have to) infinitive		French		
Imparfait	Passé Composé	Présent (de l'indicatif)	Futur (future simple)	Conditionnel
Imperfect	Perfect (past)	Present	Future	Conditional
je devais	j'ai dû	je dois	je devrai	je devrais
tu devais	tu as dû	tu dois	tu devras	tu devrais
il/elle/on devait	il/elle/on a dû	il/elle/on doit	il/elle/on devra	il/elle/on devrait
nous devions	nous avons dû	nous devons	nous devrons	nous devrions
vous deviez	vous avez dû	vous devez	vous devrez	vous devriez
ils/elles devaient	ils/elles ont dû	ils/elles doivent	ils/elles devront	ils/elles devraient

DEVOIR (to have to) infinitive		English		
Imparfait	Passé Composé	Présent (de l'indicatif)	Futur (future simple)	Conditionnel
Imperfect	Perfect (past)	Present	Future	Conditional
I used to have to	I had to	I have to	I will have to	I would have to
you used to have to	you had to	you have to	you will have to	you would have to
he/she/it used to have to	he/she/it had to	he/she/it has to	he/she/it will have to	he/she/it would have to
we used to have to	we had to	we have to	we will have to	we would have to
you (pl) used to have to	you (pl) had to	you (pl) have to	you (pl) will have to	you (pl) would have to
they used to have to	they had to	they have to	they will have to	they would have to

DIRE (to say) infinitive		French		
Imparfait	Passé Composé	Présent (de l'indicatif)	Futur (future simple)	Conditionnel
Imperfect	Perfect (past)	Present	Future	Conditional
je disais	j'ai dit	je dis	je dirai	je dirais
tu disais	tu as dit	tu dis	tu diras	tu dirais
il/elle/on disait	il/elle/on a dit	il/elle/on dit	il/elle/on dira	il/elle/on dirait
nous disions	nous avons dit	nous disons	nous dirons	nous dirions
vous disiez	vous avez dit	vous dites	vous direz	vous diriez
ils/elles disaient	ils/elles ont dit	ils/elles disent	ils/elles diront	ils/elles diraient

DIRE (to say) infinitive		English		
Imparfait	Passé Composé	Présent (de l'indicatif)	Futur (future simple)	Conditionnel
Imperfect	Perfect (past)	Present	Future	Conditional
I used to say / was saying	I said	I am saying / I say	I will say	I would say
you used to say / were saying	you said	you are saying / you say	you will say	you would say
he/she/it used to say / was saying	he/she/it said	he/she/it is saying / says	he/she/it will say	he/she/it would say
we used to say / were saying	we said	we are saying / we say	we will say	we would say
you (pl) used to say / were saying	you (pl) said	you (pl) are saying / you say	you (pl) will say	you (pl) would say
they used to say / were saying	they said	they are saying / they say	they will say	they would say

DONNER (to give) infinitive		French		
Imparfait	Passé Composé	Présent (de l'indicatif)	Futur (future simple)	Conditionnel
Imperfect	Perfect (past)	Present	Future	Conditional
je donnais	j'ai donné	je donne	je donnerai	je donnerais
tu donnais	tu as donné	tu donnes	tu donneras	tu donnerais
il/elle/on donnait	il/elle/on a donné	il/elle/on donne	il/elle/on donnera	il/elle/on donnerait
nous donnions	nous avons donné	nous donnons	nous donnerons	nous donnerions
vous donniez	vous avez donné	vous donnez	vous donnerez	vous donneriez
ils/elles donnaient	ils/elles ont donné	ils/elles donnent	ils/elles donneront	ils/elles donneraient

DONNER (to give) infinitive		English		
Imparfait	Passé Composé	Présent (de l'indicatif)	Futur (future simple)	Conditionnel
Imperfect	Perfect (past)	Present	Future	Conditional
I used to give / was giving	I gave	I am giving / I give	I will give	I would give
you used to give / were giving	you gave	you are giving / you give	you will give	you would give
he/she/it used to give / was giving	he/she/it gave	he/she/it is giving / gives	he/she/it will give	he/she/it would give
we used to give / were giving	we gave	we are giving / we give	we will give	we would give
you (pl) used to give / were giving	you (pl) gave	you (pl) are giving / give	you (pl) will give	you (pl) would give
they used to give / were giving	they gave	they are giving / give	they will give	they would give

ESPÉRER (to hope) infinitive		French		
Imparfait	**Passé Composé**	**Présent (de l'indicatif)**	**Futur (future simple)**	**Conditionnel**
Imperfect	**Perfect (past)**	**Present**	**Future**	**Conditional**
j'espérais	j'ai espéré	j'espère	j'espérerai	j'espérerais
tu espérais	tu as espéré	tu espères	tu espéreras	tu espérerais
il/elle/on espérait	il/elle/on a espéré	il/elle/on espère	il/elle/on espérera	il/elle/on espérerait
nous espérions	nous avons espéré	nous espérons	nous espérerons	nous espérerions
vous espériez	vous avez espéré	vous espérez	vous espérerez	vous espéreriez
ils/elles espéraient	ils/elles ont espéré	ils/elles espèrent	ils/elles espéreront	ils/elles espéreraient

ESPÉRER (to hope) infinitive		English		
Imparfait	**Passé Composé**	**Présent (de l'indicatif)**	**Futur (future simple)**	**Conditionnel**
Imperfect	**Perfect (past)**	**Present**	**Future**	**Conditional**
I used to hope / was hoping	I hoped	I am hoping / I hope	I will hope	I would hope
you used to hope / were hoping	you hoped	you are hoping / you hope	you will hope	you would hope
he/she/it used to hope / was hoping	he/she/it hoped	he/she/it is hoping / hopes	he/she/it will hope	he/she/it would hope
we used to hope / were hoping	we hoped	we are hoping / we hope	we will hope	we would hope
you (pl) used to hope / were hoping	you (pl) hoped	you (pl) are hoping / hope	you (pl) will hope	you (pl) would hope
they used to hope / were hoping	they hoped	they are hoping / they hope	they will hope	they would hope

ÊTRE (to be) infinitive		French		
Imparfait	Passé Composé	Présent (de l'indicatif)	Futur (future simple)	Conditionnel
Imperfect	Perfect (past)	Present	Future	Conditional
j'étais	j'ai été	je suis	je serai	je serais
tu étais	tu as été	tu es	tu seras	tu serais
il/elle/on était	il/elle/on a été	il/elle/on est	il/elle/on sera	il/elle/on serait
nous étions	nous avons été	nous sommes	nous serons	nous serions
vous étiez	vous avez été	vous êtes	vous serez	vous seriez
ils/elles étaient	ils/elles ont été	ils/elles sont	ils/elles seront	ils/elles seraient

ÊTRE (to be) infinitive		English		
Imparfait	Passé Composé	Présent (de l'indicatif)	Futur (future simple)	Conditionnel
Imperfect	Perfect (past)	Present	Future	Conditional
I used to be	I was	I am	I will be	I would be
you used to be	you were	you are	you will be	you would be
he/she/it used to be	he/she/it was	he/she/it is	he/she/it will be	he/she/it would be
we used to be	we were	we are	we will be	we would be
you (pl) used to be	you (pl) were	you (pl) are	you (pl) will be	you (pl) would be
they used to be	they were	they are	they will be	they would be

FAIRE (to do, to make) infinitive		French		
Imparfait	Passé Composé	Présent (de l'indicatif)	Futur (future simple)	Conditionnel
Imperfect	Perfect (past)	Present	Future	Conditional
je faisais	j'ai fait	je fais	je ferai	je ferais
tu faisais	tu as fait	tu fais	tu feras	tu ferais
il/elle/on faisait	il/elle/on a fait	il/elle/on fait	il/elle/on fera	il/elle/on ferait
nous faisions	nous avons fait	nous faisons	nous ferons	nous ferions
vous faisiez	vous avez fait	vous faites	vous ferez	vous feriez
ils/elles faisaient	ils/elles ont fait	ils/elles font	ils/elles feront	ils/elles feraient

FAIRE (to do, to make) infinitive		English		
Imparfait	Passé Composé	Présent (de l'indicatif)	Futur (future simple)	Conditionnel
Imperfect	Perfect (past)	Present	Future	Conditional
I used to do / used to make / was making / was doing	I did / made	I am doing / I do / I am making / I make	I will do / will make	I would do / would make
you used to do / were doing / used to make / was making	you did / made	you are doing / you do / you are making / you make	you will do / will make	you would do /would make
he/she/it used to do / was doing / used to make / was making	he/she/it did / made	he/she/it is doing / does / is making / makes	he/she/it will do / will make	he/she/it would do / would make
we used to do / were doing / used to make / was making	we did / made	we are doing / we do	we will do	we would do / would make
you (pl) used to do / were doing / used to make / was making	you (pl) did / made	you (pl) are doing / do / are making / make	you (pl) will do / will make	you (pl) would do / would make
they used to do / were doing / used to make / was making	they did / made	they are doing / do / are making / make	they will do / will make	they would do / would make

FINIR (to finish) infinitive		French		
Imparfait	Passé Composé	Présent (de l'indicatif)	Futur (future simple)	Conditionnel
Imperfect	Perfect (past)	Present	Future	Conditional
je finissais	j'ai fini	je finis	je finirai	je finirais
tu finissais	tu as fini	tu finis	tu finiras	tu finirais
il/elle/on finissait	il/elle/on a fini	il/elle/on finit	il/elle/on finira	il/elle/on finirait
nous finissions	nous avons fini	nous finissons	nous finirons	nous finirions
vous finissiez	vous avez fini	vous finissez	vous finirez	vous finiriez
ils/elles finissaient	ils/elles ont fini	ils/elles finissent	ils/elles finiront	ils/elles finiraient

FINIR (to finish) infinitive		English		
Imparfait	Passé Composé	Présent (de l'indicatif)	Futur (future simple)	Conditionnel
Imperfect	Perfect (past)	Present	Future	Conditional
I used to finish / was finishing	I finished	I am finishing/finish	I will finish	I would finish
you used to finish / were finishing	you finished	you are finishing/ finish	you will finish	you would finish
he/she/it used to finish / was finishing	he/she/it finished	he/she/it is finishing / finish	he/she/it will finish	he/she/it would finish
we used to finish / were finishing	we finished	we are finishing/ finish	we will finish	we would finish
you (pl) used to finish / were finishing	you (pl) finished	you (pl) are finishing/finish	you (pl) will finish	you (pl) would finish
they used to finish / were finishing	they finished	they are finishing / finish	they will finish	they would finish

METTRE (to put) infinitive		French		
Imparfait	Passé Composé	Présent (de l'indicatif)	Futur (future simple)	Conditionnel
Imperfect	Perfect (past)	Present	Future	Conditional
je mettais	j'ai mis	je mets	je mettrai	je mettrais
tu mettais	tu as mis	tu mets	tu mettras	tu mettrais
il/elle/on mettait	il/elle/on a mis	il/elle/on met	il/elle/on mettra	il/elle/on mettrait
nous mettions	nous avons mis	nous mettons	nous mettrons	nous mettrions
vous mettiez	vous avez mis	vous mettez	vous mettrez	vous mettriez
ils/elles mettaient	ils/elles ont mis	ils/elles mettent	ils/elles mettront	ils/elles mettraient

METTRE (to put) infinitive		English		
Imparfait	Passé Composé	Présent (de l'indicatif)	Futur (future simple)	Conditionnel
Imperfect	Perfect (past)	Present	Future	Conditional
I used to put / was putting	I put	I am putting	I will put	I would put
you used to put / were putting	you put	you are putting	you will put	you would put
he/she/it used to put / was putting	he/she/it put	he/she/it is putting	he/she/it will put	he/she/it would put
we used to put / were putting	we put	we are putting	we will put	we would put
you (pl) used to put / were putting	you (pl) put	you (pl) are putting	you (pl) will put	you (pl) would put
they used to put / were putting	they put	they are putting	they will put	they would put

PARTIR (to leave) infinitive		French		
Imparfait	**Passé Composé**	**Présent (de l'indicatif)**	**Futur (future simple)**	**Conditionnel**
Imperfect	**Perfect (past)**	**Present**	**Future**	**Conditional**
je partais	je suis parti(e)	je pars	je partirai	je partirais
tu partais	tu es parti(e)	tu pars	tu partiras	tu partirais
il/elle/on partait	il/elle/on est parti(e)	il/elle/on part	il/elle/on partira	il/elle/on partirait
nous partions	nous sommes parti(e)s	nous partons	nous partirons	nous partirions
vous partiez	vous êtes parti(e)(s)	vous partez	vous partirez	vous partiriez
ils/elles partaient	ils/elles sont parti(e)s	ils/elles partent	ils/elles partiront	ils/elles partiraient

PARTIR (to leave) infinitive		English		
Imparfait	**Passé Composé**	**Présent (de l'indicatif)**	**Futur (future simple)**	**Conditionnel**
Imperfect	**Perfect (past)**	**Present**	**Future**	**Conditional**
I used to leave / was leaving	I left	I am leaving / I leave	I will leave	I would leave
you used to leave / were leaving	you left	you are leaving / you leave	you will leave	you would leave
he/she/it used to leave / was leaving	he/she/it left	he/she/it is leaving / leaves	he/she/it will leave	he/she/it would leave
we used to leave / were leaving	we left	we are leaving / we leave	we will leave	we would leave
you (pl) used to leave / were leaving	you (pl) left	you (pl) are leaving / you leave	you (pl) will leave	you (pl) would leave
they used to leave / were leaving	they left	they are leaving / they leave	they will leave	they would leave

POUVOIR (to be able to) infinitive		French		
Imparfait	Passé Composé	Présent (de l'indicatif)	Futur (future simple)	Conditionnel
Imperfect	Perfect (past)	Present	Future	Conditional
je pouvais	j'ai pu	je peux	je pourrai	je pourrais
tu pouvais	tu as pu	tu peux	tu pourras	tu pourrais
il/elle/on pouvait	il/elle/on a pu	il/elle/on peut	il/elle/on pourra	il/elle/on pourrait
nous pouvions	nous avons pu	nous pouvons	nous pourrons	nous pourrions
vous pouviez	vous avez pu	vous pouvez	vous pourrez	vous pourriez
ils/elles pouvaient	ils/elles ont pu	ils/elles peuvent	ils/elles pourront	ils/elles pourraient

POUVOIR (to be able to) infinitive		English		
Imparfait	Passé Composé	Présent (de l'indicatif)	Futur (future simple)	Conditionnel
Imperfect	Perfect (past)	Present	Future	Conditional
I used to be able to	I was able to	I am able to	I will be able to	I would be able to
you used to be able to	you were able to	you are able to	you will be able to	you would be able to
he/she/it used to be able to	he/she/it was able to	he/she/it is able to	he/she/it will be able to	he/she/it would be able to
we used to be able to	we were able to	we are able to	we will be able to	we would be able to
you (pl) used to be able to	you (pl) were able to	you (pl) are able to	you (pl) will be able to	you (pl) would be able to
they used to be able to	they were able to	they are able to	they will be able to	they would be able to

PRENDRE (to take) infinitive		French		
Imparfait	**Passé Composé**	**Présent (de l'indicatif)**	**Futur (future simple)**	**Conditionnel**
Imperfect	**Perfect (past)**	**Present**	**Future**	**Conditional**
je prenais	j'ai pris	je prends	je prendrai	je prendrais
tu prenais	tu as pris	tu prends	tu prendras	tu prendrais
il/elle/on prenait	il/elle/on a pris	il/elle/on prend	il/elle/on prendra	il/elle/on prendrait
nous prenions	nous avons pris	nous prenons	nous prendrons	nous prendrions
vous preniez	vous avez pris	vous prenez	vous prendrez	vous prendriez
ils/elles prenaient	ils/elles ont pris	ils/elles prennent	ils/elles prendront	ils/elles prendraient

PRENDRE (to take) infinitive		English		
Imparfait	**Passé Composé**	**Présent (de l'indicatif)**	**Futur (future simple)**	**Conditionnel**
Imperfect	**Perfect (past)**	**Present**	**Future**	**Conditional**
I used to take / was taking	I took	I take	I will take	I would take
you used to take / were taking	you took	you take	you will take	you would take
he/she/it used to take / was taking	he/she/it took	he/she/it takes	he/she/it will take	he/she/it would take
we used to take / were taking	we took	we take	we will take	we would take
you (pl) used to take / were taking	you (pl) took	you (pl) take	you (pl) will take	you (pl) would take
they used to take / were taking	they took	they take	they will take	they would take

REGARDER (to watch / to look at) infinitive		French		
Imparfait	**Passé Composé**	**Présent (de l'indicatif)**	**Futur (future simple)**	**Conditionnel**
Imperfect	**Perfect (past)**	**Present**	**Future**	**Conditional**
je regardais	j'ai regardé	je regarde	je regarderai	je regarderais
tu regardais	tu as regardé	tu regardes	tu regarderas	tu regarderais
il/elle/on regardait	il/elle/on a regardé	il/elle/on regarde	il/elle/on regardera	il/elle regarderait
nous regardions	nous avons regardé	nous regardons	nous regarderons	nous regarderions
vous regardiez	vous avez regardé	vous regardez	vous regarderez	vous regarderiez
ils/elles regardaient	ils/elles ont regardé	ils/elles regardent	ils/elles regarderont	ils/elles regarderaient

REGARDER (to watch / to look at) infinitive		English		
Imparfait	**Passé Composé**	**Présent (de l'indicatif)**	**Futur (future simple)**	**Conditionnel**
Imperfect	**Perfect (past)**	**Present**	**Future**	**Conditional**
I used to watch / was watching	I watched	I watch	I will watch	I would watch
you used to watch / were watching	you watched	you watch	you will watch	you would watch
he/she/it used to watch / was watching	he/she/it watched	he/she/it watches	he/she/it will watch	he/she/it would watch
we used to watch / were watching	we watched	we watch	we will watch	we would watch
you (pl) used to watch / were watching	you (pl) watched	you (pl) watch	you (pl) will watch	you (pl) would watch
they used to watch / were watching	they watched	they watch	they will watch	they would watch

SORTIR (to go out) infinitive		French		
Imparfait	Passé Composé	Présent (de l'indicatif)	Futur (future simple)	Conditionnel
Imperfect	Perfect (past)	Present	Future	Conditional
je sortais	je suis sorti(e)	je sors	je sortirai	je sortirais
tu sortais	tu es sorti(e)	tu sors	tu sortiras	tu sortirais
il/elle/on sortait	il/elle/on est sorti(e)	il/elle/on sort	il/elle/on sortira	il/elle/on sortirait
nous sortions	nous sommes sorti(e)s	nous sortons	nous sortirons	nous sortirions
vous sortiez	vous êtes sorti(e)(s)	vous sortez	vous sortirez	vous sortiriez
ils/elles sortaient	ils/elles sont sorti(e)s	ils/elles sortent	ils/elles sortiront	ils/elles sortiraient

SORTIR (to go out) infinitive		English		
Imparfait	Passé Composé	Présent (de l'indicatif)	Futur (future simple)	Conditionnel
Imperfect	Perfect (past)	Present	Future	Conditional
I used to go out / was going out	I went out	I go out	I will go out	I would go out
you used to go out / were going out	you went out	you go out	you will go out	you would go out
he/she/it used to go out / was going out	he/she/it went out	he/she/it goes out	he/she/it will go out	he/she/it would go out
we used to go out / we were going out	we went out	we go out	we will go out	we would go out
you (pl) used to go out / were going out	you (pl) went out	you (pl) go out	you (pl) will go out	you (pl) would go out
they used to go out / were going out	they went out	they go out	they will go out	they would go out

VENDRE (to sell) infinitive		French		
Imparfait	Passé Composé	Présent (de l'indicatif)	Futur (future simple)	Conditionnel
Imperfect	Perfect (past)	Present	Future	Conditional
je vendais	j'ai vendu	je vends	je vendrai	je vendrais
tu vendais	tu as vendu	tu vends	tu vendras	tu vendrais
il/elle/on vendait	il/elle/on a vendu	il/elle/on vend	il/elle/on vendra	il/elle/on vendrait
nous vendions	nous avons vendu	nous vendons	nous vendrons	nous vendrions
vous vendiez	vous avez vendu	vous vendez	vous vendrez	vous vendriez
ils/elles vendaient	ils/elles ont vendu	ils/elles vendent	ils/elles vendront	ils/elles vendraient

VENDRE (to sell) infinitive		English		
Imparfait	Passé Composé	Présent (de l'indicatif)	Futur (future simple)	Conditionnel
Imperfect	Perfect (past)	Present	Future	Conditional
I used to sell / was selling	I sold	I sell	I will sell	I would sell
you used to sell / were selling	you sold	you sell	you will sell	you would sell
he/she/it used to sell / was selling	he/she/it sold	he/she/it sells	he/she/it will sell	he/she/it would sell
we used to sell / were selling	we sold	we sell	we will sell	we would sell
you (pl) used to sell / were selling	you (pl) sold	you (pl) sell	you (pl) will sell	you (pl) would sell
they used to sell / were selling	they sold	they sell	they will sell	they would sell

VERIR (to come) infinitive		French		
Imparfait	**Passé Composé**	**Présent (de l'indicatif)**	**Futur (future simple)**	**Conditionnel**
Imperfect	**Perfect (past)**	**Present**	**Future**	**Conditional**
je venais	je suis venu(e)	je viens	je viendrai	je viendrais
tu venais	tu es venu(e)	tu viens	tu viendras	tu viendrais
il/elle/on venait	il/elle/on est venu(e)	il/elle/on vient	il/elle/on viendra	il/elle/on viendrait
nous venions	nous sommes venu(e)s	nous venons	nous viendrons	nous viendrions
vous veniez	vous êtes venu(e)(s)	vous venez	vous viendrez	vous viendriez
ils/elles venaient	ils/elles sont venu(e)s	ils/elles viennent	ils/elles viendront	ils/elles viendraient

VENIR (to come) infinitive		English		
Imparfait	**Passé Composé**	**Présent (de l'indicatif)**	**Futur (future simple)**	**Conditionnel**
Imperfect	**Perfect (past)**	**Present**	**Future**	**Conditional**
I used to come / was coming	I came	I come	I will come	I would come
you used to come / were coming	you came	you come	you will come	you would come
he/she/it used to come / was coming	he/she/it came	he/she/it comes	he/she/it will come	he/she/it would come
we used to come / were coming	we came	we come	we will come	we would come
you (pl) used to come were coming	you (pl) came	you (pl) come	you (pl) will come	you (pl) would come
they used to come / were coming	they came	they come	they will come	they would come

VOIR (to see) infinitive		French		
Imparfait	Passé Composé	Présent (de l'indicatif)	Futur (future simple)	Conditionnel
Imperfect	Perfect (past)	Present	Future	Conditional
je voyais	j'ai vu	je vois	je verrai	je verrais
tu voyais	tu as vu	tu vois	tu verras	tu verrais
il/elle/on voyait	il/elle/on a vu	il/elle/on voit	il/elle/on verra	il/elle/on verrait
nous voyions	nous avons vu	nous voyons	nous verrons	nous verrions
vous voyiez	vous avez vu	vous voyez	vous verrez	vous verriez
ils/elles voyaient	ils/elles ont vu	ils/elles voient	ils/elles verront	ils/elles verraient

VOIR (to see) infinitive		English		
Imparfait	Passé Composé	Présent (de l'indicatif)	Futur (future simple)	Conditionnel
Imperfect	Perfect (past)	Present	Future	Conditional
I used to see / was seeing	I saw	I see	I will see	I would see
you used to see / were seeing	you saw	you see	you will see	you would see
he/she/it used to see / was seeing	he/she/it saw	he/she/it sees	he/she/it will sees	he/she/it would see
we used to see / were seeing	we saw	we see	we will see	we would see
you (pl) used to see / were seeing	you (pl) saw	you (pl) see	you (pl) will see	you (pl) would see
they used to see / were seeing	they saw	they see	they will see	they would see

VOULOIR (to want) infinitive		French		
Imparfait	Passé Composé	Présent (de l'indicatif)	Futur (future simple)	Conditionnel
Imperfect	Perfect (past)	Present	Future	Conditional
je voulais	j'ai voulu	je veux	je voudrai	je voudrais
tu voulais	tu as voulu	tu veux	tu voudras	tu voudrais
il/elle/on voulait	il/elle/on a voulu	il/elle/on veut	il/elle/on voudra	il/elle/on voudrait
nous voulions	nous avons voulu	nous voulons	nous voudrons	nous voudrions
vous vouliez	vous avez voulu	vous voulez	vous voudrez	vous voudriez
ils/elles voulaient	ils/elles ont voulu	ils/elles veulent	ils/elles voudront	ils/elles voudraient

VOULOIR (to want) infinitive		English		
Imparfait	Passé Composé	Présent (de l'indicatif)	Futur (future simple)	Conditionnel
Imperfect	Perfect (past)	Present	Future	Conditional
I used to want	I wanted	I want	I will want	I would want
you used to want	you wanted	you want	you will want	you would want
he/she/it used to want	he/she/it wanted	he/she/it wants	he/she/it will want	he/she/it would want
we used to want	we wanted	we want	we will want	we would want
you (pl) used to want	you (pl) wanted	you (pl) want	you (pl) will want	you (pl) would want
they used to want	they wanted	they want	they will want	they would want

S'AMUSER (to enjoy oneself) infinitive		French		
Imparfait	**Passé Composé**	**Présent (de l'indicatif)**	**Futur (future simple)**	**Conditionnel**
Imperfect	**Perfect (past)**	**Present**	**Future**	**Conditional**
je m'amusais	je me suis amusé(e)	je m'amuse	je m'amuserai	je m'amuserais
tu t'amusais	tu t'es amusé(e)	tu t'amuses	tu t'amuseras	tu t'amuserais
il/elle/on s'amusait	il/elle/on s'est amusé(e)	il/elle/on s'amuse	il/elle/on s'amusera	il/elle/on s'amuserait
nous nous amusions	nous nous sommes amusé(e)s	nous nous amusons	nous nous amuserons	nous nous amuserions
vous vous amusiez	vous vous êtes amusé(e)(s)	vous vous amusez	vous vous amuserez	vous vous amuseriez
ils/elles s'amusaient	ils/elles se sont amusé(e)s	ils/elles s'amusent	ils/elles s'amuseront	ils/elles s'amuseraient

S'AMUSER (to enjoy oneself) infinitive		English		
Imparfait	**Passé Composé**	**Présent (de l'indicatif)**	**Futur (future simple)**	**Conditionnel**
Imperfect	**Perfect (past)**	**Present**	**Future**	**Conditional**
I used to enjoy myself	I enjoyed myself	I am enjoying myself	I will enjoy myself	I would enjoy myself
you used to enjoy yourself	you enjoyed myself	you are enjoying myself	you will enjoy myself	you would enjoy myself
he/she/it used to enjoy him/her/it (self)	he/she/it enjoyed myself	he/she/it is enjoying myself	he/she/it will enjoy myself	he/she/it would enjoy myself
we used to enjoy ourselves	we enjoyed myself	we are enjoying myself	we are enjoying myself	we would enjoy myself
you (pl) used to enjoy yourselves	you (pl) enjoyed myself	you (pl) are enjoying myself	you (pl) are enjoying myself	you (pl) would enjoy myself
they used to enjoy themselves	they enjoyed myself	they are enjoying myself	they are enjoying myself	they would enjoy myself

SE LAVER (to wash oneself) infinitive		French		
Imparfait	**Passé Composé**	**Présent (de l'indicatif)**	**Futur (future simple)**	**Conditionnel**
Imperfect	**Perfect (past)**	**Present**	**Future**	**Conditional**
je me lavais	je me suis lavé(e)	je me lave	je me laverai	je me laverais
tu te lavais	tu t'es lavé(e)	tu te laves	tu te laveras	tu te laverais
il/elle/on se lavait	il/elle/on s'est lavé(e)	il/elle/on se lave	il/elle/on se lavera	il/elle/on se laverait
nous nous lavions	nous nous sommes lavé(e)s	nous nous lavons	nous nous laverons	nous nous laverions
vous vous laviez	vous vous êtes lavé(e)(s)	vous vous lavez	vous vous laverez	vous vous laveriez
ils/elles se lavaient	ils/elles se sont lavé(e)s	ils/elles se lavent	ils/elles se laveront	ils/elles se laveraient

SE LAVER (to wash oneself) infinitive		English		
Imparfait	**Passé Composé**	**Présent (de l'indicatif)**	**Futur (future simple)**	**Conditionnel**
Imperfect	**Perfect (past)**	**Present**	**Future**	**Conditional**
I used to wash myself	I washed myself	I wash myself	I will wash myself	I would wash myself
you used to wash yourself	you washed yourself	you wash yourself	you will wash yourself	you would wash yourself
he/she/it used to wash himself/herself/itself	he/she/it washed himself/herself/itself	he/she/it washes himself/herself/itself	he/she/it will wash himself/herself/itself	he/she/it would wash himself/herself/itself
we used to wash ourselves	we washed ourselves	we wash ourselves	we will wash ourselves	we would wash ourselves
you (pl) used to wash yourselves	you (pl) washed yourselves	you (pl) wash yourselves	you (p) will wash yourselves	you (p) would wash yourselves
they used to wash themselves	they washed themselves	they wash themselves	they will wash themselves	they would wash themselves

Revision Chart

Verb ( ) (infinitive)				
Imparfait	Passé Composé	Présent (de l'indicatif)	Futur (future simple)	Conditionnel
Imperfect	Perfect (past)	Present	Future	Conditional

Photocopiable

Cardinal and Ordinal Numbers:

#	Cardinal number	Ordinal number
1	un (m), une (f)	premier (m), première (f)
2	deux	deuxième (m), second (m), seconde (f)
3	trois	troisième
4	quatre	quatrième
5	cinq	cinquième
6	six	sixième
7	sept	septième
8	huit	huitième
9	neuf	neuvième
10	dix	dixième
11	onze	onzième
12	douze	douzième
13	treize	treizième
14	quatorze	quatorzième
15	quinze	quinzième
16	seize	seizième
17	dix-sept	dix-septième
18	dix-huit	dix-huitième
19	dix-neuf	dix-neuvième

20	vingt	vingtième
21	vingt-et-un	vingt-et-unième
22	vingt-deux	vingt-deuxième
23	vingt-trois	vingt-troisième
24	vingt-quatre	vingt-quatrième
25	vingt-cinq	vingt-cinquième
26	vingt-six	vingt-sixième
27	vingt-sept	vingt-septième
28	vingt-huit	vingt-huitième
29	vingt-neuf	vingt-neuvième
30	trente	trentième
40	quarante	quarantième
50	cinquante	cinquantième
60	soixante	soixantième

70	soixante-dix	soixante-dixième
71	soixante-et-onze	soixante-et-onzième
72	soixante-douze	soixante-douzième
73	soixante-treize	soixante-treizième
74	soixante-quatorze	soixante-quatorzième
75	soixante-quinze	soixante-quinzième
76	soixante-seize	soixante-seizième
77	soixante-dix-sept	soixante-dix-septième
78	soixante-dix-huit	soixante-dix-huitième
79	soixante-dix-neuf	soixante-dix-neuvième
80	quatre-vingts	quatre-vingtième

90	quatre-vingt-dix	quatre-vingt-dixième
91	quatre-vingt-onze	quatre-vingt-onzième
92	quatre-vingt-douze	quatre-vingt-douzième
93	quatre-vingt-treize	quatre-vingt-treizième
94	quatre-vingt-quatorze	quatre-vingt-quatorzième
95	quatre-vingt-quinze	quatre-vingt-quinzième
96	quatre-vingt-seize	quatre-vingt-seizième
97	quatre-vingt-dix-sept	quatre-vingt-dix-septième
98	quatre-vingt-dix-huit	quatre-vingt-dix-huitième
99	quatre-vingt-dix-neuf	quatre-vingt-dix-neuvième

100	cent	centième
200	deux-cents	deux-centième
1000	mille	millième
1 000 000	un-million	millionième

Useful Internet sites for students and teachers:

- There are many valuable websites that may serve to enhance the reading, listening and oral skills of French Leaving Certificate students. Some websites offer practical advice on preparing for examinations and provide marking schemes for past examination papers. Familiarity with the marking scheme for any subject is always advisable.
- Live broadcasts from French websites may be particularly effective when preparing for the oral examination and podcasts from any of the news organisations are easily accessible. There are interesting iPhone applications available also. Keep a note of the websites that you find particularly useful and even compile your own list and save them in your 'favourites' folder for future reference.
- www.examinations.ie
- www.scoilnet.ie
- www.french.ie
- www.lettres.net/
- http://www.lefigaro.fr
- http://news.fr.msn.com/m6-actualite/
- http://www.languagesresources.co.uk/
- www.lemonde.fr
- www.lire.fr
- http://www.lesdebrouillards.qc.ca/
- www.lepoint.fr
- www.bbc.co.uk/languages/french/
- http://www.frenchrevision.co.uk/
- http://www.bestofparoles.com/

Map of France

Acknowledgements

Educate.ie would like to thank the following for permission to reproduce copyrighted material: Lotita; 'The French public's opinions on royal weddings' 2011 Segolene Barbe, Femme Actuelle © Prisma Presse; 'Exciting activities designed to suit families of all ages' 2011 Carine Mayo, Femme Actuelle © Prisma Presse; 'How reality TV has changed French lives' 2011 Johanna Luyseen, Femme Actuelle © Prisma Presse; Aujourd'hui en France; Le Monde; Onze Mondial; Le Joujou Du Pauvre by Charles Baudelaire by permission of Dover Publications; Le Passe-Muraille by Marcel Ayme by permission of Dover Publications; France 24; Temple Street Children's Hospital; Recipe from Cuisine pour debutants by permission of the Hachette Pratique editions; HatsuneMiku, the virtual diva by Aureile Champagne by permission of www.rue89.com; Ouest France; France Soir; Les aventures d'Alice au pays des Merveilles de Lewis Carroll en la traduction de Magali Merle © Librairie Generale Francaise – Le Livre de Poche; L'etrange histoire de Benjamin Button by Scott Fitzgerald translated by Dominique Lescanne © Pocket Editions, a division of Univers Poche 2009.

While considerable effort has been made to locate all holders of copyright material used in this book we have been unsuccessful in contacting some. Should they wish to contact Educate.ie, we will be happy to come to an arrangement.

Notes

Notes

Notes

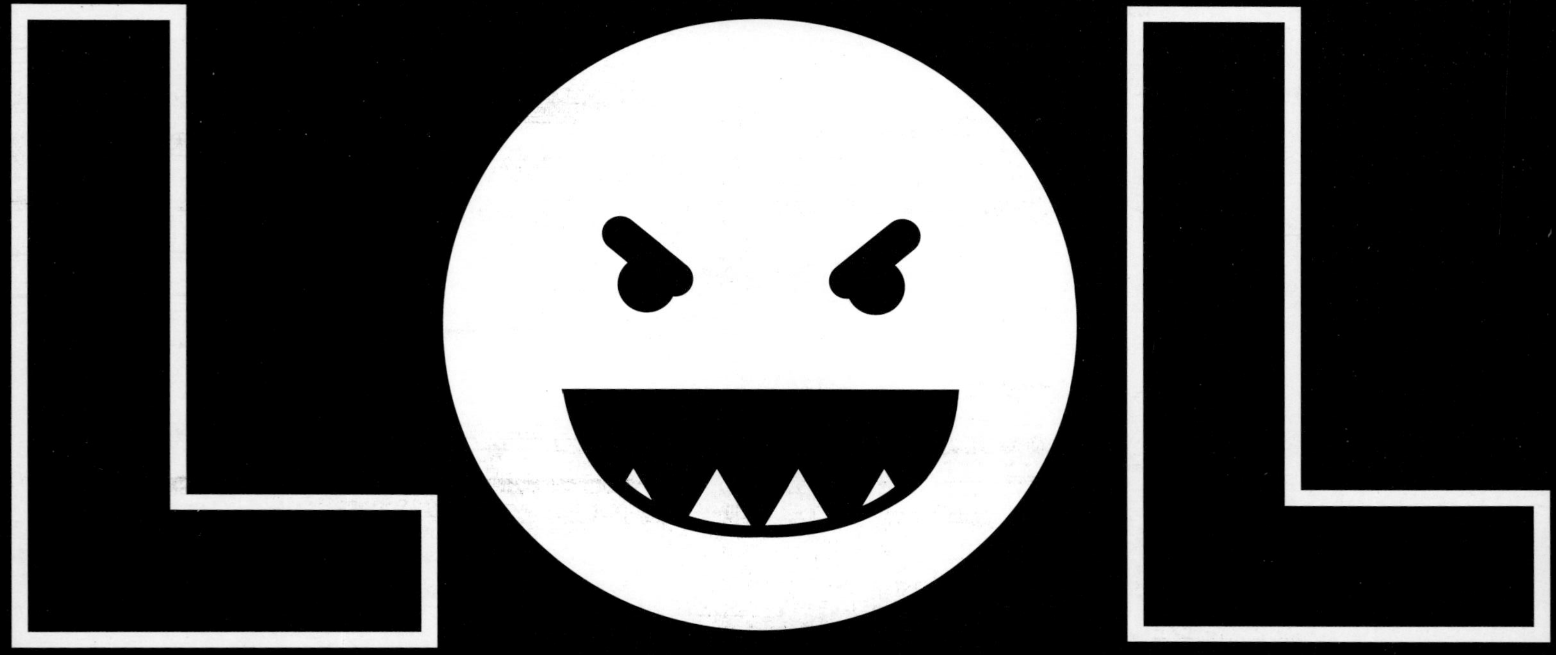

SAY NO TO BULLYING
NOBODY DESERVES TO BE BULLIED
TELL AN ADULT YOU CAN TRUST

This Anti-Bullying campaign is supported by the Department of Education and Skills with the co-operation of the Irish Educational Publishers Association